五訂

介護支援専門員のための ケアプラン作成事例集

後藤佳苗／編著

中央法規

はじめに

2006年に「もっと現場の声を届けたい」という、介護支援専門員の声から誕生した「介護支援専門員のためのケアプラン作成事例集」も改訂を重ね、今回が五訂版となりました。

五訂版では、発行当初からの原則的な構成を引き継ぎながら、現行法令等を遵守し、加算等にも対応した記載を心がけました。そして、「法定研修と連動させてほしい」との読者の要望にお応えし、法定研修の修得目標をイメージした事例となるよう、全事例の入れ替えを行いました。

本書では、介護支援専門員が利用者等に寄り添い、こつこつと支援する過程をまとめています。このため、華々しく改善したような事例はほとんど掲載していません。これは、初版からの方針である『本書の使命は、一般的な事例を広く紹介し、読者に学びを提供すること』を目指しているからです。

実践をまとめる形式のため、自身のアプローチとは異なる部分も出てくると思います。なぜこのようにアプローチしたのか？　自分だったらどうするか？　サービス等の社会資源はどの程度整っているのか？　なども考えながら読み進めてみてください。

とことん現場主義にこだわった本書が、みなさまのケアマネジメント技術の向上の一助となることができれば、執筆者一同これ以上の喜びはありません。

そして、初版から継続して中央法規出版の方々には、多くのご支援等を賜りました。特に第1編集部の牛山絵梨香氏、第2編集部の松原祥恵氏には、担当として多くの助言を得ました。

みなさまのお力添えのおかげで、ここに一冊のテキストとして結実することができました。この場をお借りして深く感謝いたします。

令和2年10月
執筆者を代表して
一般社団法人あたご研究所　後藤佳苗

五訂 介護支援専門員のためのケアプラン作成事例集 CONTENTS

本書の構成と事例の見かた

1 本書の構成

第２章の掲載事例は、以下の 10 項目から構成されています（1～5は各事例内での項目番号です）。

- タイトル（介護支援専門員の視点）
- 1 事例の概要
- 2 介護支援専門員からみた事例の特徴
- 3 アセスメント
- 4 アセスメントのまとめ（情報収集と分析）
- 課題整理総括表
- ケアプラン原案等
- 支援経過（抜粋）
- 評価表
- 5 まとめ

2 掲載事例の流れと構成意図

以下は、掲載事例を構成する 10 項目についての、項目ごとの流れ（イメージ）と構成意図などの解説です。これらを確認していただくことで、事例構成の枠組みと事例作成の一連の流れの理解と事例読解が容易となり、活用が円滑になると思います。

タイトル（介護支援専門員の視点）

事例（もしくは支援）の全体像をイメージできるようなタイトルを記載しています。

本書のタイトルは“介護支援専門員からみた事例の特徴”をとらえている点に特徴があります。利用者本人の視点でないこと、各事例の冒頭部分で情報不足のため漠然としていることに、疑問をもたれる方もいらっしゃると思います。しかし、援助職である介護支援専門員の視点がどの位置にあるのかを先に確認することで、読み進める際のイメージがしやすいよう、このタイトル形式を採用しています。

1 事例の概要

氏名・家族構成・生活歴・主な病名と経過等を簡潔に記載しました。3アセスメントの項目と重複する部分もありますが、本人と家族の全体像を確認・把握できるよう概要を載せています。

2 介護支援専門員からみた事例の特徴

介護支援専門員の主観でとらえた本人像を示した項目です。■タイトル（介護支援専門員の視点）を補完するとともに、介護支援専門員の思いも含まれているため、3アセスメント以降の裏付けともなっています。

3 アセスメント

課題分析標準項目（23 項目）を使用し記載しています。

居宅介護支援におけるアセスメントは、省令・通知において、「適切な方法」で実施することとされ、この 23 項目の課題分析標準項目を具備することが求められています（通知については、p.9 ～ p.10 参照）。

併せて、本書においては、課題分析標準項目の分類だけでは、概念が大きすぎて漠然としてしまう項目もあるため、例えば、②生活状況を、生活歴と家族状況の２つに分けるなど、補助項目の記載枠を作成しました。

3アセスメントには、1a1 や 2a1 などの記載があります。この番号は、この情報に関連するケアプラン原案第２表の「短期目標」の番号です。この部分が、本書の一番の特徴であり、現場で活用しやすい事例集としての役割を果たすための工夫であるというのが、執筆者一同の見解です。短期目標の番号をアセスメントの関連部分に振った理由は、次の２点からです。

①ケアプランの見直し（アセスメントとの連動）

ケアプラン原案の根拠は、利用者の希望とアセスメントの結果です。これらから導き出されたニーズを達成するための目標が、どのような根拠から作成されたかの確認は、ケアプランのつくりっぱなしやケアプラン記載の際のうっかりミスを防ぐためにも必要です。また、この確認作業（援助職として根拠を確認すること）は、自身の技量を上げること（能力の開発）に直結します。

②モニタリングの視点の強化

介護支援専門員は、短期目標を活動の目標※として記載しています。本人の状態などに変化が生じた場合は、目標の変更の検討・修正などが求められます。また、本人の状態などに変化が生じなかった場合は、目標設定（期間設定も含む）が不適切ではなかったかの確認と、必要時には修正作業が求められます。

短期目標の番号をアセスメントの関連部分に振ることは、ケアマネジメントで最も重要といわれる、モニタリングの機能を高めることにもつながると考えます。

実は、事例集のシート開発段階（2006 年頃）には、第２表の「生活全般の解決すべき課題（ニーズ）」（以下「ニーズ」とする）の番号をアセスメントの関連部分に振っていました。しかし、その方法では、①ニーズはほとんどのアセスメント項目に関連する、②なぜこのニーズになったのかがアセスメント項目だけを見ても明確にならない（主観的情報を中心にまとめ、客観的情報や介護支援専門員の判断が含まれていない項目の場合）、などの支障が出ることがわかりました。このため、ケアプラン見直しの役割としても、モニタリングの視点からも、現行の短期目標を活用する方式にしました。

ケアプランを見ながらアセスメントを確認していただくと、意外と思える項目に短期目標の番号が振られているかもしれません。介護支援専門員は、利用者一人ひとりの個別性を意識してケアマネジメントを展開していきますが、どうしてもパターン化しがちです。ほかの援助職の考えなどに触れることで、自分自身の癖（パターン）に気づくきっかけや、個別性の高いケアプラン原案の作成にも役立てていただけると思います。

※活動の目標とは、国際生活機能分類（ICF）モデルの「活動」における目標を設定することを指しています。「活動」（Activity）は、課題や行為の個人による遂行、と定義づけられており、具体的には日常生活動作（ADL）や家事・金銭管理などの手段的日常生活動作（IADL）および余暇活動（趣味や旅行・運動等）を含む幅広い概念です。
　能力（できる）と実行状況（している）の両面に注目し、個別性の高い目標を立てることを意識しています。具体的な短期目標の記載方法などは、第２章の事例を参照してください。

4 アセスメントのまとめ（情報収集と分析）

アセスメントのまとめの部分です。今まで収集してきた情報に介護支援専門員の分析を加え、利用者のニーズを導き出します。そのままでは漠然としやすいため、利用者の状況などにあわせて、総括・身体面・精神面・社会面・環境面などの必要な項目に分けて記載しています。

課題整理総括表

4アセスメントのまとめ（情報収集と分析）とも関連してくる部分ですが、課題整理総括表もアセスメントとケアプラン原案をつなぐ帳票です。

課題整理総括表は、左半分（状況の事実）の欄が、アセスメント（見立て）部分、右半分（見通し欄より右側）の欄が、ケアプラン（手立て）部分となっています。

このため、課題整理総括表のみで、利用者等の現在の状況と、それを介護支援専門員がどのように支援していこうと考えているのか、の両方を把握することが可能です。ぜひ、課題整理総括表の記載要領（p.11 ～ p.13）と照らし合わせながら確認してください。

本書においても、課題整理総括表によって、事例のニーズの優先順位などの概要を把握することができるため、ケアプラン原案を読む際の理解が深まると思います。

ケアプラン原案等

支援の種類により、使用している様式が異なります。

共通していることは、特にポイントとなる部分や執筆者が強調したい点について、吹き出しでコメントを付していることです。掲載している計画書等は具体的には次のとおりです。

◎ 居宅介護支援の場合

：第１表～第３表

◎ 施設の介護支援および認知症対応型共同生活介護（グループホーム）の場合

：第１表、第２表、第４表

ケアプランの書き方に、“絶対”はありません。しかし、ケアプランは、本人や家族、介護支援専門員やサービス事業者などのフォーマルな支援者、インフォーマルな支援者のすべてが協働する基礎（土台）となるものです。このため、介護支援専門員は、利用者と利用者を取り巻く環境にあわせて、言葉を使いこなす必要があります。

また、ケアプランを作成する際に、事故予防の視点は必要ですが、ニーズに、できない原因や問題点ばかりが羅列されていては、利用者の自尊心を傷つける可能性や、利用者の自己肯定感を高まりにくくしてしまう可能性があります。

本書においては、利用者の意欲を引き出すために工夫している表現、サービスを提供する担当者と協働するための工夫がなされている部分など、ケアプランの記載についても意識しています。

執筆者の工夫や思いを確認しながら、自身の実践を振り返ってみるなど、楽しみながら確認してください。

■ 支援経過（抜粋）

ケアプランは一度作成すれば終わり、というものではありません。モニタリングを繰り返しながら、ニーズの変化（優先順位の変更も含む）や新しいニーズの有無などを見守っていきます。

■支援経過（抜粋）には、■ケアプラン原案等で提示したケアプラン原案がケアプランとなり、その後どのように介護支援専門員がはたらきかけたのかを記載しています。すべてを記載することは難しいため、評価に直結する（■評価表に関連する）部分を中心に抜粋し掲載しています。

支援経過の記載は、必要なことを必要なだけ記載すると頭ではわかっていても、介護支援専門員によって差がある印象を受けます。また、ほかの介護支援専門員が書いた支援経過をみることもあまりないのが現状でしょう。この部分では、モニタリングと評価を意識して、支援経過を記載するポイントに注目し、確認してください（記載要領については、p.20 参照）。

■ 評価表

評価表は、モニタリングにおいて、短期目標を達成するために位置づけられたサービスの提供期間が終了する際に、ケアプランに位置づけられたサービスの実施状況を把握し、その評価・検証を行うために活用します。

これは、短期目標の終了時期に、サービスを提供する関係者の間で、目標の達成度合いとその背景を分析・共有することで、次のケアプランに向けた再アセスメントがより有効なものとなることを企図しているためです。

本書においても、モニタリングの機能を適切に維持すること（漫然としたモニタリングのためのモニタリングとしないこと）と、次のケアプランの根拠となることを意識して作成しています。支援経過（抜粋）の記載と併せて確認してください（記載要領については、p.21 参照）。

5 まとめ

事例全体を振り返り、まとめを付しています。当初に抱えていた倫理的葛藤や、被援助者に感情移入し過ぎて中立的立場を維持できていないなどの問題が、支援するなかでどのように変化してきたかなど、介護支援専門員の思考の変化や、現在の事例の状況に関することなどをまとめています。

読者によって、この部分は共感できるものとできないものがあるかもしれません。自身の視点と執筆者の視点の相違などを考えながら、介護支援専門員としての能力開発につなげていただけたらと考えて作成した項目です。

コラム　ジェノグラム

ジェノグラム（Genogram）は、M. ボーエンによって開発されました。家族関係図、世代関係図、ファミリーマップとも呼ばれ、今までの時間的経過のなかでの家族に関する複雑な情報を図式化し、利用者と家族への援助のための情報を明らかにするために使用します。

家族療法家の場合は、クライエントの3世代以上のジェノグラムを作成し、関係性や節目の出来事などの情報を収集します。そして、親から子へと伝えられる心理的遺産や世代間伝承に注目し、現在の家族内で起こっていることを探索します。

介護（支援）の現場においても、家族の構造（世代・性・年齢・出生順位・婚姻関係など）をわかりやすくとらえ、共有するために有効な技法の一つです。

本書で使用している記載方法

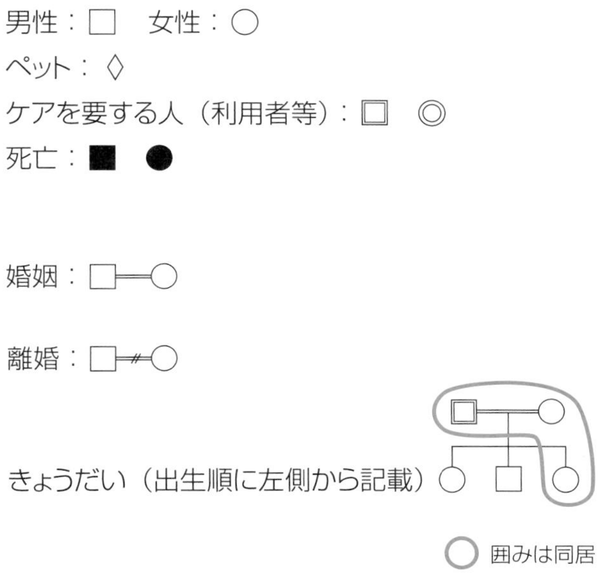

参考文献

中村伸一「ジェノグラムの書き方——最新フォーマット」『家族療法研究』第19巻第3号、2002.

●介護支援専門員研修制度の概要

地域包括ケアシステムのなかで、医療職をはじめとする多職種と連携・協働しながら、利用者の尊厳を旨とした自立支援に資するケアマネジメントを実践できる専門職を養成するため、介護支援専門員にかかる研修制度が見直され、実務研修等は2016（平成28）年度の介護支援専門員実務研修受講試験の合格発表の日から、専門研修等は2016（平成28）年4月1日から施行されました。

図1　介護支援専門員の養成の全体像

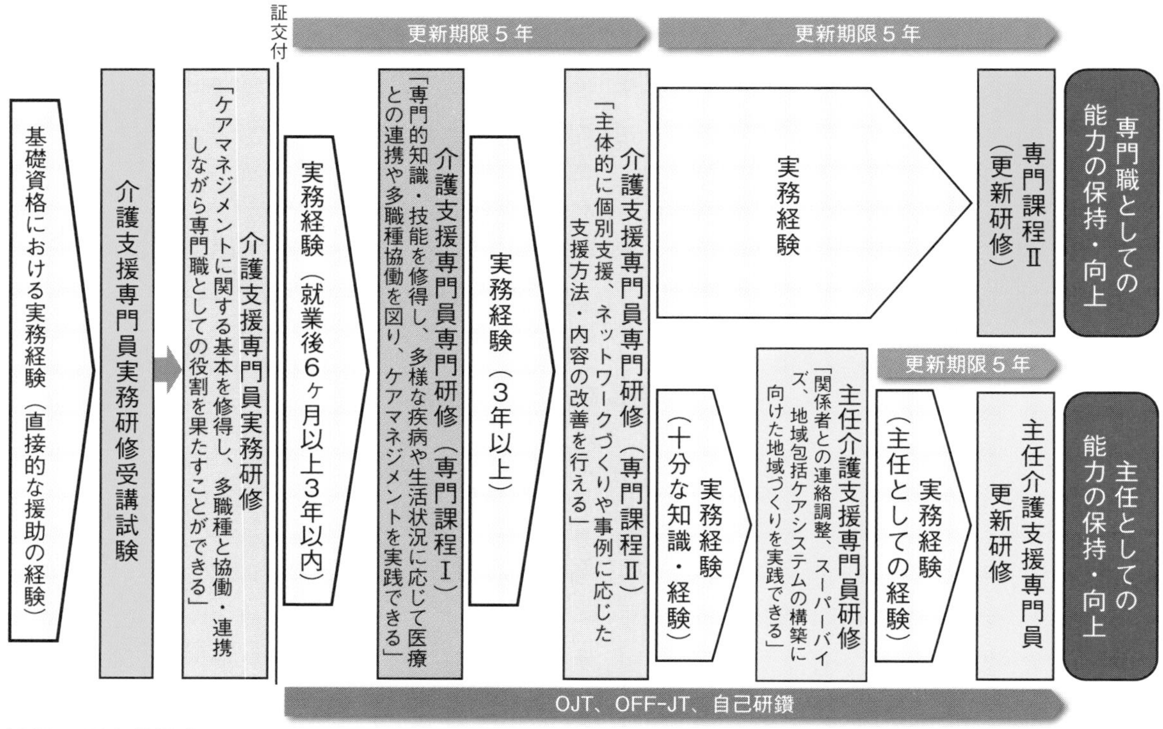

資料：厚生労働省

図1にも示されているとおり、5年ごとの介護支援専門員の登録更新については、専門課程Ⅱで更新する介護支援専門員と、主任介護支援専門員更新研修で更新する介護支援専門員の2つに分かれます。

それぞれの更新研修においては、主として以下の能力が保持・向上できるよう、プログラムが組まれています。

専門課程Ⅱで更新する介護支援専門員

○　地域包括ケアシステムのなかで、医療職をはじめとした多職種との連携・協働

○　利用者の尊厳を旨とした自立支援に資するケアマネジメントの実践

主任介護支援専門員更新研修で更新する介護支援専門員

○　地域や事業所内における介護支援専門員の人材育成（スーパーバイズ機能の強化）

○　地域包括ケアシステムの構築に向けた地域づくりの実践

具体的な研修プログラムについては、図2のとおりです。

太字で示した演習部分に対して、本書に収載した事例は対応しています。

図2　介護支援専門員養成研修の内容

介護支援専門員実務研修

	研修課目（介護支援専門員実務研修）	時間
講義	介護保険制度の理念・現状及びケアマネジメント	3
講義	ケアマネジメントに係る法令等の理解	2
講義	地域包括ケアシステム及び社会資源	3
講義	ケアマネジメントに必要な医療との連携及び多職種協働の意義	3
講義	人格の尊重及び権利擁護並びに介護支援専門員の倫理	2
講義	ケアマネジメントのプロセス	2
講義	実習オリエンテーション	1
講義・演習	自立支援のためのケアマネジメントの基本	6
講義・演習	介護支援専門員に求められるマネジメント（チームマネジメント）	2
講義・演習	相談援助の専門職としての基本姿勢及び相談援助技術の基礎	4
講義・演習	利用者、多くの種類の専門職等への説明及び合意	2
講義・演習	ケアマネジメントに必要な基礎知識及び技術	
講義・演習	受付及び相談並びに契約	1
講義・演習	アセスメント及びニーズの把握の方法	6
講義・演習	居宅サービス計画等の作成	4
講義・演習	サービス担当者会議の意義及び進め方	4
講義・演習	モニタリング及び評価	4
講義・演習	実習振り返り	3
講義・演習	ケアマネジメントの展開	
講義・演習	基礎理解	3
講義・演習	**脳血管疾患に関する事例**	5
講義・演習	**認知症に関する事例**	5
講義・演習	**筋骨格系疾患及び廃用症候群に関する事例**	5
講義・演習	**内臓の機能不全（糖尿病、高血圧、脂質異常症、心疾患、呼吸器疾患、腎臓病、肝臓病等）に関する事例**	5
講義・演習	**看取りに関する事例**	5
講義・演習	アセスメント及び居宅サービス計画等作成の総合演習	5
講義・演習	研修全体を振り返っての意見交換、講評及びネットワーク作り	2
実習	ケアマネジメントの基礎技術に関する実習	
	合計	87

介護支援専門員専門研修

	研修課目（専門研修Ⅰ）	時間
講義	介護保険制度及び地域包括ケアシステムの現状	3
講義	対人個別援助技術及び地域援助技術	3
講義	ケアマネジメントの実践における倫理	2
講義	ケアマネジメントに必要な医療との連携及び多職種協働の実践	4
講義	個人での学習及び介護支援専門員相互間の学習	2
講義・演習	ケアマネジメントにおける実践の振り返り及び課題の設定	12
講義・演習	ケアマネジメントの演習	
講義・演習	**リハビリテーション及び福祉用具の活用に関する事例**	4
講義・演習	**看取り等における看護サービスの活用に関する事例**	4
講義・演習	**認知症に関する事例**	4
講義・演習	**入退院時等における医療との連携に関する事例**	4
講義・演習	**家族への支援の視点が必要な事例**	4
講義・演習	**社会資源の活用に向けた関係機関との連携に関する事例**	4
講義・演習	**状態に応じた多様なサービス（地域密着型サービス、施設サービス等）の活用に関する事例**	4
講義・演習	研修全体を振り返っての意見交換、講評及びネットワーク作り	2
	合計	56

	研修課目（専門研修Ⅱ）	時間
講義	介護保険制度及び地域包括ケアシステムの今後の展開	4
講義・演習	ケアマネジメントにおける実践事例の研究及び発表	
講義・演習	**リハビリテーション及び福祉用具の活用に関する事例**	4
講義・演習	**看取り等における看護サービスの活用に関する事例**	4
講義・演習	**認知症に関する事例**	4
講義・演習	**入退院時等における医療との連携に関する事例**	4
講義・演習	**家族への支援の視点が必要な事例**	4
講義・演習	**社会資源の活用に向けた関係機関との連携に関する事例**	4
講義・演習	**状態に応じた多様なサービス（地域密着型サービス、施設サービス等）の活用に関する事例**	4
	合計	32

主任介護支援専門員研修

	研修課目（主任介護支援専門員）	時間
講義	主任介護支援専門員の役割と視点	5
講義	ケアマネジメントの実践における倫理的な課題に対する支援	2
講義	ターミナルケア	3
講義	人材育成及び業務管理	3
講義	運営管理におけるリスクマネジメント	3
講義・演習	地域援助技術	6
講義・演習	ケアマネジメントに必要な医療との連携及び多職種協働の実現	6
講義・演習	対人援助者監督指導	18
講義・演習	個別事例を通じた介護支援専門員に対する指導・支援の展開	24
	合計	70

主任介護支援専門員更新研修

	研修課目（主任介護支援専門員更新）	時間
講義	介護保険制度及び地域包括ケアシステムの動向	4
講義・演習	主任介護支援専門員としての実践の振り返りと指導及び支援の実践	
講義・演習	**リハビリテーション及び福祉用具の活用に関する事例**	6
講義・演習	**看取り等における看護サービスの活用に関する事例**	6
講義・演習	**認知症に関する事例**	6
講義・演習	**入退院時等における医療との連携に関する事例**	6
講義・演習	**家族への支援の視点が必要な事例**	6
講義・演習	**社会資源の活用に向けた関係機関との連携に関する事例**	6
講義・演習	**状態に応じた多様なサービス（地域密着型サービス、施設サービス等）の活用に関する事例**	6
	合計	46

資料：厚生労働省

●本書収載14事例と法定研修における演習事例の類型との関係

	事例タイトル	要介護度	事例の特徴や疾病等	実務研修					専門研修(Ⅰ・Ⅱ)・主任介護支援専門員更新研修						
				脳血管	認知症	筋骨格系	内臓不全	看取り	リハ用具	看護サービス	認知症	入退院	家族支援	社会資源	多様なサービス
居宅	①意欲が低下している一人暮らしの男性への社会資源を活用した支援	要介護1	認知機能の低下、てんかん、退院支援、生活保護、日常生活自立支援事業の活用、一人暮らし	○	○						○	△		○	
	②小さな町の定期巡回サービスで看取った肺がん末期の人への支援	要介護1(暫定)	肺がん末期、定期巡回・随時対応型訪問介護看護、身内から連絡を断られた一人暮らし男性の在宅看取り				○	○		○		△			○
	③退院直後の本人と精神疾患治療中の長男への支援	要介護2	大腿骨頸部骨折手術後の退院支援、精神疾患でひきこもりの長男と二人暮らし			○			○			○	△		
	④体調がすぐれない高齢夫婦と、思うようにならないと手が出そうになる長男への支援	要介護2	体調がすぐれない高齢夫婦の二人暮らし、別居の長男からの虐待の危険性		○		△				○	△	○		
	⑤人工透析を受けながら在宅生活を送りたいと希望する一人暮らしの男性への支援	要介護3	糖尿病性腎症による人工透析、ACP(人生会議)の視点、住まいの選択				○	△		○				△	
	⑥近隣とのトラブルを抱える身寄りのない認知症の人への支援	要介護3	一人暮らし、認知症、インフォーマルサービス、地域密着型サービスの活用		○						○			△	○
	⑦サービス付き高齢者向け住宅に転居した多系統萎縮症の男性への支援	要介護3	進行性の神経難病(多系統萎縮症)、サービス付き高齢者向け住宅に入居し、自立支援と事故予防を目指す	○					○	△					○
	⑧認知機能の低下が進む本人と、要支援状態の妻との二人暮らしへの支援	要介護3	認知機能の低下、本人の意欲を支えながら事故を予防する、要支援2の妻との高齢夫婦の二人暮らし		○						○		○		
	⑨「自分で終活をしたい」と希望する末期がんの人への支援	要介護4	第2号被保険者、末期がん、終活を強く希望する本人の退院後の在宅看取り				○	○		○		○	△		
	⑩状態が急激に低下した利用者への入退院の支援	要介護5	パーキンソン病と症候性てんかんによる急激な体調の変化、入退院後のリハビリテーションおよび福祉用具の活用	○		○			○	△		○	△		
入所(入居)系	①認知症の進行によるADL等の低下に伴う施設生活の支援	要介護3	認知症の進行に伴うADL低下への支援、介護老人福祉施設長期入所中		○						○		△		○
	②家族にかかる介護負担を心配している人への在宅復帰支援	要介護4	大腿骨頸部骨折手術後、介護老人保健施設での在宅復帰を目指したリハビリテーションと家族支援			○			○			△			○
	③認知症の進行により在宅での生活が困難となり、グループホームに入居した人への支援	要介護3	アルツハイマー型認知症、在宅生活における認知症の症状の悪化からグループホームへ入居し、症状が安定するまで		○						○				○
	④本人のセルフイメージと現状のギャップを埋め、穏やかな精神状態を保つための支援	要介護3	認知症、急激な認知症の進行への不安や戸惑いをグループホームで支援する		○						○			△	○

○：中心となり得る内容、△：副次的な内容

※法定研修における正式名称　【実務研修】　脳血管：脳血管疾患に関する事例　認知症：認知症に関する事例　筋骨格系：筋骨格系疾患及び廃用症候群に関する事例　内臓不全：内臓の機能不全に関する事例　看取り：看取りに関する事例

【専門研修等】　リハ用具：リハビリテーション及び福祉用具の活用に関する事例　看護サービス：看取り等における看護サービスの活用に関する事例　認知症：認知症に関する事例　入退院：入退院時等における医療との連携に関する事例　家族支援：家族への支援の視点が必要な事例　社会資源：社会資源の活用に向けた関係機関との連携に関する事例　多様なサービス：状態に応じた多様なサービス(地域密着型サービス、施設サービス等)の活用に関する事例

※「介護サービス計画書の様式及び課題分析標準項目の提示について」(平成11年11月12日老企第29号)は、2021(令和3)年3月31日に一部改正されています。第2章の居宅事例(事例①～⑩)の第1表の帳票は改正に対応した内容となっています。

第1章

介護支援専門員とケアマネジメント

① 介護保険の目的と利用者主体の考えかた

介護保険の目的は、介護保険法（以下「法」とする）第１条に明記されています。法第１条を分解すると、内容は以下のようになります。

① 加齢に伴って生ずる心身の変化に起因する疾病等により要介護状態等になった者が
② 尊厳を保持し、その有する能力に応じ自立した日常生活を営むことができるよう
③ 必要な保健医療サービスおよび福祉サービスにかかる給付を行うため
④ 国民の共同連帯の理念に基づき介護保険制度を設け、国民の保健医療の向上および福祉の増進を図る

つまり、高齢者の権利擁護と国民全体の保健医療福祉の向上、共同連帯の精神を土台に、要介護者等の「自立支援」のために、介護保険制度が設立されたことがわかります。

同様に法第２条第１項から第４項を分解してみると、内容は以下のとおりです。

① 被保険者の要介護状態または要支援状態に関し、必要な保険給付を行う
② 保険給付は、要介護状態または要支援状態の軽減または悪化の防止に資するよう行われるとともに、医療との連携に十分配慮して行われなければならない
③ 保険給付は、被保険者の心身の状況、その置かれている環境等に応じて、被保険者の選択に基づき、適切な保健医療サービスおよび福祉サービスが、多様な事業者または施設から、総合的かつ効率的に提供されるよう配慮して行われなければならない
④ 保険給付の内容および水準は、被保険者が要介護状態となった場合においても、可能な限り、その居宅において、その有する能力に応じ自立した日常生活を営むことができるように配慮されなければならない

ここでは、社会全体で要介護者等を支えていくという方針とともに、「利用者主体」の制度であることが明確にされています。

しかし、社会保障制度である介護保険においては、利用者である国民は権利を行使するだけの存在ではありません。国民の努力および義務として、法第４条第１項では以下の内容が明記されています。

① 国民は、自ら要介護状態となることを予防するため、加齢に伴って生ずる心身の変化を自覚して常に健康の保持増進に努めるとともに
② 要介護状態となった場合においても、進んでリハビリテーションその他の適切な保健医療サービスおよび福祉サービスを利用することにより、その有する能力の維持向上に努める

このように法において、国民の権利に対応する義務等が定められています。

介護保険は、自立支援を目指す利用者主体の制度ではありますが、利用者主体と利用者の言い

なりになることとは異なり、また法令や公序良俗に反することとは明らかに区別すべきものです。このような行為が利用者の理解不足だけではなく、介護支援専門員の知識不足や倫理意識の低さによって助長されることのないよう、“介護保険の要”と称される介護支援専門員も日々研鑽し、利用者が納得するまで説明できる能力や高い倫理観の維持・向上が求められています。

② 介護保険法における介護支援専門員とその義務等

2005（平成17）年の法改正により、法に介護支援専門員の定義や義務が明記されました。

法第7条第5項に示される介護支援専門員の定義は以下のものです。

① 要介護者等からの相談に応じ
② 要介護者等がその心身の状況等に応じ適切な各種サービスを利用できるよう市町村等との連絡調整等を行う者であり
③ 要介護者等が自立した日常生活を営むのに必要な援助に関する専門的知識および技術を有するものとして介護支援専門員証の交付を受けたもの

このように介護支援専門員は、要介護者等からの相談により開始された援助のなかで、要介護者等の望む暮らしを達成するべく適切に連絡調整等を行う者であり、介護支援専門員登録後に介護支援専門員証の交付を受けていることが条件となります。

併せて、介護支援専門員として果たすべき義務も法第69条の34に明記されています。

第69条の34　介護支援専門員は、その担当する要介護者等の人格を尊重し、常に当該要介護者等の立場に立って、当該要介護者等に提供される居宅サービス、地域密着型サービス、施設サービス、介護予防サービス若しくは地域密着型介護予防サービス又は特定介護予防・日常生活支援総合事業が特定の種類又は特定の事業者若しくは施設に不当に偏ることのないよう、公正かつ誠実にその業務を行わなければならない。

2　介護支援専門員は、厚生労働省令で定める基準に従って、介護支援専門員の業務を行わなければならない。

3　介護支援専門員は、要介護者等が自立した日常生活を営むのに必要な援助に関する専門的知識及び技術の水準を向上させ、その他その資質の向上を図るよう努めなければならない。

法第69条の34第2項の「厚生労働省令で定める基準」とは、法施行規則第113条の39において、「(略) 厚生労働省令で定める基準は、指定居宅介護支援等基準第12条に定めるところによる」とされています。つまり、「指定居宅介護支援等の事業の人員及び運営に関する基準」（平成11年厚生省令第38号）（以下「運営基準」とする）第12条（指定居宅介護支援の基本取扱方針）を、介護支援専門員の義務とするという意味です。

（指定居宅介護支援の基本取扱方針）

第12条　指定居宅介護支援は、要介護状態の軽減又は悪化の防止に資するよう行われるとともに、医療サービスとの連携に十分配慮して行われなければならない。

2　指定居宅介護支援事業者は、自らその提供する指定居宅介護支援の質の評価を行い、常にその改善を図らなければならない。

すなわち、介護支援専門員は、公正忠実に、医療サービスとの連携を意識しながら、利用者の自立支援に向けたはたらきかけを行う義務があり、常にその質の評価を実施し、必要があれば改善をしていくことが義務づけられています。

併せて法第69条の34第3項には、介護支援専門員という資格に、自身の知識、技術、そして資質の向上への努力義務が付されています。

なお、これらの業務内容に関する義務だけではなく、法第69条の35では「名義貸しの禁止等」、法第69条の36では「信用失墜行為の禁止」、法第69条の37では「秘密保持義務」、法第69条の38では「報告等」の規定が義務づけられています。これらの義務を果たさない場合の罰則も規定され、法第69条の39「登録の消除」の規定により、法律・省令違反となる名義貸し、信用失墜行為、秘密保持違反、不正登録、受験資格虚偽、都道府県知事への虚偽報告や命令違反等で、都道府県知事による登録消除が可能となっています。

利用者主体を達成するための専門職として、介護保険およびその他サービスなどへの理解を深めることと併せて、介護支援専門員は高い倫理観を維持することが求められています。その理由として、介護サービスを提供するためには、そのサービスがケアプランに位置づけられていることが第一義的に必要となります。介護支援専門員がケアプランに記載していないサービスについては、介護保険からの費用の支払いが行われません。つまり、ケアプランを作成する介護支援専門員は、介護保険制度の理念と財政を維持し、質の高い対人援助サービスを公平・平等に分配・実施する役割を担っています。

利用者の自立を支援するために、また、社会保障制度である介護保険制度を維持・継続させていくためにも、介護保険制度の要としての活動が、介護支援専門員には期待されているのです。

③ ケアマネジメントの定義

“ケアマネジメント”という言葉は、保健医療福祉分野において、年齢や性別、健康度、障害の有無等にかかわらず使用されています。

対象が多岐にわたることからも、統一された定義はない（さまざまな定義が使用されている）といわれるケアマネジメントですが、ケアマネジメントの対象を高齢者支援に絞り込むと、次の２点を含む場合が多いといわれています。

① 生活課題（ニーズ）を有している人が対象であること
② 社会資源を活用しながら、住み慣れた地域で生活が継続できるように支援すること

ここで使用されている言葉は、「**課題**」です。「課題」と「問題」は異なります。「問題」とは、現状と、達成したい目標や望む暮らしとの差や溝であり、「課題」とは、問題（達成したい目標や望む暮らしとの差や溝）を埋めるために**本人が起こすべき具体的な行為や行動**を指します。

高齢者支援におけるケアマネジメントは、利用者とともに利用者の課題を見つけることがスタートになり、課題を解決するためには、社会資源を有効に活用することが求められます。

さらに、**図1**では、この高齢者支援におけるケアマネジメントを介護保険に絞り込み、ケアマネジメントの構成要素を平面的に説明しています。

通常は、「個人の力」（心身機能、対人関係の力、意欲・問題解決の動機づけ）と「環境の力」（人的環境、物理的環境、制度的環境）がスムーズに行き来できていた（つながっていた）ところに、何らかの生活問題が発生し、個人と環境のつながりがうまくいかなくなってしまいました。この際に、「個人の力を強める」「環境の力を補う」「環境を変える」などの手段で援助（調整）すること、この援助がケアマネジメントであると解説しています。

つまり、環境とつながるのはケアマネジメントを行う職種ではなく、要援助者本人です。また、ケアマネジメントを行う職種が直接的な環境として、要援助者本人へ直接サービス等を提供するわけではありません。本人と環境がうまくつながるよう、間接的にはたらきかけること、その手続きがケアマネジメントなのです。

図1　介護保険制度におけるケアマネジメントの構成要素

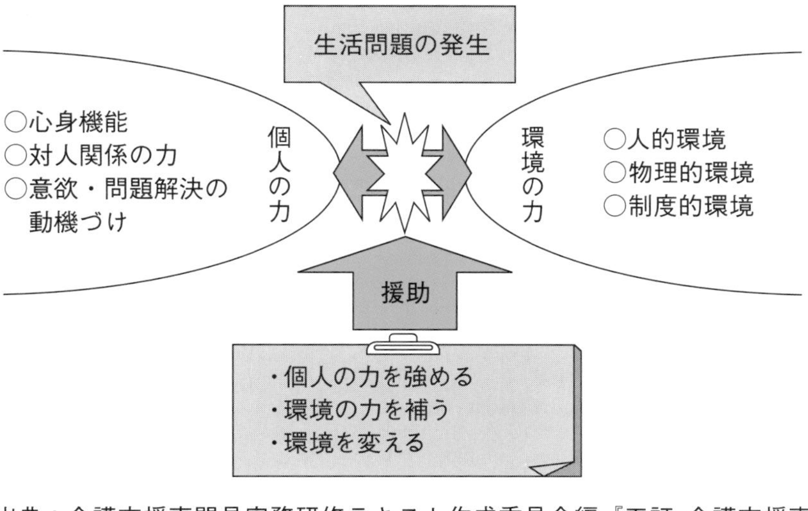

出典：介護支援専門員実務研修テキスト作成委員会編『五訂 介護支援専門員実務研修テキスト』長寿社会開発センター、p.182、2012. を一部改変

④ ケアマネジメントの過程

ケアマネジメントの定義は統一されていませんが、ケアマネジメントの過程（プロセス）については、“複数の小さな局面に分かれ、円環（循環）的な過程をたどる”とする考え方が共通認識となっています。

しかし、ケアマネジメントの局面の数については、専門家や研究者等により異なります。

ここからは、運営基準に沿って、居宅介護支援におけるケアマネジメントの過程について、局面を分類し、確認します。

居宅介護支援におけるケアマネジメントの過程は、①受付・契約・インテーク、②課題分析（アセスメント）、③ケアプラン原案の作成、④サービス担当者会議、⑤ケアプランの実行、⑥モニタリング、⑦再アセスメント、⑧終結の８つの局面に分かれます（図２）。

本人と家族の生活と生活課題（ニーズ）は、サービスの利用や援助職のかかわり等によって変化します。変化に対応し、望む暮らしを発見するために、一方向へ向かう流れではなく、PDCAサイクルを意識した円環（循環）的な過程をたどる（同じ手順を繰り返す）必要があります。

すなわち、“ケアマネジメント”とは、このサイクルを繰り返すことによる自立支援（本人が本人らしく生活するための支援）であり、本人自身の力を高めていく広義の権利擁護ともいえます。

図２　ケアマネジメントの過程

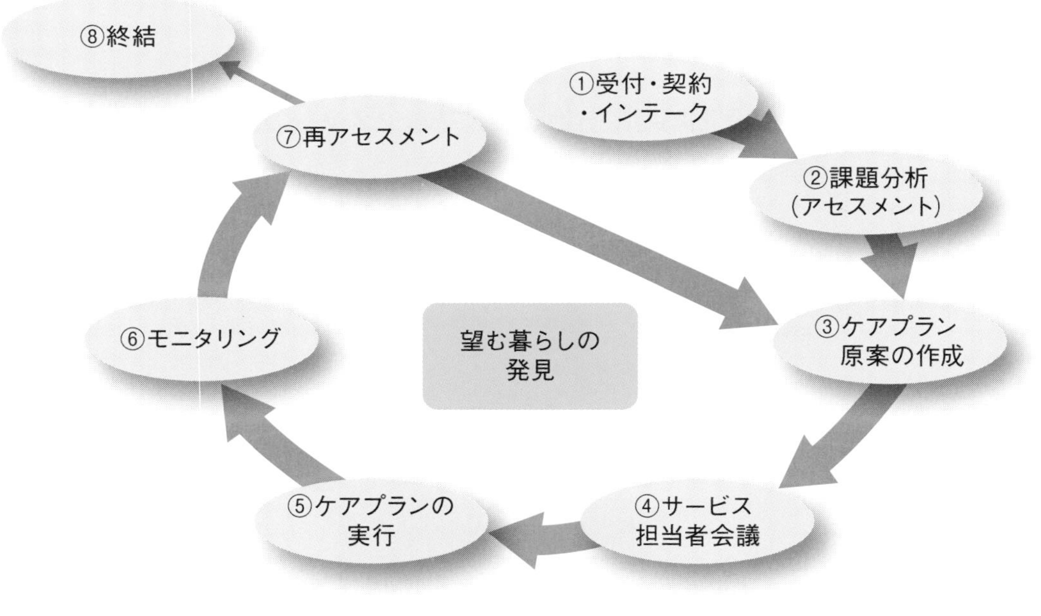

出典：千葉県介護支援専門員協議会編、後藤佳苗『基礎から学べる「ケアマネジメント実践力」養成ワークブック』中央法規出版、p.24、2011. を一部改変

なお、居宅介護支援におけるケアマネジメントの局面と、主に関連する運営基準の条項をまとめると、**表 1** のとおりです。

表 1　ケアマネジメントの局面と主に関連する運営基準の条項

8 つの局面	主に関連する運営基準の条項
①受付・契約・インテーク	第 4 条（うち第 2 項）、第 18 条、第 23 条第 3 項
②課題分析（アセスメント）	第 13 条第 6 号・第 7 号
③ケアプラン原案の作成	第 13 条第 3 号・第 4 号・第 5 号・第 8 号
④サービス担当者会議	第 13 条第 9 号・第 15 号・第 22 号
⑤ケアプランの実行	第 13 条第 10 号・第 11 号・第 12 号
⑥モニタリング	第 13 条第 13 号・第 14 号
⑦再アセスメント	第 13 条第 13 号・第 16 号
⑧終結	第 29 条

※下線は、運営基準減算に該当する条項

出典：後藤佳苗『保険者のチェックポイントがわかる！ケアプラン点検ハンドブック』ぎょうせい、p.59、2020.

表 1 にも示したとおり、居宅介護支援におけるケアマネジメントの局面の多くが、運営基準第 13 条（指定居宅介護支援の具体的取扱方針）を根拠にしています。

（指定居宅介護支援の具体的取扱方針）

第 13 条　指定居宅介護支援の方針は、第 1 条の 2 に規定する基本方針及び前条に規定する基本取扱方針に基づき、次に掲げるところによるものとする。

（略）

つまり、居宅介護支援におけるケアマネジメントの具体的な手順を示す運営基準第 13 条は、運営基準第 1 条の 2（基本方針）と運営基準第 12 条（指定居宅介護支援の基本取扱方針）に示されている内容を達成するため、第 1 号から第 27 号で構成されているのです。

自立支援型ケアマネジメント、自立支援型ケアプラン作成という言葉が多く活用されていますが、自立支援型ケアマネジメント、自立支援型ケアプラン作成に関する介護保険法令や通知における定義はありません。

しかし（介護保険法令上の確固とした定義はないのですが）、基本方針（自立を支援すること）等を達成するための手順として示された運営基準第 13 条に沿ったケアマネジメントの手順を踏み、ケアプランを作成することが、介護保険法令においての自立支援を果たすための最低限の基準を満たしているといえるのです。

つまり、ケアマネジメントプロセスを踏まえたケアプランを作成することが、介護支援専門員が自立支援型ケアマネジメント、自立支援型ケアプラン作成を行っているというための最低限守らなければならない手順であり、それを自己点検したり、客観視したりするためにも、第 2 章の事例を活用してください。

5 ケアプラン等の標準様式と記載内容

ケアプラン作成の指針となる通知は、「介護サービス計画書の様式及び課題分析標準項目の提示について」（平成11年老企第29号）です。この通知は、標準様式の提示とそれぞれの項目の理由が記載されています。通知では、記載要領と標準様式がそれぞれ分かれて掲載されていますが、本書では、事例に活用した帳票について、業務で使いやすいよう標準様式の対応する部分に記載要領を入れ込み掲載しました（p.14 ～ p.19）。併せて、課題分析標準項目についても通知の該当部分を掲載しますので参照してください。

介護支援専門員が日常業務で作成している帳票ですが、「研修などでほかの人の帳票を見てみると、自分の記載内容と違うことが記載されている」「何を書いたらよいのか悩んだ」「日々扱っているものなので今さら人に聞けない」という意見もよく聞かれます。また、これらに絞って掲載するのは、この帳票に関する質問が多いこと、なんとなく記載しているので同じものを日付だけ変えて使用しつづけているなど不適切な使用が見受けられること、給付管理に直結する第6表、第7表に比べてマニュアルなどが少ないことからです。

参考文献

- 千葉県介護支援専門員協議会編、後藤佳苗『基礎から学べる「ケアマネジメント実践力」養成ワークブック』中央法規出版、2011.
- 後藤佳苗『保険者のチェックポイントがわかる！ケアプラン点検ハンドブック』ぎょうせい、2020.
- 介護支援専門員実務研修テキスト作成委員会編『五訂 介護支援専門員実務研修テキスト』長寿社会開発センター、2012.
- 白澤政和編著『改訂 介護支援専門員実践テキストブック』中央法規出版、2000.

介護サービス計画書の様式及び課題分析標準項目の提示について（抄）

（平成 11 年 11 月 12 日老企第 29 号）

平成 20 老計発 0729001・老振発 0729001・老老発 0729001 改正現在

（別紙４）

課題分析標準項目について

Ⅰ　基本的な考え方

介護サービス計画作成の前提となる課題分析については、介護支援専門員の個人的な考え方や手法のみによって行われてはならず、要介護者等の有する課題を客観的に抽出するための手法として合理的なものと認められる適切な方法を用いなければならない。

この課題分析の方式については、「指定居宅介護支援等の事業の人員及び運営に関する基準について」（平成 11 年 7 月 29 日老企第 22 号厚生省老人保健福祉局企画課長通知。以下「基準解釈通知」という。）第二の 3（運営に関する基準）の(7)⑥において、別途通知するところによるものとしているところであるが、当該「基準解釈通知」の趣旨に基づき、個別の課題分析手法について「本標準課題分析項目」を**具備する**ことをもって、それに代えることとするものである。（強調・下線は編者による）

Ⅱ　課題分析標準項目（別添）

（別添）

課題分析標準項目

基本情報に関する項目

No.	標準項目名	項目の主な内容（例）
1	基本情報 （受付、利用者等基本情報）	居宅サービス計画作成についての利用者受付情報（受付日時、受付対応者、受付方法等）、利用者の基本情報（氏名、性別、生年月日、住所・電話番号等の連絡先）、利用者以外の家族等の基本情報について記載する項目
2	生活状況	利用者の現在の生活状況、生活歴等について記載する項目
3	利用者の被保険者情報	利用者の被保険者情報（介護保険、医療保険、生活保護、身体障害者手帳の有無等）について記載する項目
4	現在利用しているサービスの状況	介護保険給付の内外を問わず、利用者が現在受けているサービスの状況について記載する項目
5	障害高齢者の日常生活自立度	障害高齢者の日常生活自立度について記載する項目
6	認知症である高齢者の日常生活自立度	認知症である高齢者の日常生活自立度について記載する項目
7	主訴	利用者及びその家族の主訴や要望について記載する項目
8	認定情報	利用者の認定結果（要介護状態区分、審査会の意見、支給限度額等）について記載する項目
9	課題分析 （アセスメント）理由	当該課題分析（アセスメント）の理由（初回、定期、退院退所時等）について記載する項目

課題分析（アセスメント）に関する項目

No.	標準項目名	項目の主な内容（例）
10	健康状態	利用者の健康状態（既往歴、主傷病、症状、痛み等）について記載する項目
11	ADL	ADL（寝返り、起きあがり、移乗、歩行、着衣、入浴、排泄等）に関する項目
12	IADL	IADL（調理、掃除、買物、金銭管理、服薬状況等）に関する項目
13	認知	日常の意思決定を行うための認知能力の程度に関する項目
14	コミュニケーション能力	意思の伝達、視力、聴力等のコミュニケーションに関する項目
15	社会との関わり	社会との関わり（社会的活動への参加意欲、社会との関わりの変化、喪失感や孤独感等）に関する項目
16	排尿・排便	失禁の状況、排尿排泄後の後始末、コントロール方法、頻度などに関する項目
17	じょく瘡・皮膚の問題	じょく瘡の程度、皮膚の清潔状況等に関する項目
18	口腔衛生	歯・口腔内の状態や口腔衛生に関する項目
19	食事摂取	食事摂取（栄養、食事回数、水分量等）に関する項目
20	問題行動	問題行動（暴言暴行、徘徊、介護の抵抗、収集癖、火の不始末、不潔行為、異食行動等）に関する項目
21	介護力	利用者の介護力（介護者の有無、介護者の介護意思、介護負担、主な介護者に関する情報等）に関する項目
22	居住環境	住宅改修の必要性、危険個所等の現在の居住環境について記載する項目
23	特別な状況	特別な状況（虐待、ターミナルケア等）に関する項目

課題整理総括表

利用者名　　　　　　　　殿　　　　　　　　　　作成日　　年　　月　　日

❷

自立した日常生活の阻害要因（心身の状態、環境等）	①	②	③
	④	⑤	⑥

❶ ❸ ❹ ❺

状況の事実※1		現在※2 ❶	要因※3 ❸	改善/維持の可能性※4 ❹	備考（状況・支援内容等） ❺
移動	室内移動	自立　見守り　一部介助　全介助		改善　維持　悪化	
	屋外移動	自立　見守り　一部介助　全介助		改善　維持　悪化	
食事	食事内容	支障なし　支障あり		改善　維持　悪化	
	食事摂取	自立　見守り　一部介助　全介助		改善　維持　悪化	
	調理	自立　見守り　一部介助　全介助		改善　維持　悪化	
排泄	排尿・排便	支障なし　支障あり		改善　維持　悪化	
	排泄動作	自立　見守り　一部介助　全介助		改善　維持　悪化	
口腔	口腔衛生	支障なし　支障あり		改善　維持　悪化	
	口腔ケア	自立　見守り　一部介助　全介助		改善　維持　悪化	
服薬		自立　見守り　一部介助　全介助		改善　維持　悪化	
入浴		自立　見守り　一部介助　全介助		改善　維持　悪化	
更衣		自立　見守り　一部介助　全介助		改善　維持　悪化	
掃除		自立　見守り　一部介助　全介助		改善　維持　悪化	
洗濯		自立　見守り　一部介助　全介助		改善　維持　悪化	
整理・物品の管理		自立　見守り　一部介助　全介助		改善　維持　悪化	
金銭管理		自立　見守り　一部介助　全介助		改善　維持　悪化	
買物		自立　見守り　一部介助　全介助		改善　維持　悪化	
コミュニケーション能力		支障なし　支障あり		改善　維持　悪化	
認知		支障なし　支障あり		改善　維持　悪化	
社会との関わり		支障なし　支障あり		改善　維持　悪化	
褥瘡・皮膚の問題		支障なし　支障あり		改善　維持　悪化	
行動・心理症状（BPSD）		支障なし　支障あり		改善　維持　悪化	
介護力（家族関係含む）		支障なし　支障あり		改善　維持　悪化	
居住環境		支障なし　支障あり		改善　維持　悪化	
				改善　維持　悪化	

※1　本書式は総括表でありアセスメントツールではないため、必ず別に詳細な情報収集・分析を行うこと。なお「状況の事実」の各項目は課題分析標準項目に準拠しているが、必要に応じて追加して差し支えない。
※2　介護支援専門員が収集した客観的事実を記載する。選択肢に○印を記入。
※3　現在の状況が「自立」あるいは「支障なし」以外である場合に、そのような状況をもたらしている要因を、様式上部の「要因」欄から選択し、該当する番号（丸数字）を記入する（複数の番号を記入可）。
※4　今回の認定有効期間における状況の改善/維持/悪化の可能性について、介護支援専門員の判断として選択肢に○印を記入する。

❼

利用者及び家族の生活に対する意向	

見通し※5 ❻	生活全般の解決すべき課題（ニーズ）【案】 ❽	※6 ❾

※5　「要因」および「改善/維持の可能性」を踏まえ、要因を解決するための援助内容と、それが提供されることによって見込まれる事後の状況（目標）を記載する。
※6　本計画期間における優先順位を数字で記入。ただし、解決が必要だが本計画期間に取り上げることが困難な課題には「－」印を記入。

❶「状況の事実」の「現在」欄

・把握した情報（事実）に基づき、各項目について、それぞれ日常的にしているかどうかを判断し、「自立」「見守り」「一部介助」「全介助」（項目によっては「支障なし」「支障あり」）のいずれかに○印を記入する。能力（できる・できない）ではなく、実行状況（している・していない）で選択する。

・「見守り」は、「見守りや声かけを受けるが、一連の動作のほぼすべてを支障なく実施している」、「一部介助」は「一連の動作の一部について介助を受けて行為を実施している」、「全介助」は「一連の動作のすべてあるいはほぼすべてについて介助を受けて行為を実施している」ことを目安とする。

・ADL ／ IADL 以外の項目について、「支障あり」に○印を記入した場合は、必ずその具体的な状況を備考欄に補記する。

・「自立」「見守り」「一部介助」「全介助」あるいは「支障なし」「支障あり」等の尺度は、利用者の現在の状況をケアチームのメンバーが概観して共有するための目安である。

・あくまでも日常的にしているかどうかに基づいて判断することとし、できるかどうかは考慮しない。

・また、生活環境によって状況が異なる場合は、日常生活のなかで頻度の高い状況に基づいて判断する。

・本欄下部の空欄等を活用し、適宜項目を追加修正して活用して差し支えない。

❷「自立した日常生活の阻害要因（心身の状態、環境等）」欄

・収集した情報に基づき、利用者の自立を阻害している根本的な要因、特に「状況の事実」の「現在」欄で「自立」あるいは「支障なし」以外が選択されている項目の要因を分析したうえで、より根本的で重要な要因を最大 6 項目程度に絞り込み記載する。

・本欄に振られている番号は便宜的な通し番号であり、要因の重要度等による優先順位を示したものではない。

・本欄には疾患名だけでなくその疾患に応じた療養や健康管理等も含めて整理し、必要に応じて記載することが望ましい（例えば、「糖尿病」「食事管理ができない」「インスリンの自己注射の管理ができない」などを利用者や状況によって使い分ける）。

・本欄には、利用者の心身の状態のほか、環境に関する要因が含まれる場合もあり得る。

・本欄には、客観的事実を記載する。客観的事実を記載することが困難な場合は、引き続き情報の収集・分析が必要である。

❸「状況の事実」の「要因」欄

・「状況の事実」の「現在」欄で、「自立」あるいは「支障なし」以外を選択した項目について、その要因として考えられるものを、「自立した日常生活の阻害要因（心身の状態、環境等）」欄から選択し、その記載した番号（丸数字）を記入する。複数の要因が考えられる場合は複数の番号（丸数字）を記載してよい。

・本欄の記入は、「自立した日常生活の阻害要因」欄の内容と関連することから、「要因」と「自立した日常生活の阻害要因」欄は相互の整合性を確認しながら、記入と修正を進めることが望ましい。

❹「状況の事実」の「改善／維持の可能性」欄

・「状況の事実」の「現在」欄で、「自立」あるいは「支障なし」以外を選択した項目について、現在の認定有効期間を見通して、必要な援助を利用した場合に「現在」の状況が改善／維持する可能性の有

無を検討し、「改善」「維持」「悪化」のいずれかに○印を記入する。
・あくまでも介護支援専門員としての判断に基づいてその考えを記入し、ここでどのような可能性を選択したかをもって、その介護支援専門員の判断の良し悪しを評価するものではない。

❺「状況の事実」の「備考（状況・支援内容等）」欄

・「状況の事実」の「現在」欄あるいは「改善／維持の可能性」欄に関して補足すべき情報を記入する。
記入の例：
・「現在」欄において「支障あり」とした場合、その具体的な支障の内容
・「現在」欄において「一部介助」や「全介助」とした場合、支援の内容
・「改善／維持の可能性」欄において「維持」や「悪化」が見込まれる項目に関して、現在利用しているサービス内容や必要な生活環境
・「改善／維持の可能性」に関して、そのように判断した根拠と、介護支援専門員が利用者の状況をどのような方向性でとらえているのか、その判断根拠

など

❻「見通し」欄

・本欄には、当該ケアプランの短期目標の期間を見据えて、「どのような援助を実施することにより」（要因の解決のために必要と考えられる援助内容）、「状況がどのように変化することが見込まれるか」（援助を利用した場合に到達が見込まれる状態）を記入する。
・「要因」—「要因の解決のために必要と考えられる援助内容」—「援助を利用した場合に到達が見込まれる状態」を、一つの「要因」に対して数行でまとめることを目安とするとよい。
・「改善／維持の可能性」欄において「改善」に○印をつけた項目について、その項目の「要因」を解決するための見通しを必ず記入することが重要である。

❼「利用者及び家族の生活に対する意向」欄

・利用者および家族が望む生活の意向のうち、課題を抽出するうえで重要と思われる情報を整理して、簡記する。
・第１表の「利用者及び家族の生活に対する意向」欄に記載する内容と同一である必要はない。

❽「生活全般の解決すべき課題（ニーズ）【案】」欄

・「見通し」欄の記入内容を踏まえて記入する。
・「利用者が望む生活」がとらえられていることが前提である。
・介護支援専門員が専門職として利用者に提案するものを記載する（合意前の案であって差し支えない）。

❾優先順位欄（※６の欄）

・課題の優先順位を踏まえて、数字を記入する。
・利用者とすり合わせた結果、当該期間のケアプランに反映しないこととした（反映できなかった）課題については、「—」印を記入する。

当該利用者が、当該居宅介護支援事業所において初めて居宅介護支援を受ける場合は「初回」に、他の居宅介護支援事業所(同一居宅介護支援事業者の他の事業所を含む。以下同じ。)または介護保険施設から紹介された場合は「紹介」に、それ以外の場合は「継続」に○を付す。
なお、「紹介」とは、当該利用者が他の居宅介護支援事業所または介護保険施設においてすでに居宅介護支援等を受けていた場合を指す。
また、「継続」とは、当該利用者がすでに当該居宅介護支援事業所から居宅介護支援を受けている場合を指す。
当該居宅介護支援事業所において過去に居宅介護支援を提供した経緯がある利用者が一定期間を経過した後に介護保険施設から紹介を受けた場合には、「紹介」および「継続」の両方を○印で囲むものとする。

第1表

居宅サービス計画書(1)

作成年月日　　年　　月　　日

初回・紹介・継続　　認定済・申請中

「新規申請中」(前回「非該当」となり、再度申請している場合を含む。)、「区分変更申請中」、「更新申請中であって前回の認定有効期間を超えている場合」は、「申請中」に○を付す。
それ以外の場合は「認定済」に○を付す。

利用者名　　　　殿　　生年月日　　年　　月　　日　　住所

居宅サービス計画作成者氏名

居宅介護支援事業者・事業所名及び所在地

当該居宅介護支援事業所において当該利用者に関する居宅サービス計画を初めて作成した日を記載する。

居宅サービス計画作成(変更)日　　年　　月　　日　　初回居宅サービス計画作成日　　年　　月

「要介護状態区分」が認定された日(認定の始期であり、初回申請者であれば申請日)を記載する。「申請中」の場合は、申請日を記載する。認定に伴い当該居宅サービス計画を変更する必要がある場合には、作成日の変更を行う。

被保険者証に記載された「認定の有効期間」を転記する。

認定日　　年　　月　　日　　認定の有効期間　　年　　月　　日 ～　　年　　月　　日

要介護状態区分	要介護1 ・ 要介護2 ・ 要介護3 ・ 要介護4 ・ 要介護5
利用者及び家族の生活に対する意向を踏まえた課題分析の結果	
介護認定審査会の意見及びサービスの種類の指定	
総合的な援助の方針	
生活援助中心型の算定理由	1. 一人暮らし　2. 家族等が障害、疾病等　3. その他 (　　)

被保険者証に記載された「要介護状態区分」を転記する。

利用者およびその家族が、どのような内容の介護サービスをどの程度の頻度で利用しながら、どのような生活をしたいと考えているのかについて課題分析の結果を記載する。
なお、利用者およびその家族の生活に対する意向が異なる場合には、各々の主訴を区別して記載する。

被保険者証を確認し、「認定審査会意見及びサービスの種類の指定」が記載されている場合には、これを転記する。

課題分析により抽出された、「生活全般の解決すべき課題(ニーズ)」に対応して、当該居宅サービス計画を作成する介護支援専門員をはじめ各種のサービス担当者が、どのようなチームケアを行おうとするのか、総合的な援助の方針を記載する。
あらかじめ発生する可能性が高い緊急事態が想定されている場合には、対応機関やその連絡先等について記載することが望ましい。

介護保険給付対象サービスとして、居宅サービス計画に生活援助中心型の訪問介護を位置づけることが必要な場合に記載する。「指定居宅サービスに要する費用の額の算定に関する基準」(平成12年2月10日厚生省告示第19号)別表の1の注3に規定する「単身の世帯に属する利用者」の場合は、「1. 一人暮らし」に、「家族若しくは親族(以下「家族等」という。)と同居している利用者であって、当該家族等の障害、疾病等の理由により、当該利用者または当該家族等が家事を行うことが困難であるもの」の場合は、「2. 家族等が障害、疾病等」に○を付す。また、家族等に障害、疾病がない場合であっても、同様のやむを得ない事情により、家事が困難な場合等については、「3. その他」に○を付し、その事情の内容について簡潔明瞭に記載する。

居宅サービス計画の説明を受け、同意し、受領しました。　　年　　月　　日 (利用者氏名)　　印

通知には載っていないが、文書で同意していただいたことがわかるよう欄を作成し、署名・押印をいただくことが望ましい。

「長期目標」は、基本的には個々の解決すべき課題に対応して設定するものである。ただし、解決すべき課題が短期的に解決される場合やいくつかの課題が解決されて初めて達成可能な場合には、複数の長期目標が設定されることもある。
「短期目標」は、解決すべき課題および長期目標に段階的に対応し、解決に結びつけるものである。
緊急対応が必要になった場合には、一時的にサービスは大きく変動するが、目標として確定しなければ「短期目標」を設定せず、緊急対応が落ち着いた段階で、再度、「長期目標」・「短期目標」の見直しを行い記載する。
なお、抽象的な言葉ではなく誰にもわかりやすい具体的な内容で記載することとし、かつ目標は、実際に解決が可能と見込まれるものでなくてはならない。

第2表

居宅サービス計画書（2）

「サービス内容」中、保険給付対象内サービスについて○印を付す。

作成年月日　　　　年　　月　　日

利用者名　　　　　　　　殿

生活全般の解決すべき課題（ニーズ）	目標				援助内容					
	長期目標	（期間）	短期目標	（期間）	サービス内容	※1	サービス種別	※2	頻度	期間

利用者の自立を阻害する要因等であって、個々の解決すべき課題（ニーズ）についてその相互関係をも含めて明らかにし、それを解決するための要点がどこにあるかを分析し、その波及する効果を予測して原則として優先度合いが高いものから順に記載する。

「長期目標」の「期間」は、「生活全般の解決すべき課題（ニーズ）」を、いつまでに、どのレベルまで解決するのかの期間を記載する。
「短期目標」の「期間」は、「長期目標」の達成のために踏むべき段階として設定した「短期目標」の達成期限を記載する。
また、原則として開始時期と終了時期を記入することとし、終了時期が特定できない場合等にあっては、開始時期のみ記載する等として取り扱って差し支えないものとする。
なお、期間の設定においては「認定の有効期間」も考慮するものとする。

「短期目標」の達成に必要であって最適なサービスの内容とその方針を明らかにし、適切・簡潔に記載する。
この際、できるだけ家族による援助も明記し、また、当該居宅サービス計画作成時においてすでに行われているサービスについても、そのサービスがニーズに反せず、利用者およびその家族に定着している場合には、これも記載する。
なお、生活援助中心型の訪問介護を必要とする場合には、その旨を記載する。

「サービス内容」およびその提供方針を適切に実行することができる居宅サービス事業者等を選定し、具体的な「サービス種別」および当該サービス提供を行う「事業所名」を記載する。
家族が担う介護部分についても、誰が行うのかを明記する。

「頻度」は、「サービス内容」に掲げたサービスをどの程度の「頻度（一定期間内での回数、実施曜日等）」で実施するかを記載する。
「期間」は、「サービス内容」に掲げたサービスをどの程度の「期間」にわたり実施するかを記載する。
なお、「期間」の設定においては「認定の有効期間」も考慮するものとする。

※1「保険給付の対象となるかどうかの区分」について、保険給付対象内サービスについては○印を付す。
※2「当該サービス提供を行う事業所」について記入する。

福祉用具貸与または特定福祉用具販売を居宅サービス計画に位置づける場合においては、「生活全般の解決すべき課題」・「サービス内容」等に当該サービスを必要とする理由が明らかになるように記載する。なお、理由については、別の用紙（別葉）に記載しても差し支えない。

第3表

週間サービス計画表

作成年月日　　　　年　　月　　日

利用者名　　　　　　　　　　殿

年　　月分より

		月	火	水	木	金	土	日	主な日常生活上の活動
深夜	4：00								
早朝	6：00								
午前	8：00								
	10：00								
午後	12：00								
	14：00								
	16：00								
夜間	18：00								
	20：00								
深夜	22：00								
	24：00								
	2：00								
	4：00								

利用者の起床や就寝、食事、排泄などの平均的な一日の過ごし方について記載する。

当該様式については、時間軸、曜日軸の縦横をどちらにとってもかまわない。

週単位以外のサービス	

当該利用者が、当該介護保険施設において初めて計画を作成する場合は「初回」に、他の介護保険施設または居宅介護支援事業所から紹介された場合は「紹介」に、それ以外の場合は「継続」に○を付す。
なお、「紹介」とは、当該利用者が他の介護保険施設または居宅介護支援事業所においてすでに居宅介護支援等を受けていた場合を指す。
また、「継続」とは、当該利用者がすでに当該介護保険施設で計画を作成している場合を指す。
当該介護保険施設において過去に計画を作成した経緯がある利用者が一定期間を経過した後に居宅介護支援事業者等から紹介を受けた場合には、「紹介」および「継続」の両方を○印で囲むものとする。

第1表

施設サービス計画書（1）

作成年月日　　年　月　日

初回・紹介・継続　　認定済・申請中

「新規申請中」（前回「非該当」となり、再度申請している場合を含む。）、「区分変更申請中」、「更新申請中であって前回の認定有効期間を超えている場合」は、「申請中」に○を付す。
それ以外の場合は「認定済」に○を付す。

利用者名　　殿　生年月日　　年　月　日　住所

施設サービス計画作成者氏名及び職種

当該施設において当該利用者に関する施設サービス計画を初めて作成した日を記載する。

施設サービス計画作成介護保険施設名及び所在地

施設サービス計画作成（変更）日　　年　月　日　初回施設サービス計画作成日　　年　月

「要介護状態区分」が認定された日（認定の始期であり、初回申請者であれば申請日）を記載する。「申請中」の場合は、申請日を記載する。認定に伴い当該施設サービス計画を変更する必要がある場合には、作成日の変更を行う。

被保険者証に記載された「認定の有効期間」を転記する。

認定日　　年　月　日　認定の有効期間　　年　月　日 ～　　年　月　日

要介護状態区分	要介護１　・　要介護２　・　要介護３　・　要介護４　・　要介護５
利用者及び家族の生活に対する意向	
介護認定審査会の意見及びサービスの種類の指定	
総合的な援助の方針	

被保険者証に記載された「要介護状態区分」を転記する。

利用者およびその家族が、どのような内容の介護サービスをどの程度の頻度で利用しながら、どのような生活をしたいと考えているのかについて課題分析の結果を記載する。
なお、利用者およびその家族の生活に対する意向が異なる場合には、各々の主訴を区別して記載する。

被保険者証を確認し、「認定審査会意見及びサービスの種類の指定」が記載されている場合には、これを転記する。

課題分析により抽出された、「生活全般の解決すべき課題（ニーズ）」に対応して、当該施設サービス計画を作成する介護支援専門員をはじめ各種のサービス担当者が、どのようなチームケアを行おうとするのか、総合的な援助の方針を記載する。
あらかじめ発生する可能性が高い緊急事態が想定されている場合には、対応機関やその連絡先等について記載することが望ましい。

施設サービス計画の説明を受け、同意し、受領しました。　　年　月　日（利用者氏名）　　印

通知には載っていないが、文書で同意していただいたことがわかるよう欄を作成し、署名・押印をいただくことが望ましい。

「長期目標」は、基本的には個々の解決すべき課題に対応して設定するものである。ただし、解決すべき課題が短期的に解決される場合やいくつかの課題が解決されて初めて達成可能な場合には、複数の長期目標が設定されることもある。
「短期目標」は、解決すべき課題および長期目標に段階的に対応し、解決に結びつけるものである。
緊急対応が必要になった場合には、一時的にサービスは大きく変動するが、目標として確定しなければ「短期目標」を設定せず、緊急対応が落ち着いた段階で、再度、「長期目標」・「短期目標」の見直しを行い記載する。
なお、抽象的な言葉ではなく誰にもわかりやすい具体的な内容で記載することとし、かつ目標は、実際に解決が可能と見込まれるものでなくてはならない。

第2表

施設サービス計画書（2）

作成年月日　　　　年　　月　　日

利用者名　　　　　　　殿

生活全般の解決すべき課題（ニーズ）	目標				援助内容			
	長期目標	（期間）	短期目標	（期間）	サービス内容	担当者	頻度	期間

利用者の自立を阻害する要因等であって、個々の解決すべき課題（ニーズ）についてその相互関係をも含めて明らかにし、それを解決するための要点がどこにあるかを分析し、その波及する効果を予測して原則として優先度合いが高いものから順に記載する。

「長期目標」の「期間」は、「生活全般の解決すべき課題（ニーズ）」を、いつまでに、どのレベルまで解決するのかの期間を記載する。
「短期目標」の「期間」は、「長期目標」の達成のために踏むべき段階として設定した「短期目標」の達成期限を記載する。
また、原則として開始時期と終了時期を記入することとし、終了時期が特定できない場合等にあっては、開始時期のみ記載する等として取り扱って差し支えないものとする。
なお、期間の設定においては「認定の有効期間」も考慮するものとする。

「短期目標」の達成に必要であって最適なサービスの内容とその方針を明らかにし、適切・簡潔に記載する。
この際、できるだけ家族による援助も明記し、また、当該施設サービス計画作成時においてすでに行われているサービスについても、そのサービスがニーズに反せず、利用者およびその家族に定着している場合には、これも記載する。
なお、理美容サービスや特別の食事など保険給付対象外のサービスについて○印を付すと管理しやすい。

記載した「サービス内容」に基づきサービスを提供する「担当者」を記載する。

「頻度」は、「サービス内容」に掲げたサービスをどの程度の「頻度（一定期間内での回数、実施曜日等）」で実施するかを記載する。
「期間」は、「サービス内容」に掲げたサービスをどの程度の「期間」にわたり実施するかを記載する。
なお、「期間」の設定においては「認定の有効期間」も考慮するものとする。

第4表

日課計画表

作成年月日　　　　　年　月　日

利用者名　　　　　　　　殿

		共通サービス	担当者	個別サービス	担当者	主な日常生活上の活動
深夜	4：00					
	5：00					
早朝	6：00					
	7：00					
午前	8：00					
	9：00					
	10：00					
	11：00					
午後	12：00					
	13：00					
	14：00					
	15：00					
	16：00					
	17：00					
夜間	18：00					
	19：00					
	20：00					
	21：00					
深夜	22：00					
	23：00					
	0：00					
	1：00					
	2：00					
	3：00					
随時実施するサービス						

「共通サービス」および「担当者」には、日常の業務として他の利用者と共通して実施するサービス（右欄「共通サービスの例」参照）とその担当者を記載する。

「個別サービス」および「担当者」には、当該利用者に個別に実施するサービスとその担当者を記載する。

共通サービスの例
食事介助
朝食
昼食
夕食
入浴介助（　　　曜日）
清拭介助
洗面介助
口腔清掃介助
整容介助
更衣介助
排泄介助
水分補給介助
体位変換

その他のサービス	

（注）「週間サービス計画表」（第３表）との選定による使用可。

第5表

居宅介護支援経過

作成年月日　　　年　月　日

利用者名　　　　　殿　　　居宅サービス計画作成者氏名

年月日	内容	年月日	内容

モニタリングを通じて把握した、利用者やその家族の意向・満足度等、目標の達成度、事業者との調整内容、居宅サービス計画の変更の必要性等について記載する。
漫然と記載するのではなく、項目毎に整理して記載するように努める。

第6表

施設介護支援経過

作成年月日　　　年　月　日

利用者名　　　　　殿　　　施設サービス計画作成者氏名

年月日	内容	年月日	内容

モニタリングを通じて把握した、利用者やその家族の意向・満足度等、目標の達成度、事業者との調整内容、施設サービス計画の変更の必要性等について記載する。
漫然と記載するのではなく、項目毎に整理して記載するように努める。

介護支援専門員自身がモニタリング訪問で把握した状況や、個別サービスを提供している事業者からの報告等を踏まえ、短期目標の達成状況を評価して該当する記号を記入する（枠外※２参照）。
なお、生活を維持するために必要な援助を使い続けることを見込んでいる場合（例えば「～の状況を維持できる」といった内容の短期目標の場合）に、そのケアプランの終期で状況が維持されているのであれば「○」（短期目標は達せられた）を記入し、再アセスメントの結果生活の状況に大きく変化がなければ、同様の短期目標を次のケアプランでも再設定する。

利用者名を記載する。

評価表

作成日を記載する。

利用者名　　　　　　　　殿

作成日　　　　年　月　日

短期目標	（期間）	援助内容			結果 ※２	コメント（効果が認められたもの/見直しを要するもの）
		サービス内容	サービス種別	※１		

ケアプラン第２表に記載されている短期目標と期間を転記する。
なお、複数の短期目標がありかつその期間が異なる場合、ここに記載する短期目標は本様式作成時点で終期を迎える短期目標のみでよい。

ケアプラン第２表に記載されている援助内容（サービス内容、サービス種別、事業所名）を転記する。

介護支援専門員自身がモニタリング訪問で把握した状況や、個別サービスを提供している事業者からの報告事項、主治医意見書等での指摘事項等を踏まえ、短期目標の達成状況の判断（「結果」欄に記載した内容）の根拠となる状況や次のケアプランを策定するにあたり留意すべき事項を簡記する。
特に、「結果」欄で「×１」あるいは「×２」を選択した場合は、短期目標が達成できなかった理由を再アセスメントにおいてよく分析する必要があるため、その際考慮すべき重要な情報（個別サービスを提供している担当者が把握した利用者の心身の状況の変化、利用者・家族の生活環境の変化等）を補記しておくことが重要である。
また、「結果」欄で「◎」や「○」を選択した場合においても、短期目標の達成に効果があった要因（例えば利用者本人の意欲の変化やそのきっかけとなった出来事、援助を提供している担当者のかかわりの工夫など）を補記し、個別サービス事業者と共有してよりよいケアの実現に向けた基礎情報として活用することが期待される。

※１「当該サービスを行う事業所」について記入する。※２　短期目標の実現度合いを５段階で記入する（◎：短期目標は予想を上回って達せられた、○：短期目標は達せられた（再度アセスメントして新たに短期目標を設定する）、△：短期目標は達成可能だが期間延長を要する、×１：短期目標の達成は困難であり見直しを要する、×２：短期目標だけでなく長期目標の達成も困難であり見直しを要する）

＊本書においては、第２章入所（入居）系①②については、施設内の支援の評価がしやすいよう、※１を「頻度」に修正して使用しています。

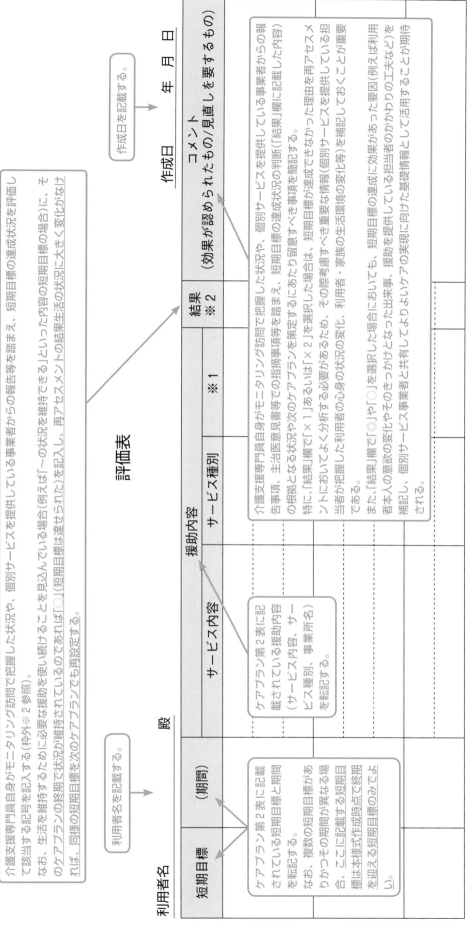

第 2 章

居宅・入所（入居）系サービスにおける実践事例

1 居宅

事例 1　意欲が低下している一人暮らしの男性への社会資源を活用した支援

事例 2　小さな町の定期巡回サービスで看取った肺がん末期の人への支援

事例 3　退院直後の本人と精神疾患治療中の長男への支援

事例 4　体調がすぐれない高齢夫婦と、思うようにならないと手が出そうになる長男への支援

事例 5　人工透析を受けながら在宅生活を送りたいと希望する一人暮らしの男性への支援

事例 6　近隣とのトラブルを抱える身寄りのない認知症の人への支援

事例 7　サービス付き高齢者向け住宅に転居した多系統萎縮症の男性への支援

事例 8　認知機能の低下が進む本人と、要支援状態の妻との二人暮らしへの支援

事例 9　「自分で終活をしたい」と希望する末期がんの人への支援

事例 10　状態が急激に低下した利用者への入退院の支援

1 居宅 1 意欲が低下している一人暮らしの男性への社会資源を活用した支援～関係機関との多職種連携～

1 事例の概要

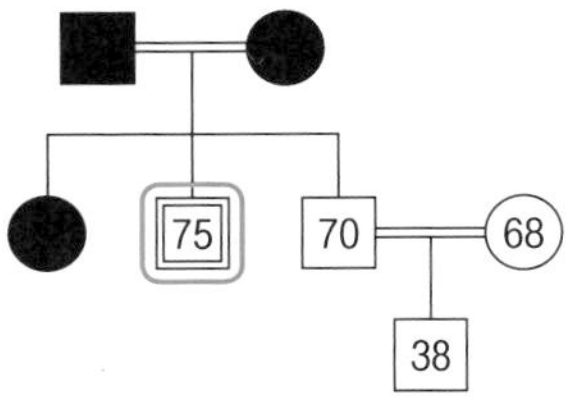

氏　　名：吉田　博（男性）
年　　齢：75 歳
要介護度：要介護 1
家族構成：一人暮らし。姉は 5 年前に亡くなっている。
弟は県内で甥（弟の長男）と同居しており、本人の自宅までは車で 2 時間程度かかる。

生活歴

地元の中学校を卒業後、親戚を頼り上京。若い頃は職を転々としたが、20 歳代後半からは内装業の職人として働き、50 歳になった頃、県内に転居し製鉄所で 58 歳まで働いた。作業中、機械に足を挟まれる事故に遭い退職した。回復後は実家に戻り、一人暮らしであった母と同居していたが、7 年ほどで母が亡くなり、65 歳のときに一人暮らしとなった。

主な病名と経過

令和○－ 3 年 4 月　くも膜下出血（クリッピング術後）。3 か月で退院。ADL は自立しており、元の暮らしに戻る。

令和○年 8 月　てんかん発作。道路で倒れているところを通行人が発見し、救急搬送される。20 日間入院した後、自宅に戻る。退院に際し、地域包括支援センターによる支援が開始される。地域包括支援センター職員が定期的に訪問し、服薬の声かけを行うようになる。

令和○年 10 月　てんかん発作。再び道路で倒れているところを通行人が発見し、救急搬送される。1 か月間入院した後、自宅に戻る。再発作は、予防薬の服薬ができていなかったことが理由であった。入院中に医療ソーシャルワーカー（MSW）から勧められ、要介護認定の申請を行う。

2 介護支援専門員からみた事例の特徴

介護支援専門員がケアプランを作成する際に、介護保険以外のサービスを位置づけることは努力義務とされており、社会資源の活用を念頭に置きケアマネジメントを行う。それは介護支援専門員が一人で調整役として利用者を支えるのではなく、関係機関の多職種と連携して支援することとなるため、職種ごとの強みを活かした複数での支援となる。

本事例では、本人と面接する前から、病院の医療ソーシャルワーカー、地域包括支援センター、生活保護のケースワーカーがかかわっていたが、連携が十分ではなかった。そこに社会福祉協議会（日常生活自立支援事業）の専門員も加わることとなったため、多職種連携によるチームでの支援を一層重視する必要があると考えた。一方で、専門職それぞれの主張に本人の考えが流されないように、“本人の意向”（何を大切にし、どのように生活していきたいか）を軸に、都度確認しながら支援を進めるよう心がけた。

3 アセスメント

基本情報に関する項目　　令和○年 10 月 30 日（病院内）、令和○年 11 月 6 日（自宅）

標準項目名	項目の主な内容	
① 基本情報	初回受付日	令和○年10月30日
	受付者	介護支援専門員　K
	氏名（性別） 生年月日（年齢）	吉田　博（男性） 昭和○○年○○月○○日（75歳）
	住所	○○県○○市○○
	その他	退院に際し、自宅で介護保険サービスの利用が必要になると判断され、医療ソーシャルワーカー（MSW）が本人に対し、要介護認定の申請について説明をしたところ、当初は拒否していたが、話し合いを重ねることで最終的に同意した。
② 生活状況	生活歴	地元の中学校を卒業後、親戚を頼り上京。若い頃は職を転々としたが、20歳代後半からは内装業の職人として働き、50歳になった頃、県内に転居し製鉄所で58歳まで働いた。作業中、機械に足を挟まれる事故に遭い退職した。回復後は実家に戻り、一人暮らしであった母と同居していたが、７年ほどで母が亡くなり、65歳のときに一人暮らしとなった。
	家族状況	一人暮らし 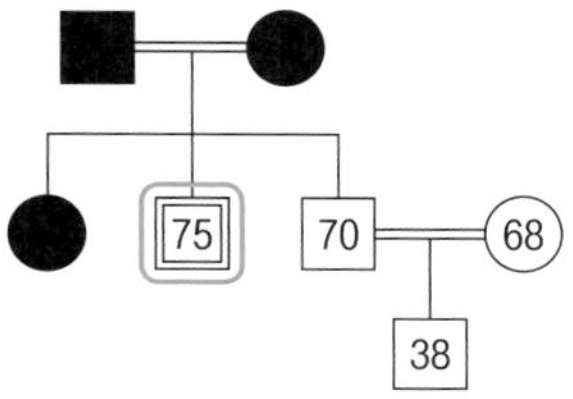
③ 利用者の被保険者情報	介護保険（要介護１） 厚生年金（５万円／月） 生活保護受給（平成22年から。医療扶助、介護扶助）	
④ 現在利用しているサービスの状況	なし（新規認定）	
⑤ 障害高齢者の日常生活自立度	A２	
⑥ 認知症である高齢者の日常生活自立度	Ⅱb	
⑦ 主訴	初回相談者等	地域包括支援センター職員　Y
	相談内容	入院中にMSWから地域包括支援センター職員に連絡があり、要介護認定の申請に至った。退院後に要介護認定を受けたため、地域包括支援センター職員から服薬の支援と生活のリズムを整えることを進めてほしいとの依頼がある。
	本人・家族の要望	本人：今年に入ってからもの忘れをするようになってきたため、薬を飲むこととお金の管理が自分ではできなくなってきている。病院からの勧めもあり、手伝ってほしい。 弟：近くに住んでおらず、あまり兄とは折り合いがよくない。しかし、自分が学生の頃にお金を送ってもらっていたこともあり、何かしてあげたいという気持ちはある。

⑧ **認定情報**	要介護１ 認定の有効期間：令和○年10月10日～令和○＋１年10月31日 介護認定審査会の意見：特になし。	
⑨ **課題分析（アセスメント）理由**	新規 （令和○年10月30日、令和○年11月６日）	10月30日：院内で本人、主治医と面接。重要事項を説明した後、退院時カンファレンスに参加。 11月６日：自宅で本人と面接。円滑な自宅退院に向けた情報収集と連絡調整。

課題分析（アセスメント）に関する項目　令和○年 10 月 30 日（病院内）、令和○年 11 月 6 日（自宅）

標準項目名	項目の主な内容	
⑩ **健康状態**	病名	くも膜下出血術後 症候性てんかん
	既往・病歴等	令和○－３年４月　くも膜下出血（クリッピング術後） 令和○年８月　てんかん発作 令和○年10月　てんかん発作　1a1
	主治医	○○総合病院○○医師（総合診療科）
⑪ **ADL**	寝返り：自立。布団を使用している。敷きっぱなし。 起き上がり：自立。つかまらなくても可能。 立ち上がり：自立。布団からの立ち上がりは周囲の物につかまっている。 座位：自立。居室は畳であり、座いすを使うか、壁に寄りかかっていることが多い。 歩行：自立。屋外では小さな段差につまずきそうになることがある。右足を少し引きずる。 着衣：動作は自立しているが、同じものを何日も着ており、就寝時も寝間着に着替えない。　2a2 入浴：10日に１回程度、ガス釜で自分でお湯を沸かし入浴しているが、お湯につかるのみで身体は洗わない。 食事：自立。 排泄：週に１回程度、トイレまで間に合わず、少量の尿失禁がある。尿取りパッドは使用していない。	
⑫ **IADL** 退院時カンファレンスで、社会福祉協議会の日常生活自立支援事業を利用することとなった →	調理：インスタントコーヒーを飲むためにお湯を沸かすのみ。炊飯器、電子レンジはない。　2a1 掃除：掃除機はあるが使用しておらず、掃除自体を行っていない。ほこりだらけで、雑然としている。ごみも袋には一応入れてあるが、捨てておらずたまっている（分別していない）。　2a2 洗濯：洗濯機はある。３か月に１回程度洗濯する。かごに汚れ物がたまっている。　2a2 買い物：10月の入院前までは、自転車でスーパーマーケットまで行き（片道30分程度）、たばこ、惣菜、弁当などを購入していた。自転車に乗れなくなったため、今後は自分では買い物に行けない。　2a1 金銭管理：あまり気にせずお金を使っていたとのことで、月末にはお金がなくなり、４、５日食べないことも頻繁にあったとのこと。　2a1　3a2 服薬管理：８月の入院後は、地域包括支援センター職員が訪問時に声かけを行っていたが、頻回ではなかったため、結局、毎日薬は飲めていなかった。　1a1	
⑬ **認知**	１年程前からもの忘れが気になるようになっており、本人は薬を飲んだつもりでいても、忘れて飲めていなかったということの繰り返しであった様子である。そのことが、てんかん発作の再発につながった。本人は薬の効能もあまり理解していない。　1a1	

⑭コミュニケーション能力	視力・聴力は年相応であると考えられ、日常生活に支障はない。しかし、もの忘れが目立ち、会話がちぐはぐになったり、かみ合わなかったりすることが生じている。理解力も低下してきているようで、家電の操作方法などは理解できないものもある。 3a1　3a2
⑮社会との関わり	実家に戻って生活しているため、同級生や知り合いが道で会うと声をかけてくれる。民生委員の定期訪問も受けている。 3a1 ← 民生委員は○○商店の店主
⑯排尿・排便	尿意・便意は問題なし。排便も毎日ある。洋式便座。
⑰じょく瘡・皮膚の問題	問題なし。
⑱口腔衛生	義歯を使用しているが、夜間もはずさない。気が向いたときにうがいをする程度。洗面台に歯ブラシの用意はある。
⑲食事摂取	主に弁当や惣菜を食べており、食事は偏っている。また、飲み物はコーヒーが多く、そのほかの水分をあまりとらない。 身長165cm、体重55kg（BMI：20.2）。仕事をしていたころは体重が70kg近くあり太り気味であったが、10年前に一人暮らしとなってから食事を抜くことも増え、徐々に体重が減少した。 2a1
⑳問題行動	たばこを楽しみとしており、月末にお金がなくなったときには、喫煙所の吸い殻を拾ってまでたばこを吸うことがある。
㉑介護力	弟とは折り合いが悪く、通常の行き来はない。電話でも何年も話していない。 3a1
㉒居住環境	一戸建ての平屋。築40年程度で老朽化している。 田んぼのなかの一軒家であり、病院やスーパーマーケットまで自転車で片道30分程度の立地。 調理家電がほぼなく、ガス台のみ。 【自宅の見取り図】 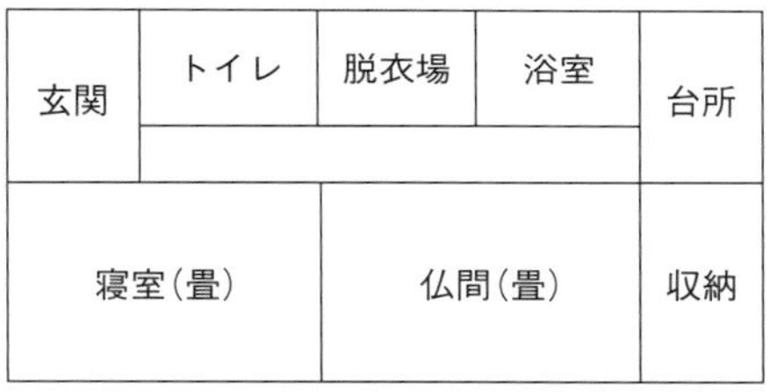
㉓特別な状況	１年程前までは、何とか帳尻をあわせ、月末まで食料を買うお金を持ち越せたが、今年に入りそれができなくなった。本人も公共料金の支払いなどがわからなくなってきており、「自分で管理ができなくなっている」と話している。 3a2

1
居宅①

4 アセスメントのまとめ（情報収集と分析）

総括

・男性（75歳）、一人暮らし。脳血管疾患が原因と考えられるてんかん発作を繰り返し、入院した。退院にあたり、新規申請に至った事例である。

・母が生きていた頃は、高齢の母の身の回りの世話をするなどして生きる価値を見出していたが、母の死後、自分のことはどうでもよくなっており、自暴自棄とはいかないまでも、自分の生活に関心が薄くなっている。

・本人は、身体機能や認知機能の衰えを感じているが、相談できるような相手がいないため孤立感を抱き、今後の一人暮らしに対して不安をもっている。

身体面

・10月の入院前までは、自転車を使い移動していたが、身体機能の低下により自転車に乗れなくなった。家の周辺を歩くことはできる。

・10月の入院前までは、てんかん発作の予防薬を飲んだり飲まなかったり、また飲酒後に薬を飲んだりしていた。それが原因で発作を繰り返し、救急搬送に至っている。入院のたびにADLが低下している。

精神面・社会面

・もの忘れが進んでいることを本人も不安に感じている。昨年までできていたことができなくなってきている。特に金銭管理は、もともとルーズだったため、今後は支援が必要な状態である。

・好きなときに寝て、好きなときに食べるような生活となっている。自由な過ごし方はよいが、ある程度生活のリズムを整える必要があると考える。

・一人暮らしで、弟とも疎遠になっているため、相談できる人がいない。そのことが不安を増大させる一つの原因となっていると考える。

環境面

・掃除をする意欲がなく、また物の整理がされていないため、居室は雑然としている。掃除機など掃除用具はそろっているが、本人が掃除の必要性を感じていない。住環境が整備されていないことが、生活意欲の低下の一因であると考える。

・家は市の中心部から自転車で片道30分程度の距離にあるため、買い物に行くことができなくなった。自転車での買い物が気分転換となっていたようで、10月の入院前までは、毎日スーパーマーケットまで行っていた。喫煙所で居合わせた人と雑談することも楽しみだった様子である。

・実家に戻って生活しているため、同級生や知り合いが道で会うと声をかけてくれる。民生委員の定期訪問も受けている。会話のなかに、同級生や民生委員の話題が頻繁に出てくることから、本人は地域に溶け込んでいる様子である。

課題整理総括表

利用者名　吉田　博　殿　　　　作成日　令和◯年11月7日

自立した日常生活の阻害要因(心身の状態、環境等)		
①もの忘れがある	②お金にルーズ	③多職種が連携していない
④自分の生活に関心がない	⑤家が市街から離れている	⑥弟と疎遠になっている

利用者及び家族の生活に対する意向	
	本人：自由にしていたいが、ある程度は生活を整えたい。相談する人がほしい。

状況の事実※1		現在※2	要因※3	改善/維持の可能性※4	備考(状況・支援内容等)
移動	室内移動	**自立**　見守り　一部介助　全介助		改善　維持　悪化	・歩くときに右足を少し引きずる。自転車に乗れなくなった。
	屋外移動	**自立**　見守り　一部介助　全介助		改善　維持　悪化	
食事	食事内容	支障なし　**支障あり**	②④⑤	**改善**　維持　悪化	・月末にお金がなくなり、数日間食べないことがたびたびある。
	食事摂取	**自立**　見守り　一部介助　全介助		改善　維持　悪化	
	調理	自立　見守り　一部介助　**全介助**	④	**改善**　維持　悪化	・ガスでお湯を沸かす程度。調理家電がほとんどない。
排泄	排尿・排便	**支障なし**　支障あり		改善　維持　悪化	・週に1回程度、少量の尿失禁がある。
	排泄動作	**自立**　見守り　一部介助　全介助		改善　維持　悪化	
口腔	口腔衛生	**支障なし**　支障あり		改善　維持　悪化	
	口腔ケア	**自立**　見守り　一部介助　全介助		改善　維持　悪化	
服薬		自立　見守り　**一部介助**　全介助	①③④	**改善**　維持　悪化	・薬を飲んだか忘れてしまう。薬の効能もあまり理解していない。飲み忘れについて、地域包括支援センター職員以外は気づいていない。
入浴		自立　**見守り**　一部介助　全介助	①④	改善　**維持**　悪化	・10日に1回程度。お湯につかるのみで身体は洗わない。
更衣		自立　**見守り**　一部介助　全介助	①④	改善　**維持**　悪化	・動作は自立しているが、何日も着替えない。就寝時も寝間着に着替えない。
掃除		自立　**見守り**　一部介助　全介助	①④	改善　**維持**　悪化	・掃除は行っておらず、ごみは袋に入れてはいるがたまったまま。
洗濯		自立　**見守り**　一部介助　全介助	①④	改善　**維持**　悪化	・洗濯機はある。3か月に1回程度洗濯する。かごに汚れ物がたまっている。
整理・物品の管理		自立　見守り　**一部介助**　全介助	①④	**改善**　維持　悪化	・物は多くないが整理はされておらず、部屋のなかは雑然としている。
金銭管理		自立　見守り　**一部介助**　全介助	①②④	**改善**　維持　悪化	・計画的に支出することや、定期的な支払いができなくなっている。
買物		自立　見守り　**一部介助**　全介助	②⑤	**改善**　維持　悪化	・スーパーマーケットが遠く、自分で歩いて買い物に行くことができない。
コミュニケーション能力		支障なし　**支障あり**	①	改善　**維持**　悪化	・話がかみ合わないことが出てきている。
認知		支障なし　**支障あり**	①④	改善　**維持**　悪化	・1年程前からもの忘れが出ている。自分でもこれからが不安だと話している。
社会との関わり		支障なし　**支障あり**	⑤⑥	**改善**　維持　悪化	・一人暮らしで孤立してしまっているように感じているとのこと。
褥瘡・皮膚の問題		**支障なし**　支障あり		改善　維持　悪化	
行動・心理症状(BPSD)		**支障なし**　支障あり		改善　維持　悪化	
介護力(家族関係含む)		支障なし　**支障あり**	⑥	**改善**　維持　悪化	・弟と折り合いがよくない。しかし、弟には何かしてあげたいという気持ちはある。
居住環境		支障なし　**支障あり**	④	**改善**　維持　悪化	・病院やスーパーマーケットまで自転車で片道30分程度の立地。民生委員や同級生からの見守りはある。
				改善　維持　悪化	

見通し※5	生活全般の解決すべき課題(ニーズ)【案】	※6
【心身機能/身体構造】 ・薬をきちんと飲むことで、てんかん発作を予防し、入院のたびにADLが低下することを防ぐことができる。	入院をせず、体調管理を自分で行いたい。	1
【活動】 ・専門職から日常生活上の助言を受けたり、専門職と相談したりすることにより、生活のリズムを整えることができる。	迷惑をかけないよう、自宅で自分の力で生活を続けたい。	2
【参加】 ・多職種や地域が連携し、統一された声かけ等のはたらきかけにより、孤立感が解消される可能性がある。	近所の人や同級生と話ができ、周りの人と相談しながら生活をしたい。	3
【環境】 ・本人の意向を重視し、本人と一緒に環境を整えることで、自己肯定感を増すことができる。 ・弟との橋渡しをすることで、関係が回復すれば、安心感を得られる可能性がある。	弟や甥との交流を再開したい。	―

※1～※6の詳細については、p.11～p.13を参照のこと。

第1表

居宅サービス計画書(1)

作成年月日　令和○年11月7日

(初回)・紹介・継続　　(認定済)・申請中

利用者名　吉田　博　殿　　生年月日　昭和○○年○○月○○日(75歳)　　住所　○○県○○市○○

居宅サービス計画作成者氏名　K

居宅介護支援事業者・事業所名及び所在地　A居宅介護支援事業所　○○県○○市○○

居宅サービス計画作成(変更)日　令和○年　11月　7日　　初回居宅サービス計画作成日　令和○年　11月　7日

認定日　令和○年　11月　2日　　認定の有効期間　令和○年　10月　10日　～　令和○＋1年　10月　31日

要介護状態区分	(要介護1)　・　要介護2　・　要介護3　・　要介護4　・　要介護5
利用者及び家族の生活に対する意向を踏まえた課題分析の結果	本人：これまでどおり自由にしていたいが、ある程度は生活を整えたい。また、相談する人がいなくてこの先不安なので、生活やお金のことなど相談できる人がほしい。 弟：近くに住んでおらず疎遠となっている。しかし、何かしてあげたいという気持ちはある。
介護認定審査会の意見及びサービスの種類の指定	特になし。
総合的な援助の方針	①生活のリズムを整え病気の再発を防ぐことで、自宅での生活を継続できるよう支援します。 ②多職種が連携することで相談できる人を多くし、一人暮らしに対する不安が軽減されるよう支援します。
生活援助中心型の算定理由	(1.)一人暮らし　　2. 家族等が障害、疾病等　　3. その他（　　　）

本人の意向を重視し、サービスで固め過ぎないようにします。本人のイメージする元の生活に近づけることを目指します

服薬をきちんとし、入院しないことから生活の立て直しを図ります

多職種によるチームケアを意識して支援します

居宅サービス計画の説明を受け、同意し、受領しました。　　年　　月　　日（利用者氏名）　　印

第2表

居宅サービス計画書(2)

作成年月日　令和○年11月7日

利用者名　吉田　博　殿

初回であるため、短い期間で設定し見直しを図ります

生活全般の解決すべき課題(ニーズ)	目標				援助内容					
	長期目標	(期間)	短期目標	(期間)	サービス内容	※1	サービス種別	※2	頻度	期間
①入院をせず、体調管理を自分で行いたい	1a てんかんの再発作を起こさず、入院しない	R○.11.12〜R○+1.10.31	1a1 毎日、忘れずにてんかん発作の予防薬を飲む	R○.11.12〜R○+1.2.28	・服薬確認・声かけ	○	訪問介護	Sヘルパーステーション	毎日	R○.11.12〜R○+1.2.28
					・毎日忘れずに薬を飲む		本人		毎日	
					・通院乗降介助 ・通院日の確認・声かけ	○	訪問介護	Sヘルパーステーション	月1回	
②迷惑をかけないよう、自宅で自分の力で生活を続けたい	2a 生活のリズムを整え、以前のように家事を自分で行う	R○.11.12〜R○+1.10.31	2a1 食事を3食きちんと摂る	R○.11.12〜R○+1.2.28	・買い物	○	訪問介護	Sヘルパーステーション	週1日	R○.11.12〜R○+1.2.28
					・買い物の内容・献立の相談		本人		毎日	
					・食事の確認・声かけ	○	訪問介護	Sヘルパーステーション	毎日	
			2a2 週に1回は洗濯と掃除を行う	R○.11.12〜R○+1.2.28	・洗濯・掃除の補助	○	訪問介護	Sヘルパーステーション	週1日	R○.11.12〜R○+1.2.28
					・自分でできる範囲の洗濯・掃除を行う		本人		週1日	
③近所の人や同級生と話ができ、周りの人と相談しながら生活をしたい	3a 日常生活について、相談できる人を増やす	R○.11.12〜R○+1.10.31	3a1 週に3日は散歩し、○○商店に顔を出す	R○.11.12〜R○+1.5.31	・来店時の声かけ		民生委員(○○商店の店主)	○○民生委員	週3日	R○.11.12〜R○+1.5.31
					・情報共有		地域包括支援センター	社会福祉士	随時	
					・運動と散歩を兼ねて○○商店まで歩いて行く		本人		週3日	
			3a2 毎週月曜日に社会福祉協議会にお金を取りに行く	R○.11.12〜R○+1.5.31	・金銭管理の助言		日常生活自立支援事業(社会福祉協議会)	専門員	週1日	R○.11.12〜R○+1.5.31
					・情報共有		生活保護(福祉事務所)	ケースワーカー	随時	
					・1週間分の小遣いの管理		本人		毎日	

本人がどの程度できるか、見極める要素を含みます

本人を支えるネットワークを意識し、多職種間の調整は地域包括支援センターが行います

自立支援を意識してもらえるよう、すべてのサービス内容に本人を位置づけました

※1「保険給付の対象となるかどうかの区分」について、保険給付対象内サービスについては○印を付す。
※2「当該サービス提供を行う事業所」について記入する。

第3表

週間サービス計画表

作成年月日　令和○年11月7日

利用者名　吉田　博　殿

令和○年11月分より

		月	火	水	木	金	土	日	主な日常生活上の活動
深夜	4：00								
早朝	6：00								
									7：30　起床、着替え・洗面
午前	8：00	訪問介護	訪問介護	訪問介護	訪問介護	訪問介護	訪問介護	訪問介護	8：30　食事の支度・朝食 服薬
	10：00								(週に1日程度)買い物、洗濯・掃除
	12：00								12：00　昼食・昼寝
午後	14：00	社会福祉協議会へお金を取りに行く	○○商店へ散歩		○○商店へ散歩		○○商店へ散歩		14：00　散歩(○○商店へ) テレビ
	16：00								17：00　夕食・晩酌 テレビ
夜間	18：00								
	20：00								21：00　就寝
	22：00								
深夜	24：00								
	2：00								
	4：00								

週単位以外のサービス	○○総合病院への通院(月1回。訪問介護：通院乗降介助) 地域包括支援センター社会福祉士・社会福祉協議会専門員・福祉事務所ケースワーカーの訪問(随時)

毎日の訪問での声かけ等により、生活のリズムを整えます

本人も民生委員も話をしやすい方法としました

飲酒・たばこはこれまでどおりとしました

訪問する日時はさまざまであるため、介護保険サービス以外の専門職の調整役は地域包括支援センターが担います

第5表

居宅介護支援経過(抜粋)

作成年月日　令和○＋１年２月10日

利用者名　吉田　博　殿

居宅サービス計画作成者氏名　K

年月日	内容	年月日	内容
R○＋1. 2. 10(月) 10:00 ～ 10:40 情報交換 地域包括支援センター社会福祉士来所	ケースワーカーは２月１日(土)15時頃訪問。洗濯物が干しっぱなしになっている。ヘルパーと一緒に干したものとのこと。本人には取り込んで、しまう様子はなかった。毎週の小遣いはたばこと缶コーヒーを買う程度で問題ない。 ○○民生委員からは、天気の悪い日以外は店に顔を出すとのこと。今まではあいさつ程度であったが、最近は天気の話などをするようになっている。 社会福祉士は２月９日(日)16時訪問。早い時間から飲酒し、寝てしまっていた。夕食も摂っていない。頻回であれば心配であるとのこと。(K)	R○＋1. 2. 20(木) 17:00 ～ 電話発信 Sヘルパーステーションサービス提供責任者M氏	服薬については、朝食後声かけをしなくても、自らお薬カレンダーから取り出し飲むようになっている。「薬を毎日飲むようになってから体調がよい」と話しているとのこと。 買い物は好きな惣菜があり、毎日頼まれる。翌日の訪問時に夕食が残っていることがたびたびあり、食べていない様子である。(K)
R○＋1. 2. 13(木) 14:00 ～ 電話発信 ○○総合病院MSW	サービスを利用していても３食きちんと食事が摂れていないことが多いことを相談する。 主治医にも報告し、体重測定を行い体重が減っていないか確認してみてはどうか？　という提案を受ける。 明日２月14日(金)の通院日に、病院で体重測定を行う予定。(K)	R○＋1. 2. 25(火) 13:20 ～ モニタリング 自宅訪問 本人と面接	昼食はパンを食べた。汚れたタオルが投げられている。家事については、ヘルパーと毎日相談はするが、実行できていない。「今までは家に人が来ることは滅多になかった。昨年末からはいろいろな人が来るようになって忙しいけれど、うれしい」と話す。 詳細はモニタリングシート参照。(K)
R○＋1. 2. 18(火) 電話受信 社会福祉協議会専門員	曜日を間違え本人が来所した。月曜以外に来たのは初めてなので念のため報告したが、緊急性はないと考えている。曜日を間違えていることを伝え、ロビーでしばらく話してから帰宅したとのこと。(K)		以下略

※モニタリングシート、再アセスメントシートなどは本書では割愛しています。

評価表

短期目標は達せられたが、再アセスメントの結果、同様の短期目標を再設定します

利用者名　吉田　博　殿

作成日　令和○＋1年2月26日

短期目標	（期間）	援助内容			結果 ※2	コメント （効果が認められたもの/見直しを要するもの）
		サービス内容	サービス種別	※1		
1a1 毎日、忘れずにてんかん発作の予防薬を飲む	R○. 11. 12 ～ R○+1. 2. 28	・服薬確認・声かけ	訪問介護	Sヘルパーステーション	○	当初は声かけのみで服薬を忘れることがあったため、1週間後からお薬カレンダーを導入。本人と確認することで、飲み忘れを防ぐことができた。通院日も本人が覚えており問題なかった。医師からは退院後の体調は良好とのこと。今後も服薬確認は継続する。
		・毎日忘れずに薬を飲む	本人		○	
		・通院乗降介助 ・通院日の確認・声かけ	訪問介護	Sヘルパーステーション	○	
2a1 食事を3食きちんと摂る	R○. 11. 12 ～ R○+1. 2. 28	・買い物	訪問介護	Sヘルパーステーション	△	買い物の内容は本人からの希望があり、その都度相談しながら決めた。しかし、朝食はヘルパーが見守りを行うため摂れているが、昼食、特に夕食は、翌日に食べ物が残っていることがあり、食べていないこともある様子である（飲酒し、そのまま寝てしまう）。
		・買い物の内容・献立の相談	本人		△	
		・食事の確認・声かけ	訪問介護	Sヘルパーステーション	△	
2a2 週に1回は洗濯と掃除を行う	R○. 11. 12 ～ R○+1. 2. 28	・洗濯・掃除の補助	訪問介護	Sヘルパーステーション	△	ヘルパーが朝の時間に訪問することで、昼まで寝ていることはない。しかし、ヘルパーと相談しその日の家事を決めるものの、一人の時間に行う家事については行っていない。しばらくはサービス時間中に一緒に行うことを続ける。
		・自分でできる範囲の洗濯・掃除を行う	本人		△	

今回の期間は、初回利用であり、本人の力を把握するための見極め期間として考えて評価しました。

※1「当該サービスを行う事業所」について記入する。※2 短期目標の実現度合いを5段階で記入する（◎：短期目標は予想を上回って達せられた、○：短期目標は達せられた（再度アセスメントして新たに短期目標を設定する）、△：短期目標は達成可能だが期間延長を要する、×1：短期目標の達成は困難であり見直しを要する、×2：短期目標だけでなく長期目標の達成も困難であり見直しを要する）

5 まとめ

介護支援専門員がケアプランを作成するうえで、社会資源を活用すること、それに伴い多職種と連携していくことは必須事項となる。本事例において、介護支援専門員としてかかわりはじめた当初、多職種連携がうまくいっていなかったのは、職種間の連携を意識せずに、それぞれがばらばらにアプローチしているからだと考えた。そこで、ケアチーム全体の調整役を地域包括支援センター職員とし、介護支援専門員は介護保険サービスの調整役として、全体のチームケアの一部と役割の整理を行った。これは、居宅サービス計画と個別サービス計画の関係とも似ている。

多職種が連携したチームケアを進めることで、介護支援専門員の視点だからこそみえてくることがある。本事例では、全体の調整役である地域包括支援センター職員が当初気づいていなかったのは、「本人は相談できる人がいないと感じていること」「本人には地域のなじみのつながりがあるということ」であり、そのことを多職種で共有することで、統一したアプローチが実現できると考えた。支援業務を介護支援専門員一人が背負わない、分業してそれぞれが職種の特性を活かし支援していくことが重要であると考える。

また、課題や目標・サービス内容について、本人が同意することだけではなく、ケアチームのメンバーである多職種も本人が取り組むケアプランに対して同意することが必要である。多職種連携は難しいことのようにとらえられることが多いが、まず顔の見える関係づくりを行い、話し合うことで連携が進展すると考える。

もう一点、本事例において気づいたことは、介護保険サービスの利用が始まり、さまざまなアプローチが実施されていくことで、マズローの欲求階層説に沿って、本人の考えや行動が変化していったことである。食事が提供されることで「生理的欲求」が満たされ、そのうえで家が整理整頓されることで「安全欲求」が満たされ、その後、生活について相談できる人がいることで「社会的欲求」が満たされるというように階層になっており、それに伴い本人の感情面も、当初は怒りっぽく近寄り難かったところから、しだいに落ち着きを取り戻し、その後は周囲に感謝の言葉を口にすることや笑顔がみられるようになった。このことから、今後の課題の整理、目標・サービス内容を検討していくにあたり、マズローの法則が参考になると考える。

参考文献

- 後藤佳苗『だいじをギュッと！ ケアマネ実践力シリーズ ケアプランの書き方――押さえておきたい記入のポイント』中央法規出版、2018.
- 後藤佳苗「管理者のための押さえておきたい事業所運営のツボ――介護保険以外のサービスの調整」『ケアマネジャー』第22巻第5号、2020.

1 居宅 2 小さな町の定期巡回サービスで看取った肺がん末期の人への支援～関係者が協力して在宅看取りをした事例～

1 事例の概要

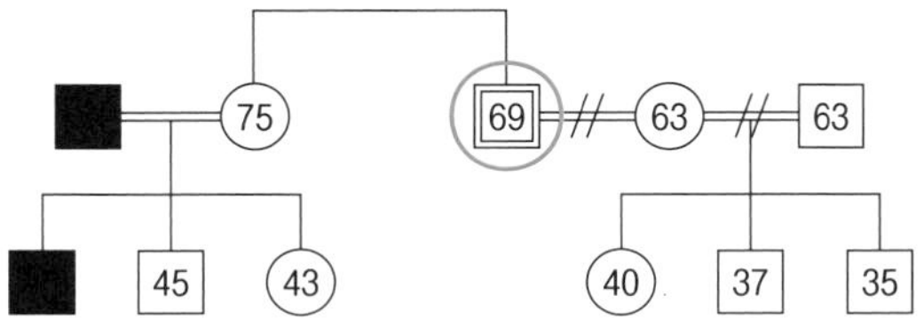

氏　　名：亀田　勝（男性）
年　　齢：69 歳
要介護度：要介護 1（暫定）
家族構成：一人暮らし。妻とは 20 年前に離婚し、以降、前妻とその連れ子とは現在まで音信不通。近所に住む甥（実姉の次男）夫婦とは親交がある。

生活歴

県内漁村の漁業者の長男として生まれる。

成人しトラックの運転手として勤めた後、地元で運送業の個人事業主となる。

20 代で結婚。離婚歴のある妻（連れ子 3 人）との生活が約 20 年続くが、事業の倒産と自己破産を機に 40 代で離婚。実子はいない。

他人との関係は若い頃から良好で、職場、近隣、地元の友人に慕われ、長い付き合いを続けている。

主な病名と経過

右肺がんの多発性内転移。気道内浸潤を伴う。ステージ 4 。余命 3 ～ 6 か月、告知済。肺門縦隔リンパ節転移の強い疑い。

飲酒、喫煙はあるものの、既往歴など一切なく、69 歳まで精力的に過ごしてきたが、令和○年 5 月の連休明けより、深呼吸時に背部痛が出現する。令和○年 8 月、かかりつけ医の指示により専門医の診察を受け、末期の肺がんと診断される。

本人は医療的な精査加療を希望せず、BSC※の方針で支援が開始される。

※ BSC（Best supportive care：ベスト・サポーティブ・ケア）
完治困難な悪性腫瘍等に対して、病状および治療内容を十分に理解した患者の意思決定に基づいて、積極的治療よりも身体的苦痛を軽減したり、薬物の副作用を和らげて QOL（生活の質）を高める医療行為。

2 介護支援専門員からみた事例の特徴

ステージ 4 の肺がんの告知を受けて、支援をはじめた。本人の気持ちは、行きつ戻りつしながらもしだいに明確になり、「最期まで自宅で過ごしたい」、「友人と会っておきたい」、「痛みや苦しみは避けたい」等の意思を確認した。状態変動の著しい本人に対し、定期巡回・随時対応型訪問介護看護を活用しながら、支援を行った。前期は本人の身体と気持ちに余裕と冷静さがあり、本人の望む生活を実現するため、関係者と協力してサービスを提供した。後期は短期間で疼痛増悪がみられた。

3 アセスメント

基本情報に関する項目　　令和○年８月28日（自宅）

標準項目名	項目の主な内容	
① 基本情報	初回受付日	令和○年８月28日
	受付者	主任介護支援専門員　T
	氏名（性別） 生年月日（年齢）	亀田　勝（男性） 昭和○○年○○月○○日（69歳）
	住所	○○県○○市○○
	その他	本人：○○○−○○○○−○○○○
② 生活状況	生活歴	漁業者の長男として生まれる。高校卒業後、船員やトラックの運転手を経て、地元で運送業の個人事業主となる。20代で結婚するが、事業の倒産と自己破産を機に40代で離婚。実子はいない。
	家族状況	自宅（持ち家一戸建て）で一人暮らし。両親は逝去しており、きょうだいは実姉（75歳）のみ。 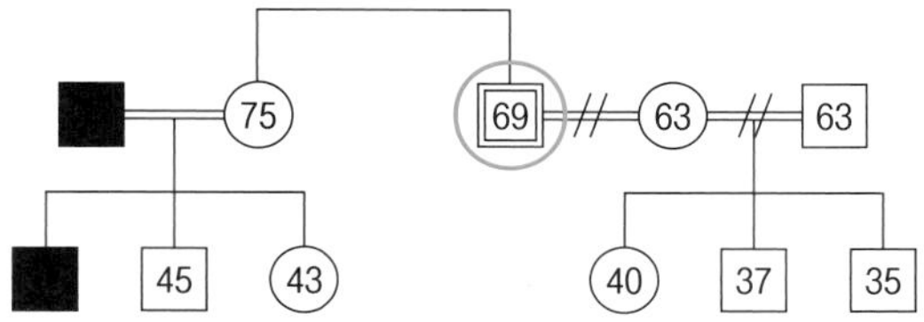 甥（実姉の次男）夫婦が近隣在住で本人と常に親交がある。前妻とその連れ子とは離婚後は音信不通であり、今回の件も逝去するまで連絡をしないように本人から明確に求められている。
③ 利用者の被保険者情報	介護保険（受付時、未申請。申請希望有）	
④ 現在利用しているサービスの状況	なし	
⑤ 障害高齢者の日常生活自立度	A１	
⑥ 認知症である高齢者の日常生活自立度	自立	
⑦ 主訴	初回相談者等	本人より直接電話相談を受ける。
	相談内容	痛みや苦しみを調整しながら、自宅で最期まで暮らしたい。
	本人・家族の要望	本人：痛いとか苦しいとかは嫌だけど、できれば家で生きていたいです。来年の桜（自宅前にある巨木）が咲くのを見ることを目標に、平穏に暮らしたいです。 甥：本人がキーパーソンに指名した。 「おじさんの望みどおりにしてあげたい」
⑧ 認定情報	要介護１（暫定） 認定の有効期間：令和○年８月28日～令和○＋１年２月28日（仮）	

⑨ 課題分析 (アセスメント)理由	初回 (令和○年８月28日)	本人、甥、介護支援専門員の３人で本人の自宅にて行う。「痛みが軽い今のうちに、今後の方向性を決めておきたい」という本人の希望を尊重し、不安内容の洗い出しと対応方法を相談する。在宅生活継続のために、体調にあわせた適切なケアが可能な定期巡回・随時対応型訪問介護看護の内容を説明しながら、アセスメントを実施する。

課題分析（アセスメント）に関する項目　　令和○年８月 28 日（自宅）

標準項目名	項目の主な内容	
⑩ 健康状態	病名	右肺がんの多発性内転移　1a1　2a1　3a1
	既往・病歴等	令和○年５月　深呼吸時に背部痛が出現する。 令和○年８月　背部痛のため専門医の診察を受けたところ、末期の肺がんと診断される。　1a1　2a1　3a1
	主治医	かかりつけ医　内科　C医師 専門医療機関（K病院）　呼吸器内科　Ｉ医師
⑪ ADL	寝返り：自立。非介護用ベッドの端をつかんで可能。 起き上がり：自立。背中、腰に痛みが出なければ可能。 座位：自立。現在は端座位がとれる時間が長い。 移乗：自立。端座位からつかまれば可能。 歩行：自立。少しふらつくが、伝い歩きは可能。　2a2 着衣：自立。端座位で可能。 入浴：見守り。専用の丸いすを使用し、見守りでシャワー浴を行う。　2a1 食事：自立。食欲によるが一人で可能。 排泄：自立。排尿も端座位でトイレにて可能。　2a2	
⑫ IADL	調理：一部介助。近所の友人が自主的におかずを届けてくれる。 掃除：見守り。短期間（身体が動くうち）に、自宅内のさまざまなものの整理をしたい。　2a3 洗濯：自立。 買い物：一部介助。本人が依頼し、甥や友人が実施。 金銭管理：自立。 服薬管理：自立。自分で管理可能。飲まない日もある。　1a1	
⑬ 認知	問題なし。	
⑭ コミュニケーション能力	問題なし。	
⑮ 社会との関わり	問題なし。仕事はできるだけ続けていきたい。自宅を整理して知人等への形見分けをしたい。　2a3　3a1	
⑯ 排尿・排便	尿意・便意あり（排尿日中７回、夜間１回。排便は便秘傾向にあり３日に１回）。　2a2	
⑰ じょく瘡・皮膚の問題	問題なし。	
⑱ 口腔衛生	自立。一人で洗面所にて可能。	
⑲ 食事摂取	自立。１日２食程度。食欲のない日が増えてきているが、一人で可能。若い頃の体重は80kg前後。現在は身長175cm、体重60kg（BMI：19.6）。	
⑳ 問題行動	なし。	

㉑ **介護力**	一人暮らし。車で15分程の場所に甥夫婦が住んでおり、緊急時の対応は可能だが長時間、長期間のかかわりは困難と甥夫婦から聞き取る。本人は、平時の日常的な頼み事は近所のXさん宅、Yさん宅、Zさん宅にて対応可能、それ以外の特別な事柄は、元職場の同僚や地元の友人らが対応可能と話す。
㉒ **居住環境**	住宅街の一軒家。南向きでひな壇造成地であり、頂上付近の自宅前には、大きな桜の木が茂る。横一列に並ぶ家並みには、本人と良好な関係をもつ世帯が多くある。自宅内の廊下と居室の間には４cm、脱衣場から浴室の間には10cm、玄関土間から玄関内の間に25cmの段差がある。室内に手すりは一切ない。玄関から廊下、リビング、各居室の床面に物が多く、安全な歩行の妨げになる。 2a2 庭は広く、草が取り切れないと除草剤を撒いている。 【自宅の見取り図】 
㉓ **特別な状況**	離婚した前妻とその連れ子が健在だが、一切の連絡をしないように本人より厳しく言われる。その理由は不明。

4 アセスメントのまとめ（情報収集と分析）

総括

・60代後半の一人暮らしの男性の事例である。肺がん末期（余命３～６か月）の診断を受けている。

・多くの友人や近隣の人に慕われる、明るく温厚な性格であり、従来より周囲のために労を惜しまず、さまざまな事柄を積極的に解決してきていることから、高い奉仕性、社会的協調性を感じる。

・一方、本人の抱える病気と現状は深刻であり、その不安を周囲に感じさせないように振る舞う本人ではあるが、今後の話を具体的にしていくなかで、「なんで自分が死ななければならないんだろう」と嗚咽するなど、気持ちの揺れ動きが大きい。

・できるだけ最期のときまで自宅にいたい、そして自分の人間関係のなかで暮らしていきたい（おそらく看取ってほしい）という気持ちを感じる。

身体面

・現在のところ落ち着いているが、病状はターミナルに差しかかっており、急性増悪が明確に予想されるため、先を見越した支援の必要性を本人ともに感じている。近い将来、痛みのコントロールや急変時の対応、自立した移動が困難になった場合の対応等に課題を残す。

・体重は減少傾向にあり、食欲は日に日になくなっていくと、本人が心配そうに口にする。

・また、以前はなかったことだが、服薬を開始した頃から便秘がちになっていると本人は感じている。
・月に1回程度、肩から腰にかけて、激しい痛みに襲われる。

精神面・社会面

・現在は心理的におおむね安定しているが、激しい痛みの回数が増えてきている。死や痛み、苦しみへの不安に対してさまざまな恐怖をもっていることから、「うつ的」な傾向を抱く可能性も否定できない。
・本人が自分の病気を友人や近隣の人に公言しており、聞いた側は相当なショックを受けているが、そのことで疎遠になることはなく、むしろ以前に増して関係が近づいており、「何かあればうちに電話して」などと温かい言葉をかけられている。
・特に頼んでいないが、本人の体調確認を兼ねて、近隣の人が毎日のようにおかずを届けてくれる。
・友人たち（ほぼ同年代の健康な複数の男性）が、2日に1度くらいの頻度で訪問しており、近隣の人とも気さくに話ができている。

環境面

・持ち家一戸建て。自分が生きているうちに自宅を処分しようと考えているが、自宅で最期を迎える希望があり、自分の死後に整理をしてもらうと決めている。
・一人暮らしによる基本的な介護力の不足はあるが、現在までのところ自立しており、体調不良時でも周囲の人間関係に支えられて、日々の生活の見通しは立っている。
・自宅の売却準備、床に置かれているさまざまなものの整理（今後に向けて廃棄したり友人に分けたりして片づける）等、本人なりの計画がある。自宅の大がかりな掃除については、保険外サービスで支援する。
・室内に手すりが一切ないことや、玄関や居室出入り口などの段差は、今後筋力が低下し身体の動きが鈍りはじめたときには危険になってくる。

利用者名　亀田　勝　殿

課題整理総括表

作成日　令和○年８月28日

自立した日常生活の阻害要因（心身の状態、環境等）	①末期がん（週単位で状態悪化の可能性がある）	②疼痛増悪	③体力低下
	④急に発生する激痛	⑤一人暮らし	⑥

利用者及び家族の生活に対する意向	痛みや苦しみを調整しながら、自宅で最期まで暮らしたい。

状況の事実※1		現在※2	要因※3	改善/維持の可能性※4	備考（状況・支援内容等）
移動	室内移動	自立 **見守り** 一部介助 全介助	①②③④	改善 維持 **悪化**	・伝い歩き、体動時には、息があがり歩行が困難になる。
移動	屋外移動	自立 **見守り** 一部介助 全介助	①②③④	改善 維持 **悪化**	
食事	食事内容	**支障なし** 支障あり		改善 維持 悪化	・痛みの影響で食欲に波があり、食欲のあるときだけ食べる。
食事	食事摂取	**自立** 見守り 一部介助 全介助		改善 維持 悪化	・簡単な調理は実施している。今後、自力調理が困難になる。
食事	調理	自立 見守り **一部介助** 全介助	①②③	改善 維持 **悪化**	
排泄	排尿・排便	**支障なし** 支障あり		改善 維持 悪化	・現在はすべて自立だが、今後は、トイレや洗面所への移動が困難になり、排泄や口腔ケアの介助が必要になる。
排泄	排泄動作	**自立** 見守り 一部介助 全介助		改善 維持 悪化	
口腔	口腔衛生	**支障なし** 支障あり		改善 維持 悪化	
口腔	口腔ケア	**自立** 見守り 一部介助 全介助		改善 維持 悪化	
服薬		自立 **見守り** 一部介助 全介助	①②	**改善** 維持 悪化	・自分で用意するが、飲まないことが多い。
入浴		自立 **見守り** 一部介助 全介助	①②③④	改善 維持 **悪化**	・自宅での入浴を介護者がいる時間に実施しているが、今後着替えが困難になる可能性がある。
更衣		**自立** 見守り 一部介助 全介助		改善 維持 悪化	
掃除		自立 **見守り** 一部介助 全介助	②③	改善 維持 **悪化**	・長時間の清掃はできない。
洗濯		**自立** 見守り 一部介助 全介助		改善 維持 悪化	
整理・物品の管理		自立 **見守り** 一部介助 全介助	①②③	改善 維持 **悪化**	・体力のあるうちに、介護職とともに必要なもの・必要でないもの、譲るものなどを整理したい。
金銭管理		**自立** 見守り 一部介助 全介助		改善 維持 悪化	
買物		自立 見守り **一部介助** 全介助	②③	改善 維持 **悪化**	・甥や友人に必要な物を頼み、購入してもらう。
コミュニケーション能力		**支障なし** 支障あり		改善 維持 悪化	
認知		**支障なし** 支障あり		改善 維持 悪化	
社会との関わり		**支障なし** 支障あり		改善 維持 悪化	・友人、近隣の人、甥などが来てくれる。 ・仕事は主治医と相談し、できるところまで続けていきたいと希望している。
褥瘡・皮膚の問題		**支障なし** 支障あり		改善 維持 悪化	
行動・心理症状（BPSD）		**支障なし** 支障あり		改善 維持 悪化	
介護力（家族関係含む）		支障なし **支障あり**	⑤	改善 **維持** 悪化	・一人暮らし。甥夫婦も長時間はかかわれない。
居住環境		支障なし **支障あり**	③	**改善** 維持 悪化	・屋外に階段あり。室内には段差が多く、またつかまるところがないため、転倒リスクが高い。
				改善 維持 悪化	

見通し※5	生活全般の解決すべき課題（ニーズ）【案】	※6
・現在の生活は、おおむね自立しているが、短時間で身体機能低下のおそれがあるため、主治医らと連携しながら支援することで、不安を軽減させることができる。 ・急に激痛が発生したときの対応に緊急通報装置を設置することで、潜在的な不安を解消することができる。 ・突然の出来事に対応してくれる介護職や看護職などと一緒であれば、生活の最期の整理をやり遂げることができる。	今後の変化にあわせた生活を、そのつど相談しながら続けたい。	2
	痛みを抑えて、穏やかな気持ちで自宅で暮らしたい。	1
・疼痛増悪に伴う生活力の低下に対し、動線上の生活環境を整え、主体的生活の維持・継続を支援することにより、自宅での生活を続けることができる。 ・確実に服薬できるよう支援することで、痛みのコントロールが可能になる。 ・周囲の協力を得て、仕事を続けることにより、社会とのつながりをもちつづけることができる。	できるだけ仕事を続けたい。	3

※１～※６の詳細については、p.11～p.13を参照のこと。

第1表

居宅サービス計画書(1)

作成年月日　令和○年８月29日

初回・紹介・継続　　認定済・申請中

利用者名　亀田　勝　殿　　生年月日　昭和○○年○○月○○日(69歳)　　住所　○○県○○市○○

居宅サービス計画作成者氏名　T

居宅介護支援事業者・事業所名及び所在地　H居宅介護支援事業所　○○県○○市○○

居宅サービス計画作成(変更)日　令和○年　8月　29日　　初回居宅サービス計画作成日　令和○年　8月　29日

認定日　令和○年　8月　28日　　認定の有効期間　令和○年　8月　28日　～　令和○＋１年　2月　28日(仮)

要介護状態区分	要介護１(暫定)　・　要介護２　・　要介護３　・　要介護４　・　要介護５
利用者及び家族の生活に対する意向を踏まえた課題分析の結果	体調が悪くなり、受診したら病気だった。これから、どうしたらよいか漠然とした怖さと不安がある。 今は思い浮かばないが、その時々で心配になったら色々な相談にのってほしい。
介護認定審査会の意見及びサービスの種類の指定	なし。
総合的な援助の方針	仕事をされていましたが、体調不良で受診したところ病気とわかり、急遽介護保険(要介護認定)を申請することになりました。 一人暮らしをされており、今後の生活についての不安を抱えています。体調をみながら、今後のことについて一緒に考えていきたいと思います。 今後は急激な身体の変化が予想されます。ご近所の人、友人、訪問介護員、訪問看護師などがご自宅に訪問し、必要な支援を行います。 主治医連絡先：I医師(○○○－○○○○－○○○○)　緊急連絡先：甥(○○○－○○○○－○○○○)
生活援助中心型の算定理由	1. 一人暮らし　　2. 家族等が障害、疾病等　　3. その他（　　　）

居宅サービス計画の説明を受け、同意し、受領しました。	年　月　日（利用者氏名）　印

第2表

居宅サービス計画書（2）

作成年月日　令和○年８月29日

利用者名　亀田　勝　殿

生活全般の解決すべき課題（ニーズ）	目標				援助内容					
	長期目標	（期間）	短期目標	（期間）	サービス内容	※1	サービス種別	※2	頻度	期間
1 痛みを抑えて、穏やかな気持ちで自宅で暮らしたい	1a 痛みを抑えて自宅で暮らす	R○.8.29 ～ R○+1.2.28	1a1 痛みの強弱にあわせた服薬ができる	R○.8.29 ～ R○.11.30	・診察・治療		受診	K病院	月２回 痛むときは随時	R○.8.29 ～ R○.11.30
					・通院の介助（通院等乗降介助）	○	訪問介護	B訪問介護事業所	月２回 痛むときは随時	
					・服薬確認 ・体調確認 ・急変時の24時間365日訪問対応	○	定期巡回・随時対応型訪問介護看護（訪問介護）	S事業所	毎日 毎日 通報随時	
2 今後の変化にあわせた生活を、そのつど相談しながら続けたい	2a 一人暮らしでの痛みやけが等の不安を解消し、自宅での生活を続ける	R○.8.29 ～ R○+1.2.28	2a1 急変時は、すぐに連絡する	R○.8.29 ～ R○.11.30	・相談全般	○	居宅介護支援	H居宅介護支援事業所	月２回 心配ならば随時	R○.8.29 ～ R○.11.30
					・シャワー浴の見守り ・急変時の24時間365日訪問対応	○	定期巡回・随時対応型訪問介護看護（訪問介護）	S事業所	毎日 通報随時	
					・薬の管理 ・急変時の24時間365日訪問対応	医	訪問看護	K訪問看護ステーション	月１回 適宜	
			2a2 家の中を自分で歩いて移動する	R○.8.29 ～ R○.11.30	・室内の段差にミニスロープを置き、つまずかないようにする	○	福祉用具貸与	E事業所	毎日	R○.8.29 ～ R○.11.30
					・移動の動線上に手すりを取り付け、つかまって転ばずに移動する	○	住宅改修	E事業所	毎日	
			2a3 家の中を片づけておく	R○.8.29 ～ R○.11.30	・必要なもの、必要でないもの、譲るものの整理 ・家の中の片づけ		保険外サービス	S事業所	毎日 （10分）	R○.8.29 ～ R○.11.30
3 できるだけ仕事を続けたい	3a できるだけ仕事を続ける	R○.8.29 ～ R○+1.2.28	3a1 いつまで仕事を継続できるか考える	R○.8.29 ～ R○.11.30	・会社の理解を得て、車の運転を続ける		仕事	A運送	適宜	R○.8.29 ～ R○.11.30

※１「保険給付の対象となるかどうかの区分」について、保険給付対象内サービスについては○印を付す。
※２「当該サービス提供を行う事業所」について記入する。

第3表

週間サービス計画表

作成年月日　令和○年８月29日

利用者名　亀田　勝　殿

令和○年８月分より

<table>
<tr><th></th><th></th><th>月</th><th>火</th><th>水</th><th>木</th><th>金</th><th>土</th><th>日</th><th>主な日常生活上の活動</th></tr>
<tr><td rowspan="2">深夜</td><td>4：00</td><td></td><td></td><td></td><td></td><td></td><td></td><td></td><td></td></tr>
<tr><td></td><td></td><td></td><td></td><td></td><td></td><td></td><td></td><td></td></tr>
<tr><td rowspan="2">早朝</td><td>6：00</td><td></td><td></td><td></td><td></td><td></td><td></td><td></td><td>起床</td></tr>
<tr><td></td><td></td><td></td><td></td><td></td><td></td><td></td><td></td><td></td></tr>
<tr><td rowspan="4">午前</td><td>8：00</td><td colspan="7">定期巡回・随時対応型訪問介護看護(服薬・体調確認３分)</td><td>朝食・服薬</td></tr>
<tr><td></td><td></td><td></td><td></td><td></td><td></td><td></td><td></td><td>テレビ</td></tr>
<tr><td>10：00</td><td></td><td></td><td></td><td></td><td></td><td></td><td></td><td>部屋の片づけ</td></tr>
<tr><td></td><td></td><td></td><td></td><td></td><td></td><td></td><td></td><td></td></tr>
<tr><td rowspan="6">午後</td><td>12：00</td><td colspan="7">定期巡回・随時対応型訪問介護看護(服薬・体調確認３分)</td><td>昼食・服薬</td></tr>
<tr><td></td><td></td><td></td><td></td><td></td><td></td><td></td><td></td><td>横になる</td></tr>
<tr><td>14：00</td><td colspan="7">定期巡回・随時対応型訪問介護看護(シャワー浴見守り20分)、保険外サービス(自宅の整理整頓10分)</td><td>入浴、自宅の整理整頓</td></tr>
<tr><td></td><td></td><td></td><td></td><td></td><td></td><td></td><td></td><td>横になる</td></tr>
<tr><td>16：00</td><td></td><td></td><td></td><td></td><td></td><td></td><td></td><td></td></tr>
<tr><td></td><td></td><td></td><td></td><td></td><td></td><td></td><td></td><td></td></tr>
<tr><td rowspan="4">夜間</td><td>18：00</td><td colspan="7">定期巡回・随時対応型訪問介護看護(服薬・体調確認３分)</td><td>夕食・服薬</td></tr>
<tr><td></td><td></td><td></td><td></td><td></td><td></td><td></td><td></td><td>テレビ</td></tr>
<tr><td>20：00</td><td></td><td></td><td></td><td></td><td></td><td></td><td></td><td></td></tr>
<tr><td></td><td></td><td></td><td></td><td></td><td></td><td></td><td></td><td></td></tr>
<tr><td rowspan="7">深夜</td><td>22：00</td><td></td><td></td><td></td><td></td><td></td><td></td><td></td><td>就寝</td></tr>
<tr><td></td><td></td><td></td><td></td><td></td><td></td><td></td><td></td><td></td></tr>
<tr><td>24：00</td><td></td><td></td><td></td><td></td><td></td><td></td><td></td><td></td></tr>
<tr><td></td><td></td><td></td><td></td><td></td><td></td><td></td><td></td><td></td></tr>
<tr><td>2：00</td><td></td><td></td><td></td><td></td><td></td><td></td><td></td><td></td></tr>
<tr><td></td><td></td><td></td><td></td><td></td><td></td><td></td><td></td><td></td></tr>
<tr><td>4：00</td><td></td><td></td><td></td><td></td><td></td><td></td><td></td><td></td></tr>
</table>

週単位以外のサービス	通院：月２回(訪問介護：通院等乗降介助)、訪問看護(医)：月１回～適宜 福祉用具貸与(ミニスロープ)、住宅改修(手すりの取り付け)

第5表

居宅介護支援経過(抜粋)

作成年月日　令和○年８月28日

利用者名　亀田　勝　殿　　　居宅サービス計画作成者氏名　T

年月日	内容
R○. 8. 28(火) 本人より電話 自宅訪問 本人と面談 契約、アセスメント、ケアプラン原案の作成、サービス担当者会議	「K病院を受診し、末期がんと言われた。余命３～６か月、これからどうすればよいかわからない。相談したいが、誰に、何の相談をすればよいのかも考えられない。どうすればよいですか？」と話す。 介護保険(要介護認定)の申請を提案し、了解を得る。 即日訪問し、面接を行う。ケアプラン原案を作成し、本人の了解を得る。要介護認定の申請代行を行う。 夕方からサービス担当者会議を開催する(詳細はサービス担当者会議の要点参照)。 K病院の病状説明書を確認する。本人は治療の希望はなく、自宅での安らかな生活を希望している。がんの転移は、どの範囲までなのか不明。今後の病状変化に関して主治医の意見を聞きたいので、次回の通院に同行させてもらう許可を得る。 本人から「事業の失敗後に離婚して以来、妻子とは一度も会っていないし、今回のことも知らせない」という考えを聞く。 高額医療費の事前申請の説明を行い、手続きの書類を作成。市役所に提出する。　(T)
R○. 8. 29(水) 自宅訪問 本人と面談	本日よりサービス提供開始。 本人は昨日よりは落ち着いている。せっかちな性格なのか、昨日さまざまな手続きが一度に進み、満足そうにお礼を言われる。昨日に続き、自宅内の状態や、家族関係、キーパーソンになる甥の連絡先など必要な情報を確認する。経済状況や立ち入ったことを聞いても、嫌がらずに回答する。　(T)
	中略
R○. 9. 6(木) 受診同行	肺だけでなく気道にも腫瘍が確認される。息苦しさが強まることや、激しい痛みが不定期に発生すること、余命は４か月程度等の説明を一緒に受ける。緩和ケア病棟の説明もあり、主治医の話の後、緩和ケア病棟の説明を聞きに行き、申し込みをする。主治医より、運転の仕事を辞めるよう厳しく言われ、退職を決意する。　(T)
	中略
R○. 10. 27(土) 緊急通報	激しい痛みの緊急通報があり、オペレーターより救急車の手配を行う。病院で本人と面会したときには痛み止めの効果があり、「大騒ぎしてごめん」と話す。　(T)
	以下略

※モニタリングシート、再アセスメントシートなどは本書では割愛しています。

評価表

利用者名　亀田　勝　殿　　　　　　作成日　令和○年11月23日

短期目標	（期間）	援助内容			結果 ※2	コメント（効果が認められたもの/見直しを要するもの）
		サービス内容	サービス種別	※1		
1a1 痛みの強弱にあわせた服薬ができる	R○. 8. 29 ～ R○. 11. 30	・診察・治療	受診	K病院	○	定期通院および救急車による搬送、一時的な入院を実施した。
		・通院の介助（通院等乗降介助）	訪問介護	B訪問介護事業所	△	定期通院を実施した。
		・服薬確認 ・体調確認 ・急変時の24時間365日訪問対応	定期巡回・随時対応型訪問介護看護（訪問介護）	S事業所	○	痛みが強くなることに伴い、本人も薬を適切に服用する意欲が向上した。
2a1 急変時は、すぐに連絡する	R○. 8. 29 ～ R○. 11. 30	・相談全般	居宅介護支援	H居宅介護支援事業所	○	夕方から夜間にかけて不安になることがあり、その都度電話があった。
		・シャワー浴の見守り ・急変時の24時間365日訪問対応	定期巡回・随時対応型訪問介護看護（訪問介護）	S事業所	○	痛みの少ない日には、本人の希望どおりにシャワー浴が実施できた。
		・薬の管理 ・急変時の24時間365日訪問対応	訪問看護	K訪問看護ステーション	△	看護師と気軽に相談できたことで、がんに対する不安が軽減された。
2a2 家の中を自分で歩いて移動する	R○. 8. 29 ～ R○. 11. 30	・室内の段差にミニスロープを置き、つまずかないようにする	福祉用具貸与	E事業所	○	けがを伴う大きな転倒はなかった。
		・移動の動線上に手すりを取り付け、つかまって転ばずに移動する	住宅改修	E事業所	○	けがを伴う大きな転倒はなかった。
2a3 家の中を片づけておく	R○. 8. 29 ～ R○. 11. 30	・必要なもの、必要でないもの、譲るものの整理 ・家の中の片づけ	保険外サービス	S事業所	○	形見分けや廃棄を介護職と行った。
3a1 いつまで仕事を継続できるか考える	R○. 8. 29 ～ R○. 11. 30	・会社の理解を得て、車の運転を続ける	仕事	A運送	○	主治医と相談し円満に退職した。

※1「当該サービスを行う事業所」について記入する。※2 短期目標の実現度合いを5段階で記入する（◎：短期目標は予想を上回って達せられた、○：短期目標は達せられた（再度アセスメントして新たに短期目標を設定する）、△：短期目標は達成可能だが期間延長を要する、×1：短期目標の達成は困難であり見直しを要する、×2：短期目標だけでなく長期目標の達成も困難であり見直しを要する）

5 まとめ

余命3～6か月と診断された肺がん末期の男性に対し、定期巡回・随時対応型訪問介護看護と、親族、友人、地域の人の協力を得て、在宅での看取りを行った事例である。

初回相談を電話で受け、冷静な対応を心がけながら支援を開始した。亡くなるまでの約4か月の間、区分変更申請を行い、10回以上救急搬送され、3回入院している。さまざまな状況になるものの、最終的には「自分はどうせ死ぬのだから家に帰る」と強く主張し、自宅に戻ってきた。

自らの病状を、心と身体で七転八倒しながら受け止め、今後のことを紙に書きながら冷静に考えて話す本人の姿と、自宅のリビングから見える桜の木を凝視しながら、「来年は見られないと思うか？」と涙を流しながら介護支援専門員に尋ねる姿がともに印象的だった。

痛みや苦しみから解放されたい気持ちには深く共感できたが、それ以上に自らが築き上げた人間関係を最期まで続ける姿から、本人にとっての尊厳を保つ生き方とは何かを学ぶことができた事例である。一方で、本人の逝去より時が経つにつれて、本人の大切な時間を適切に支援できたのか？　と自問自答が続く。

参考文献

- アンナ・フロイド、外林大作訳『自我と防衛』誠信書房、1958.
- 石井哲夫『自閉症と受容的交流療法』中央法規出版、1995.
- 医療情報科学研究所編『病気がみえるvol.9 婦人科・乳腺外科 第4版』メディックメディア、2018.

1 居宅 3 退院直後の本人と精神疾患治療中の長男への支援 ～本人の入院中に自宅がごみ屋敷化した事例～

1 事例の概要

氏　　名：大阪　和歌子（女性）
年　　齢：69 歳
要介護度：要介護 2
家族構成：長男（44 歳、精神疾患治療中）との二人暮らし。
夫、両親は他界。
隣県の実家に兄家族が住むが、交流はない。

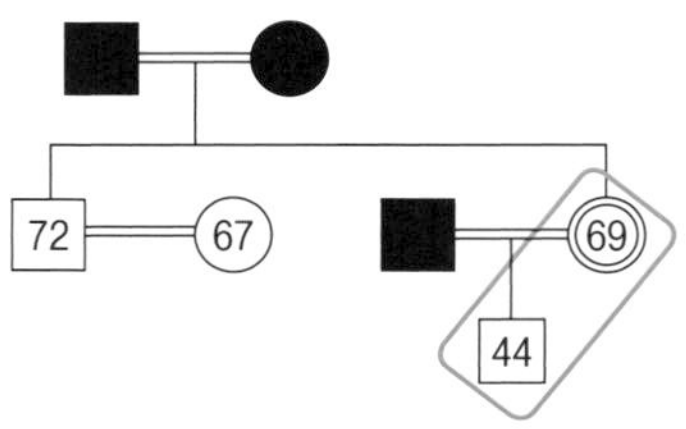

生活歴

隣県で自営業を営む裕福な家庭に二人兄妹の妹として生まれる。

地元の短大を卒業し、家業と家事手伝いをする。

23 歳のときに 10 歳年上の夫と見合い結婚。現在地に転居し、専業主婦となる。25 歳で 1 男をもうける。

主な病名と経過

5 か月前（令和○年 3 月初旬）	家の玄関で転倒。痛みで立ち上がれなかったため、自分で救急車を呼び、Z 病院に救急搬送・手術。
3 か月前（令和○年 5 月初旬）	Y 病院の回復期病棟へ転院。四支点杖での屋内歩行が可能になる。生活リハビリテーションのため、介護老人保健施設への入所も検討したが、長男の世話をしたいと本人が強く希望し、7 月末に自宅退院する予定。

2 介護支援専門員からみた事例の特徴

右大腿骨頸部骨折手術後の 60 代後半の女性。40 代の精神疾患治療中の長男と共依存状態で生活している。

円滑な退院と、在宅生活への移行と継続のためには、本人に加えて長男への支援も必要となる事例だが、これまでの家族の歴史があること、長男の世話をすることが本人の生きがいや意欲となっていることなどから、役割をむやみに奪うのではなく、事故予防に配慮しながら、状況を見極めて対応する必要がある。

まずは、退院前の状態に戻れるよう支援しながら、情報収集を行い、今後の方向性を決定していく予定である。

3 アセスメント

基本情報に関する項目　　令和○年７月６日（病院内）、令和○年７月20日（自宅）

標準項目名	項目の主な内容	
① 基本情報	初回受付日	令和○年７月５日
	受付者	介護支援専門員　千葉　美奈子
	氏名（性別） 生年月日（年齢）	大阪　和歌子（女性） 昭和○○年○○月○○日（69歳）
	住所	○○県○○市○○
	その他	自宅：○○○－○○○－○○○○
② 生活状況	生活歴	隣県で自営業を営む裕福な家庭に二人兄妹の妹として生まれる。地元の短大を卒業し、家業と家事手伝いをする。 23歳のときに10歳年上の会社員の夫と見合い結婚。現在地に転居し、専業主婦となる。25歳で１男をもうける。
	家族状況	長男（44歳）と二人暮らし。 夫は20年前に死亡（享年59歳）。 長男は、中学生のときから不登校となり、何とか高校は卒業。現在まで自宅にひきこもり、昼夜逆転の生活をしている。 長男は、19歳で統合失調症と発達障害の診断を受け、内服治療開始。25歳から精神障害者保健福祉手帳を取得し、障害年金２級（年70万円程度）を受給中。 本人の兄（70代）家族が隣県の実家で生活しているが、５年前に親の遺産分割でもめてからは、ほとんど交流がない。 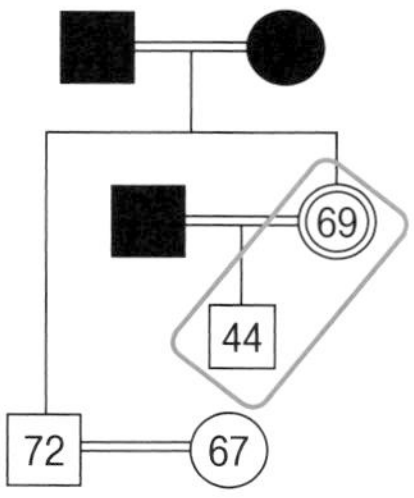
③ 利用者の被保険者情報	介護保険（要介護２） 医療保険（国民健康保険） 遺族厚生年金（年200万円程度）	
④ 現在利用しているサービスの状況	なし（入院中）	
⑤ 障害高齢者の日常生活自立度	B１	
⑥ 認知症である高齢者の日常生活自立度	Ⅰ	
⑦ 主訴	初回相談者等	Y病院の担当医療ソーシャルワーカー（MSW）からの電話。電話相談については本人も了承している。
	相談内容	右大腿骨頸部骨折で入院中の女性。病状が安定し今月末に退院予定。退院後は、40代の無職で精神疾患治療中の長男と二人暮らしとなる。退院後の在宅生活に必要な手段を整えてほしい。
	本人・家族の要望	本人：１日でも早く家に帰り、親の務めである長男の面倒をみたい。そのためには、入院前の状態に戻れるよう、治療とリハビリテーションを頑張りたい。私のことで長男を煩わせたくない。長男への連絡は控えてほしい。

		長男：入院前と同じ生活を送れるようになってから退院させてほしい。本人の関係者が自宅に出入りする時間は、午後（自分の起きている時間）にしてほしい（MSWが電話で聴き取り。介護支援専門員は連絡をとれていない）。

当事者以外から情報を入手した場合には、情報の入手先なども記載します

⑧ **認定情報**	要介護２ 認定の有効期間：令和○年６月１日～令和○＋１年５月31日 新規認定。介護認定審査会の意見はなし。 現在は、認定調査を受けたときよりも、身体機能やADLは改善している印象を受ける。	
⑨ **課題分析（アセスメント）理由**	初回（退院に向けた情報収集と調整）	（令和○年７月６日：本人、MSWと院内面接。令和○年７月20日：自宅外出中の本人、病院の理学療法士と自宅で面接） 在宅へ円滑に移行するため、入院中にアセスメントを行い、サービスを含めた環境を整える。

課題分析（アセスメント）に関する項目　令和○年７月６日（病院内）、令和○年７月20日（自宅）

標準項目名	項目の主な内容	
⑩ **健康状態**	病名	５か月前（３月初旬）：右大腿骨頸部骨折
	既往・病歴等	３月初旬：家の玄関で転倒。痛みで立ち上がれなかったため、自分で救急車を呼び、Z病院に救急搬送・手術。 ５月初旬：Y病院の回復期病棟へ転院。四支点杖での屋内歩行が可能になる。生活動作の安定のため、介護老人保健施設への入所も検討したが、長男の世話をしたいと本人が強く希望し、７月末に自宅退院する予定。　1a1　1a2
	主治医	Y病院整形外科　○○医師
⑪ **ADL**	寝返り・起き上がり：ベッド柵につかまればできる。自宅では、本人のベッドを使用（ベッドの高さ等は、病院の担当理学療法士が確認・助言済み）。　1a2 移乗：見守り（不安定）。手すり等につかまり、ポータブルトイレや車いすに移乗する。　1a2 移動・歩行：院内は、四支点杖で自力歩行し、屋外は車いす介助で移動。下肢への負担をかけないために、退院後に体重が増加しないよう、主治医から指示されている。　1a2　1a3 着衣：自立。時間はかかるが自力で可能。 入浴：膝の高さのシャワーチェア（滑車付き）を使用。浴槽をまたぐときに介助が必要。Y病院では介助を受け入浴していたが、自宅では入浴する自信がない。　1a2 洗身：上半身の前面、洗髪は自立。両下肢と背面は介助が必要。　1a2 食事・洗顔・歯みがき：自立。 整容：足の爪切りは一部介助。ほかは自立。 排泄：洋式トイレに移動して排泄する。手すりを利用し、立ち座りに時間をかけ一人で行う。夜間はポータブルトイレを使用。移動と衣服の着脱に時間がかかるため，早めにトイレに行くようにしている。　1a2	
⑫ **IADL**	調理・掃除・買い物・金銭管理・服薬管理：本人が行う予定。 日用品は、長男が週２回ネットスーパーで注文し、本人が受け取る。 掃除、ごみ出し、洗濯、趣味の買い物の支援を受けたい。　2a1　2a2　3a1	
⑬ **認知**	説明したことを忘れたり、説明時に渡した紙をしまい込んでなくしたりしたが、入院生活では支障なし。	

今回のケアプランに反映されない情報も、アセスメントシートには残します

⑭ **コミュニケーション能力**	視力・聴力は支障なし（老眼鏡使用）。 （今回のケアプランに反映されない情報も、アセスメントシートには残します） 説明に対する理解は良好だが、自分の言いたいことを話し、人の話はあまり聞かない。 MSWより、入院中に同室者といさかいを起こし、２回転室している（いさかいの理由は不明。いさかいの相手はそれぞれ別の人）と情報提供を受ける。本人からは、同室者とのトラブルや入院生活の不満などの話は出ていない。
⑮ **社会との関わり**	現住所で40年以上生活しているが、長男がひきこもりになってから（20年以上）は、自治会もやめて、近所付き合いをしていない。日常的に行き来しあう友人・知人はいない。
⑯ **排尿・排便**	排尿：尿意あり。失禁なし。日中は７回、夜間は１～２回排尿。 排便：便秘気味。３日間排便がない場合には、下剤を服用し排便する。 1a1 1a2
⑰ **じょく瘡・皮膚の問題**	問題なし。
⑱ **口腔衛生**	義歯なし。朝食後と寝る前（１日２回）歯みがきをしている。
⑲ **食事摂取**	１日３食。常食。甘いものが好き。食事を残し、売店で購入した間食を楽しんでいたため、担当看護師に複数回注意されている。 身長145cm、体重50kg（BMI：23.8）。入院前は体重55kg（BMI：26.2）。入院後に体重が47kgまで減ったが、Y病院に転院後２か月で３kg増加した。退院後に体重が増加しないよう、主治医から指示されている。 1a3
⑳ **問題行動**	特になし。
㉑ **介護力**	（介護支援専門員がかかわるのはほんの一部分。どのように対応するかについては、情報を集めた後に見極めます） 精神疾患治療中の長男と二人暮らし。 入院中の長男の面会はない。退院時カンファレンスにも欠席。本人の退院に際し、長男は「介護はできない。家に戻ってくるのなら、本人のことは本人でやってほしい」と言っている（MSWが電話で聴き取り）。 長男の精神科受診（月１回）の際には、10年以上、毎月本人が長男に同行していた。本人が長男の主治医と面接し、薬を受け取っていた。本人の入院中は、長男がタクシーを使い２回受診し、薬の処方を受けた。薬はきちんと飲んでいる。 3a1
㉒ **居住環境**	入り組んだ路地に建つ、木造平屋住宅に40年以上住む。自宅から車が入れる道路までに距離がある。 もともと物が多かったが、本人の入院中は、掃除やごみ捨てをしていなかったため、生活ごみが玄関まであふれ、においも強い。足の踏み場がない。 2a1 2a2 すべての居室と廊下には３cm程度の段差がある。玄関の上がり框《かまち》は50cm程度。退院後は、屋内では四支点杖を使って移動し、屋外では車いすを使う予定。 1a2 トイレは洋式トイレ。退院後は、立ち上がり用にトイレ内に手すりを借りる予定。できるだけお金を使いたくないので、住宅改修は控えたい。 浴室と脱衣室との出入り口付近に10cm程度の段差があるが、四支点杖で降りることは可能。シャワーチェア等を購入すれば、見守りを受けて自宅入浴も可能と理学療法士から助言を受けたが、転倒が怖く、また長男にも迷惑をかけるため、退院後は通所リハビリテーションで入浴し、ほかの日は自分で身体を拭くだけにすることを希望している。 1a2 【自宅の見取り図】 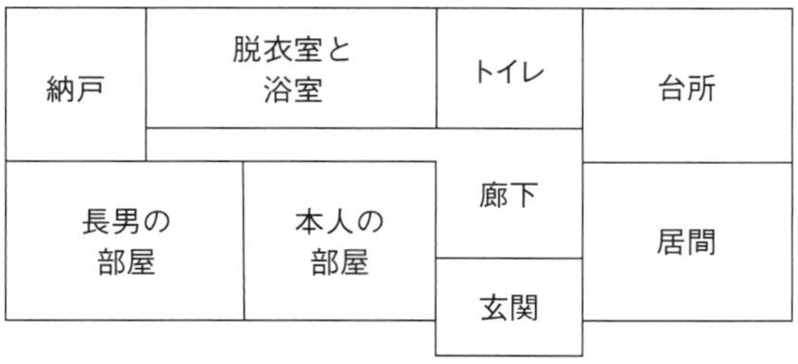

1
居宅
③

㉓ **特別な状況**	もともと物が多かったが、本人の入院中は、掃除やごみ出しをしていなかったため、生活ごみが玄関まであふれ、においも強い。足の踏み場がない。 →要介護２の本人と精神障害者保健福祉手帳２級の長男との二人暮らしのため、清掃センターのごみの出前回収サービス（通常のごみ回収の時間に家の前に出しておけば回収してくれる）の対象となる。普通ごみは無料。大型ごみは電話連絡をすれば有料で回収可能。 2a1 2a2 本人は、退院後はすぐに長男の受診に同行したいと考えている。しかし、本人の入院中には、10年ぶりに長男一人で２回受診し、必要分の薬をまとめて受け取ることができた。本人は、「退院後の長男の受診と薬の受け取りについて、長男は、『母（本人）にやってほしい』と口にしている」と話す。長男から直接、思いや状況等についての確認はできていない。 3a1

4 アセスメントのまとめ（情報収集と分析）

総括

・今年３月に転倒し、右大腿骨頸部骨折で手術となった女性。ADL は一部介助・見守りが必要な状況だが、本人の強い希望で自宅退院となる。退院後も継続したリハビリテーションを行いながら、長男との二人暮らしを継続できるよう支援する。

身体面

・転倒予防と ADL の維持のためのリハビリテーションが必要。リハビリテーションのやりすぎも足への負担がかかる可能性があるため、週２回程度の通所リハビリテーションを利用する予定である。

・退院後は、住環境の状況（廊下とトイレの入り口が狭いこと、すべての居室と廊下との間に段差があること、荷物が多いこと）などから、屋内では四支点杖で移動し、屋外では車いすを使用する予定である。

・排泄動作や入浴動作等は、移動動作と併せて検討する。通所リハビリテーションでの取り組みと自宅での行動、動作が連動するよう、チーム全員が共有する必要がある。

・IADL は、本人と長男が中心となり実施するが、掃除、ごみ出し、買い物の支援を受けたいと希望している。

→ ADL 等の維持・向上を通所リハビリテーション、自宅の環境整備と生活支援を訪問介護と保険外サービスを利用することで、入院前の状態に近づけるよう支援する。

精神面・社会面

・自宅では、本人は居間でテレビを見て過ごし、長男は自室でゲームとインターネットをして過ごす。

・本人は、親の役割である長男の世話と、受診に同行することを希望している。しかし、長男の病状など、どの程度の支援が必要なのか明らかになっていない。まずは自宅内での役割を果たすことから始め、長男の受診に同行するかどうかなどについては、退院後３か月以降の状態をみてから相談する。

・5年前に実母が死亡したときの相続で兄ともめた（実父は20年前に死亡）。本人は、兄家族が住んでいる本人の実家の家と土地を売り、きっちり遺産を半分に分けるよう主張した。しかし、家と土地の名義が兄名義に変更されており、両親の介護に関する正当な取り分だと兄は主張。家と土地を除いて分割して相続した。納得できず毎日電話をして抗議をしていたら、着信拒否をされた。今回の入院で連帯保証人が必要になった際に、本人が兄に頼んだが断られた（MSWからの連絡で何とか連帯保証人を引き受けてもらえた)。自分の兄ながらその情のなさにあきれ果てた。

→入院中の同室者とのトラブルや、本人が語る兄との確執などのエピソードから、他者との距離のとり方や、関係のもち方などが独特な人という印象も受ける。本人の語りを、否定も肯定もせず聴き、もう少し情報を収集したうえで判断する予定。このため、家族に関する内容については、今回のケアプランでは積極的な介入はしない。長男の介護力や、本人と兄家族との関係などを再アセスメントし、次回のケアプランで対応するかどうかを決定する。

経済面

・夫の遺族年金と両親の遺産で生活には困らない。
・長男の将来のために切り詰めて生活している（長男の就労意欲や結婚願望が下がると困るので、親の遺産については、長男には伝えていない)。

→特に介入はしない。

環境面

・住居は昔ながらの一軒家（平屋の日本家屋)。段差が多い。
・長年暮らしてきた土地だが、20年以上近隣とは付き合いがない。自宅を訪ね合うような親しい友人、知人はいない。
・本人の入院中に、室内はごみ屋敷状態になった。転倒等の事故を予防するためにも環境整備を行う必要がある。

→まずは本人と保険外サービスを利用し大掃除を行い、並行して介護保険のサービスによる介入（通常の掃除や片づけ）を検討する。ごみ出しが困難なため、市の出前回収を利用する。

利用者名　大阪　和歌子　殿

課題整理総括表

作成日　令和○年7月22日

自立した日常生活の阻害要因（心身の状態、環境等）			
	①右大腿骨頸部骨折	②長男との二人暮らし	③肥満
	④便秘症	⑤本人なりのこだわりがある	⑥

利用者及び家族の生活に対する意向	親の役割である長男の世話をしながら、自宅に戻り暮らしたい。

状況の事実※1		現在※2	要因※3	改善/維持の可能性※4	備考（状況・支援内容等）
移動	室内移動	自立　見守り　**一部介助**　全介助	①③	**改善**　維持　悪化	・本人のベッドを使用し、室内は四支点杖で移動。屋外は車いす介助。 ・転倒が怖いので、当面は通所リハビリテーション（週2回）と通院（月1回）以外の外出はしない。 ・肥満で膝に負担がかかっている。 ・甘いものが好き。3食しっかり食べずに間食が多い。
移動	屋外移動	自立　見守り　一部介助　**全介助**	①③	**改善**　維持　悪化	
食事	食事内容	支障なし　**支障あり**	③④⑤	改善　**維持**　悪化	
食事	食事摂取	**自立**　見守り　一部介助　全介助		改善　維持　悪化	
食事	調理	**自立**　見守り　一部介助　全介助		改善　維持　悪化	
排泄	排尿・排便	支障なし　**支障あり**	①④	改善　**維持**　悪化	・便秘気味。3日間排便がない場合には、下剤を服用している。 ・下衣の上げ下ろしに時間がかかる。 ・座位からの立ち上がり用にタッチアップを使用。
排泄	排泄動作	自立　見守り　**一部介助**　全介助	①④	改善　**維持**　悪化	
口腔	口腔衛生	**支障なし**　支障あり		改善　維持　悪化	
口腔	口腔ケア	**自立**　見守り　一部介助　全介助		改善　維持　悪化	
服薬		**自立**　見守り　一部介助　全介助		改善　維持　悪化	
入浴		自立　見守り　**一部介助**　全介助	①	**改善**　維持　悪化	・通所リハビリテーションで週2回入浴予定。
更衣		自立　**見守り**　一部介助　全介助	①	**改善**　維持　悪化	・自分で行うが、時間がかかる。
掃除		自立　見守り　一部介助　**全介助**	①②	**改善**　維持　悪化	・訪問介護を利用予定。 ・入院中に自宅内にごみが散乱。 ・要介護の家庭は、ごみを家の前に出せば家の前まで取りに来てもらえる（出前回収の対象）。
洗濯		自立　見守り　一部介助　**全介助**	①②	**改善**　維持　悪化	
整理・物品の管理		自立　見守り　一部介助　**全介助**	①②	**改善**　維持　悪化	
金銭管理		**自立**　見守り　一部介助　全介助		改善　維持　悪化	
買物		自立　見守り　**一部介助**　全介助	①②	改善　**維持**　悪化	・長男が週2回ネットスーパーで注文し、本人が受け取る。 ・人の話を聞かずに話しつづける（専門職の話には若干耳を貸す）。
コミュニケーション能力		**支障なし**　支障あり		改善　維持　悪化	
認知		**支障なし**　支障あり		改善　維持　悪化	
社会との関わり		支障なし　**支障あり**	②⑤	改善　**維持**　悪化	・近隣トラブルもあった様子で、20年前に夫が死亡してからは、近所との交流はない。
褥瘡・皮膚の問題		**支障なし**　支障あり		改善　維持　悪化	
行動・心理症状（BPSD）		**支障なし**　支障あり		改善　維持　悪化	
介護力（家族関係含む）		支障なし　**支障あり**	②⑤	改善　**維持**　悪化	・精神疾患治療中でひきこもりの長男（44歳）と二人暮らし。
居住環境		支障なし　**支障あり**	②	改善　**維持**　悪化	・築30年以上の日本家屋。段差あり。持ち家だが住宅改修は希望しない。
息子の世話		支障なし　**支障あり**	②⑤	改善　**維持**　悪化	・母としての責任であり、生きがいでもある長男の世話をしたい。

見通し※5	生活全般の解決すべき課題（ニーズ）【案】	※6
（①右大腿骨頸部骨折、②長男との二人暮らし、⑤本人なりのこだわり） ・支援を受けて屋内の整理整頓を行うことで、入院前の環境に近づける。	苦手な整理整頓を支援してほしい。	2
（①右大腿骨頸部骨折、③肥満、④便秘症） ・専門職の助言を受けながら訓練を継続することにより、身体の負担を減らし、事故を予防できる。	まずは治療とリハビリテーションを最優先し、生活に必要な動作を身につけたい。	1
（②長男との二人暮らし、⑤本人なりのこだわり） ・援助職の支援を受けることで、母としての責任であり、役割でもある長男の世話を続けることができる。	母としての役割を果たしたい。	3

※1～※6の詳細については、p.11～p.13を参照のこと。

第1表

居宅サービス計画書（1）

作成年月日　令和○年７月24日

初回・紹介・継続　　認定済・申請中

利用者名　大阪　和歌子　殿　　生年月日　昭和○○年○○月○○日（69歳）　　住所　○○県○○市○○

居宅サービス計画作成者氏名　千葉　美奈子

居宅介護支援事業者・事業所名及び所在地　B居宅介護支援事業所　○○県○○市○○

居宅サービス計画作成（変更）日　令和○ 年　７ 月　24 日　　初回居宅サービス計画作成日　令和○ 年　７ 月　24 日

認定日　令和○ 年　６ 月　１ 日　　認定の有効期間　令和○ 年　６ 月　１ 日　～　令和○＋１ 年　５ 月　31 日

要介護状態区分	要介護１　・　要介護２　・　要介護３　・　要介護４　・　要介護５
利用者及び家族の生活に対する意向を踏まえた課題分析の結果	本人：母としての役割を果たしたい。長男の負担にならないよう、まずは治療とリハビリテーションを頑張り、１日でも早く入院前の状態に戻したい。 長男：母には入院前と同じ生活を送ってほしい。
介護認定審査会の意見及びサービスの種類の指定	なし。
総合的な援助の方針	治療やリハビリテーションに集中でき、入院前の状態に戻れるよう支援いたします。 ①転倒等に気をつけながら、身の回りのことをできるだけ自分で行えるように環境を整えましょう。 ②本人とご家族の負担が重くならないための生活の方法について、皆で一緒に考えていきましょう。
生活援助中心型の算定理由	1.　一人暮らし　　2.　家族等が障害、疾病等　　3.　その他（　　　）

居宅サービス計画の説明を受け、同意し、受領しました。　年　月　日（利用者氏名）　印

本人や家族の言葉を使うことで、自己肯定感を高めることができるよう意識します。生活の意向を本人が語ることができない場合には、介護支援専門員がアドボケイト（代弁）機能をはたらかせ、補足・追加してアセスメントの結果を記載します

第2表

居宅サービス計画書(2)

作成年月日　令和○年７月24日

利用者名　大阪　和歌子　殿

生活全般の解決すべき課題(ニーズ)	目標				援助内容					
	長期目標	(期間)	短期目標	(期間)	サービス内容	※1	サービス種別	※2	頻度	期間
1 生活に必要な動作を身につけたい	1a 療養生活を自分で管理することができる	R○. 7. 25 〜 R○+1. 5. 31	1a1 主治医の指示を守り、療養生活を送ることができる	R○. 7. 25 〜 R○. 12. 31	・治療、療養の指導・助言		主治医	Y病院	第３水曜	R○. 7. 25 〜 R○. 12. 31
					・内服を忘れない ・３日間排便がないときは、下剤を服用する		本人		毎日	
					・通院介助(受診同行)	○	訪問介護	I訪問介護事業所	第３水曜	
					・院内介助		保険外サービス	I訪問介護事業所	(60分)	
			1a2 入浴とトイレに必要な動作を安定させる	R○. 7. 25 〜 R○. 12. 31	・歩行姿勢の確認、日常生活に必要な筋力・柔軟性の強化、入浴の提供(洗身できない部分の介助と入浴動作の確認、助言)など	○	通所リハビリテーション	Fリハビリセンター	週２回	R○. 7. 25 〜 R○. 12. 31
					・四支点杖を使用し、屋内の転倒を予防する ・車いすを使用し、安全に外出する ・手すりを使用し、トイレ動作を楽にする	○	福祉用具貸与	Hサービス	屋内移動時 外出時 排泄時	
					・自宅でのリハビリの継続		本人		毎日	
			1a3 退院時から体重を増やさない(50kgを維持する)	R○. 7. 25 〜 R○. 12. 31	・１日３回食事を摂る ・おやつは１日１回までにする ・体重を量り記録する		本人		毎日	R○. 7. 25 〜 R○. 12. 31
					・受診後の買い物同行		保険外サービス	I訪問介護事業所	第３水曜(60分)	
					・ネットスーパーで食材の注文		長男		週２回	
					・体重測定と体重維持の指導・助言	○	通所リハビリテーション	Fリハビリセンター	月２回	

利用者の自尊心を傷つけないよう、ニーズは端的に記載します。「○○のため」などの理由や根拠は、アセスメントシートに記載するとともに、サービス担当者会議で確認・合意します

福祉用具を第２表に位置づける際には、必要とする理由を記載します。具体的な種目は、第３表の「週単位以外のサービス」に記載します

利用者の羞恥心に配慮しながら、誰の目から見ても明らかになるよう、数値等を活用します

※１「保険給付の対象となるかどうかの区分」について、保険給付対象内サービスについては○印を付す。
※２「当該サービス提供を行う事業所」について記入する。

第2表

居宅サービス計画書（2）

作成年月日　令和○年７月24日

利用者名　大阪　和歌子　殿

生活全般の解決すべき課題（ニーズ）	目標				援助内容					
	長期目標	（期間）	短期目標	（期間）	サービス内容	※１	サービス種別	※２	頻度	期間
② 自宅の整理整頓を支援してほしい	2a 自宅の整理整頓ができる	R○. 7. 25 ～ R○. 12. 31	2a1 生活に必要な物を取捨選択する	R○. 7. 25 ～ R○. 9. 30	・スムーズな生活動線を確認する ・すぐに使用する物品を確認する ・清掃センターへの連絡	○	全員 本人・長男 本人	全事業所	早急に 早急に 依頼時	R○. 7. 25 ～ R○. 9. 30
					・日常的でない掃除や本人の居室以外の掃除		保険外サービス	Ｉ訪問介護事業所	週２回（20分）	
					・粗大ごみの回収		清掃センター	清掃センター	依頼時	
			2a2 日常的な整理整頓を続ける	R○. 7. 25 ～ R○. 9. 30	・日常的な掃除とごみ出し ・本人の洗濯	○	訪問介護	Ｉ訪問介護事業所	週２回	R○. 7. 25 ～ R○. 9. 30
					・ごみの出前回収		清掃センター	清掃センター	週２回	
③ 母としての役割を果たしたい	3a 支援を受けて、長男の生活の世話ができる	R○. 7. 25 ～ R○. 12. 31	3a1 長男の療養の手伝いを、自宅内で行うことができる	R○. 7. 25 ～ R○. 9. 30	・長男の薬の管理 ・長男の身の回りの支援（調理） ・長男の受診準備の支援 ・長男の主治医への連絡を記載する		本人			R○. 7. 25 ～ R○. 9. 30
					・長男の身の回りの支援（長男の分の洗濯、居室の掃除）		保険外サービス	Ｉ訪問介護事業所	週２回（20分）	

※１「保険給付の対象となるかどうかの区分」について、保険給付対象内サービスについては○印を付す。
※２「当該サービス提供を行う事業所」について記入する。

利用者自身が明確に目標と行うことを理解できるよう、非日常的な支援（力強い介入が必要な部分）と日常的な支援に分けました

保険外サービスも利用者のニーズに反しない場合には、第２表に位置づけます。利用者のニーズに即していない場合は、第３表だけに位置づける場合もあります（例：家族が飼っているペットの世話の依頼など）

第3表　　　　　　　　　　　　　　　　# 週間サービス計画表

作成年月日　令和○年７月24日

利用者名　大阪　和歌子　殿　　　　　　　　　　　　令和○年７月分より

		月	火	水	木	金	土	日	主な日常生活上の活動
深夜	4：00								
早朝	6：00								起床、トイレ、洗面、更衣
									朝食、服薬
午前	8：00								（長男：ポータブルトイレの
									片づけ後に就寝）
	10：00	通所リハビリ		外来受診（第３のみ）	通所リハビリ				外出の準備
		9:30～16:00		保険外（院内介	9:30～16:00				トイレ、健康状態確認
午後	12：00	送迎・食事・		助・買い物）	送迎・食事・				昼食
		入浴・レク・	訪問介護（生活援助２）		入浴・レク・	訪問介護（生活援助２）			（長男起床）
	14：00	リハビリ	保険外（掃除）		リハビリ	保険外（掃除）			
			ごみの出前回収			ごみの出前回収			
	16：00								
夜間									夕食、ニュースを見る、服薬、
	18：00								トイレ
	20：00								
深夜	22：00								更衣、トイレ、就寝
	24：00								
	2：00								
	4：00								

週単位以外のサービス	福祉用具貸与（四支点杖、車いす、車いす付属品、手すり）、外来受診（月１回：第３水） 保険外サービス：居室外の掃除や部屋の模様替え（火・金：20分）、長男への支援の補助（火・金：20分）、院内介助・受診後の買い物同行（第３水：120分）

利用者だけでなく、家族の生活リズムもわかる範囲で記載します

本事例では、本人のニーズに「母としての役割」があったため、家族へのサービス提供を第２表にも位置づけましたが、本人のニーズではなく家族の要望の場合には、第３表だけに位置づけます

第5表　居宅介護支援経過（抜粋）

作成年月日　令和○年７月30日

利用者名　大阪　和歌子　殿

居宅サービス計画作成者氏名　千葉　美奈子

年月日	内容
R○. 7. 30（火） 16:00 ～ 17:00 自宅訪問 本人と面談	目的：モニタリング 「通所リハビリを頑張ります」との前向きな発言あり。 玄関から自室までは片づけられたが、自宅内は物が多く、移動が不便な場所やにおいもある。訪問介護と協力して廃棄を進めるが、長男の了解を得る必要があるため、いっぺんにまとめての廃棄は難しい。廊下、トイレ、風呂の順番に、少しずつ廃棄を継続する。本人には、転倒等を起こさないよう、注意を促す。 詳細はモニタリングシート参照。（千葉）
R○. 8. 8（木） 17:00 ～ 電話受信 通所リハビリ理学療法士W氏	目的：連絡調整 退院後５回目の参加。右半身に負担の少ない、在宅生活をイメージしたメニューをまじめにこなしている。 本人の意欲も高いため、現状のまま継続とする。 （千葉）
R○. 8. 20（火） 15:00 ～ 16:00 自宅訪問 本人、訪問介護事業所サービス提供責任者M氏と面談	目的：モニタリング（訪問介護の時間中に訪問） 退院直後の足の踏み場もない状態は解消されたが、まだ物が多く、片づいていない印象がある。 ここで大掃除の支援をやめてしまうと元に戻ってしまう危険性もあるため、もう少し徹底しようと話すサービス提供責任者M氏の提案に、本人もうなずく。 短期目標の予定期間どおり、もう１か月間継続する。 詳細はモニタリングシート参照。（千葉）
R○. 9. 20（金） 15:30 ～ 16:30 自宅訪問 本人、訪問介護事業所サービス提供責任者M氏、通所リハビリ理学療法士W氏と面談	目的：モニタリング（生活機能向上連携加算算定にかかる調整） 自宅内の大きなごみは片づき、動線もスムーズになった。本人も満足し、「長男の快適な生活のためにも、今の状態を維持できるよう頑張りたい」と意欲をみせている。 来月以降は、通所リハビリテーションと自宅での動作が今まで以上に連動し、効果的な訓練ができるよう、生活機能向上連携加算の算定を伝え、了承を得る。まずは、短期目標２a１のサービス内容として、『自宅内の軽負荷の掃除』、『自力でごみ出しができる』を、ともに行う家事（身体介護）として追加する。 詳細はモニタリングシート、再アセスメントシート参照。（千葉）
R○. 9. 27（金） 短期目標の評価	３か月で終了時期を迎える短期目標について評価。 詳細は評価表参照。（千葉）
	以下略

※モニタリングシート、再アセスメントシートなどは本書では割愛しています。

評価表

利用者名　大阪　和歌子　　殿　　　　　　　　　　　作成日　令和○年9月27日

短期目標	（期間）	援助内容			結果 ※2	コメント （効果が認められたもの/見直しを要するもの）
		サービス内容	サービス種別	※1		
2a1 生活に必要な物を取捨選択する	R○. 7. 25 ～ R○. 9. 30	・スムーズな生活動線を確認する ・すぐに使用する物品を確認する ・清掃センターへの連絡	全員 本人・長男 本人	全事業所	○	短期目標は達成（短期目標を終了とする）。 生活動線上のごみは撤去でき、室内を移動することが可能となった。 ごみを捨てる手続き方法等もわかったので、次回以降は本人・家族だけで片づけていく予定。
		・日常的でない掃除や本人の居室以外の掃除	保険外サービス	I訪問介護事業所	◎	
		・粗大ごみの回収	清掃センター	清掃センター	◎	
2a2 日常的な整理整頓を続ける	R○. 7. 25 ～ R○. 9. 30	・日常的な掃除とごみ出し ・本人の洗濯	訪問介護	I訪問介護事業所	○	継続。次回のケアプランでは、本人自身が、簡単な掃除とごみ出しを行うために必要な動作の安定をサービス内容に追加する。
		・ごみの出前回収	清掃センター	清掃センター	○	
3a1 長男の療養の手伝いを、自宅内で行うことができる	R○. 7. 25 ～ R○. 9. 30	・長男の薬の管理 ・長男の身の回りの支援（調理） ・長男の受診準備の支援 ・長男の主治医への連絡を記載する	本人		△	継続。次回のケアプランにおいても、このまま自宅内で実施までを目標として支援を継続する。 本人と長男の能力、状況を再度アセスメントしながら支援する。
		・長男の身の回りの支援（長男の分の洗濯、居室の掃除）	保険外サービス	I訪問介護事業所	△	

短期目標が終了を迎えるものについて、評価します
（本事例の場合、今回は1a1～1a3の目標は、終了時期を迎えていないため評価しません）

※1「当該サービスを行う事業所」について記入する。※2 短期目標の実現度合いを5段階で記入する（◎：短期目標は予想を上回って達せられた、○：短期目標は達せられた（再度アセスメントして新たに短期目標を設定する）、△：短期目標は達成可能だが期間延長を要する、×1：短期目標の達成は困難であり見直しを要する、×2：短期目標だけでなく長期目標の達成も困難であり見直しを要する）

5 まとめ

「家族」の数だけ、歴史があり、考えは異なると頭ではわかっていても、実際の援助においては、利用者に少しでも有用でありたいと考えるあまり、“こうあってほしい”“こうあるべきだ”という考えも浮かんでくる。

また、同居する長男の20年以上のひきこもりと精神疾患、母と長男の共依存、入院中に同室者とトラブルを繰り返すなどの利用者等に関する情報は必要だが、このようなネガティブな情報により、先入観をもってしまったり、支援の中核をはずしてしまうくらい引きずられてしまったりすることもある。

本事例において、担当の介護支援専門員は、入退院を機に改善を目指すのではなく、まずは利用者と家族の生活を入院前の状態に戻すことを目標に支援を開始した。もっと力強い介入をすべきだという声もあるかもしれない。しかし、介護支援専門員等の援助職がかかわることができるのは、利用者等の人生のほんの一部分にすぎない。どのように援助職が対応するか、不十分な情報だけを基にした支援や介入は、利用者等の負担になるだけではなく、マイナスの影響を与えてしまうこともあると考え、まずは利用者等に寄り添い、情報を収集しながら、利用者の問題解決能力を把握するため、慎重な対応を心がけた。

入院前の状態に戻りつつある現在は、利用者にとっての家族、利用者の家族にとっての家族を把握し、他機関等との連携も視野に入れながら、家族全体の最適を目指した支援を継続していく予定である。

参考文献

- 山崎あけみ・原礼子編『家族看護学 改訂第2版――19の臨床場面と8つの実践例から考える』南江堂、2015.
- アーヴィング・ゴッフマン、石黒毅訳『スティグマの社会学――烙印を押されたアイデンティティ』せりか書房、2001.

1 居宅 4 体調がすぐれない高齢夫婦と、思うようにならないと手が出そうになる長男への支援 ～本人支援と家族支援の両立が求められる事例～

1 事例の概要

氏　　名：浅野　民子（女性）
年　　齢：82 歳
要介護度：要介護 2
家族構成：夫（87 歳）と二人暮らし。
　　　　　市内に長男、長女が在住する。

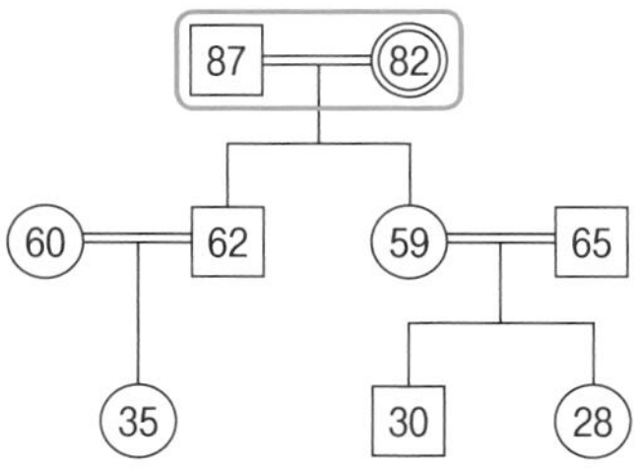

生活歴

他県で 5 人きょうだいの末っ子として生まれる。女学校卒業後、地元の市役所に勤務する。

25 歳のときに 5 歳年上の夫とお見合い結婚。〇〇県に引っ越す。結婚してからは専業主婦として、長男、長女を育てる。

55 歳の頃から、長男、長女ともに独立して、夫と二人暮らしとなる。

75 歳のときから、市が主催する介護予防体操教室に参加して、友達も多い。

78 歳のときから、夫が人工透析を開始する。

82 歳のときに十二指腸潰瘍で 1 か月入院する。十二指腸潰瘍の症状は改善したが、ADL と認知機能の低下が著しく、アルツハイマー型認知症と診断された。介護が必要になったため、市内に住む長男、長女が交替で泊まりに来て、本人と夫の身の回りのことを手伝っている（主に長男が行う）。

主な病名と経過

82 歳　十二指腸潰瘍、アルツハイマー型認知症
これまでは特に大きな病気をしたことはなかった。

2 介護支援専門員からみた事例の特徴

本人に介護が必要になったことをきっかけに、本人を含め家族 4 人（本人、夫、長男、長女）の生活が大きく変わるため、こまめなモニタリング、精神面のケアが必要である。

本人に対する支援はもちろんのこと、体調が不安定な夫、思いどおりにならないといらいらしがちな長男、両親と兄を心配する長女の 3 人に対する支援を同時に行う必要がある。在宅生活を支えるためには、家族支援の必要性が大きいことを実感する事例である。

3 アセスメント

基本情報に関する項目

令和○年 12 月 15 日（自宅）

標準項目名	項目の主な内容	
1 基本情報	初回受付日	令和○年12月13日
	受付者	介護支援専門員　C
	氏名（性別） 生年月日（年齢）	浅野　民子（女性） 昭和○○年○○月○○日（82歳）
	住所	○○県○○市○○
	その他	自宅：○○○－○○○－○○○○ 長男携帯：○○○－○○○－○○○○ 長女携帯：○○○－○○○－○○○○
2 生活状況	生活歴	他県で５人きょうだいの末っ子として生まれる。女学校卒業後、地元の市役所に勤務する。 25歳のときに５歳年上の夫とお見合い結婚。○○県に引っ越す。結婚してからは専業主婦として、長男、長女を育てる。謡曲や洋裁の習い事をしていた。１a１　１a２ 55歳の頃から、長男、長女ともに独立して、夫と二人暮らしとなる。 75歳のときから、市が主催する介護予防体操教室に参加していて、そのときの友達とは一緒に喫茶店などに行っていた。 １a３ 78歳のときから、夫が人工透析を開始する。３a１ 82歳のときに十二指腸潰瘍で１か月入院する。十二指腸潰瘍の症状は改善したが、ADLと認知機能の低下が著しく、アルツハイマー型認知症と診断され、介護が必要になった。２a１　２a２ ２a３
	家族状況	87歳の夫と二人暮らし。 夫は５年前より人工透析（週３回）を受けていて、体調がすぐれない。３a１ 市内に住む長男、長女が交替で泊まりに来て、本人と夫の身の回りのことを行っている（主に長男が行う）。 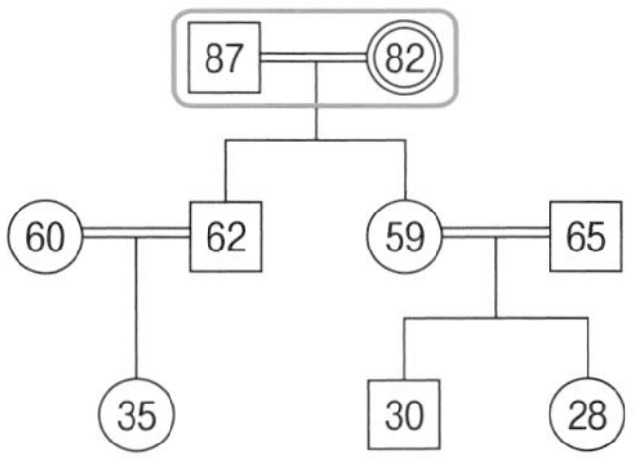
3 利用者の被保険者情報	介護保険（要介護２） 後期高齢者医療制度	
4 現在利用しているサービスの状況	なし（初回のため）	
5 障害高齢者の日常生活自立度	A２	
6 認知症である高齢者の日常生活自立度	Ⅱb	

⑦ **主訴**	初回相談者等	長男
	相談内容	退院して１か月が過ぎたが、父の負担軽減のためにもサービスを利用してほしい。
	本人・家族の要望	本人：夫と一緒にいると安心。外に出たり、サービスの利用についてはあまり気が進まないが、人との交流は好きなので楽しく過ごしたい。 1a1 1a2 1a3 夫：できるだけ一緒にいて世話をしてやりたいが、自分の時間もほしい。自分の人工透析（月・水・金）にあわせて、サービスを利用してほしい 。 1a1 1a2 1a3 1b1 3a1 長男：父の負担軽減のためにもサービスを利用してほしい。認知症の進行が心配だが、自分の部屋くらいはきれいにしてほしい。口臭も気になる。 3a1 長女：両親とも体調がよくないので、身体に気をつけて、両親のペースで過ごしてほしいが、夫婦共倒れにならないか心配。長男は泊まり込んで介護をすると言っているが、完璧主義のところがあり母に怒鳴ることがあるため、それも心配。 3a1
⑧ **認定情報**	要介護２ 認定の有効期間：令和○年11月15日～令和○＋１年11月30日	
⑨ **課題分析（アセスメント）理由**	初回 （令和○年12月15日）	本人、夫、長男と自宅で面接。 情報を収集し、本人と家族の意向の確認、課題の整理を行う。

課題分析（アセスメント）に関する項目　　令和○年 12 月 15 日（自宅）

標準項目名	項目の主な内容	
⑩ **健康状態**	病名	十二指腸潰瘍 2a1 アルツハイマー型認知症 1a1 1a2 1a3 1b1 2a1 2a3 入院による心身機能の低下 2a2 2a3
	既往・病歴等	特になし
	主治医	○○総合病院○○医師
⑪ **ADL**	寝返り：習慣的にベッド柵につかまって行う。 起き上がり：習慣的にベッド柵につかまって行う。 座位：支えがなくても可能。背もたれや手すりがあったほうが安心（本人）。 2a2 移乗：自立。 歩行：自立だが退院後はふらつくことも多くなり、疲れると転倒のおそれがある。 2a2 着衣：動作は自立しているが、毎日同じ服を着ても気にしなくなっている。パジャマへの着替えは声かけが必要。 2a3 入浴：毎日入浴していたが、最近は動作は自立しているが、声をかけないと入らない。 2a3 食事：自立。 排泄：自立だが、下着が汚れていることが増えてきた（週２回程度）。	
⑫ **IADL**	調理：退院後は夫が主として行っている。最近は自分から行うことも増えてきた。 掃除・洗濯：もともとあまり好きではないようで、声をかけないと行わない。 買い物：長男、長女が行う。同行することもある。 金銭管理：夫が主として行っている。 服薬管理：忘れることがあるため、夫が声をかけている。 2a1	

⑬ **認知**	もともと認知症様の徴候はあったが、入退院を経て、もの忘れが進んだ様子。 時間の見当識が衰えてきたようで、わからなくなって不安そうにすることがある。 1b1 生活全般において、声をかけないと行動を起こさないようになってきた。 1a1 1a2 1a3 2a1 2a3 3a1
⑭ **コミュニケーション能力**	視力は良好。左耳が聞こえづらいが、日常生活には問題ない。 会話のつじつまが合わないことが出てきた。 1a1 1a2 1a3
⑮ **社会との関わり**	会話が好きで、積極的ではないが他者との交流も楽しめる。現在は、ほとんど家の中で過ごしており、家族とのかかわりのみになっている。 1a1 1a2 1a3 3a1 謡曲や洋裁の習い事をしていた。 1a2 もともと社交的ではなかったが、75歳のときに通っていた介護予防体操教室のときの友達とは親しくしていて、退院したらまた喫茶店に行こうと誘われており、本人も喜んでいる。 1a3
⑯ **排尿・排便**	尿意、便意ともにあるが、尿が少し漏れたり、便の後始末がうまくできなかったりし、下着が汚れていることが週に２回ほどあった。最近は軽失禁パッドを使うことで、１日に１回交換すればよくなった。 2a3
⑰ **じょく瘡・皮膚の問題**	特に問題なし。
⑱ **口腔衛生**	自分で行うことができるが、みがき残しも多い。また、声をかけないと行わないことも多くなってきた。 長男が口臭を気にしており、声を荒げることもある。 2a1 3a1
⑲ **食事摂取**	自立。水分はペットボトルに用意しておけば、自ら飲む。 退院時は身長150cm、体重45kg（BMI：20.0）。 十二指腸潰瘍があり、主治医からは「３食規則正しく食べる」「よくかんでゆっくり食べる」「少量ずつ食べる」「脂肪は控え目にする」ことを指導されている。 2a1
⑳ **問題行動**	もの忘れや時間の見当識障害がみられるが、問題となる行動は特にない。 1b1 現在の活動性が乏しい生活を続けることで、今後、認知症の進行やBPSDの出現が心配される。 1a1 1a2 1a3
㉑ **介護力**	夫（87才）には本人を介護したい気持ちはあるが、週３回の人工透析があり、また体調もすぐれない日が多い。 1b1 3a1 市内に住む長男、長女が交替で泊まりに来て、本人と夫の身の回りのことを行っている（主に長男が行う）。 3a1
㉒ **居住環境**	２階建ての戸建て。２階部分は使っていない。 廊下、玄関には手すりがなく、本人は不安に思っている。 2a2 【自宅の見取り図】（１階部分） 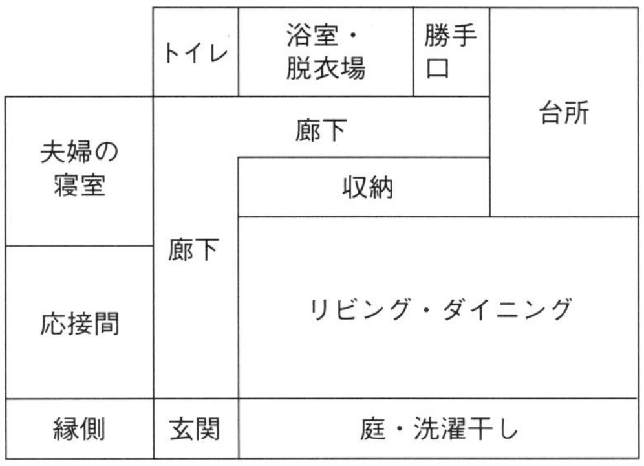
㉓ **特別な状況**	長男が泊まり込んで介護をしているが、完璧主義のところがあり本人に怒鳴ることがある。要観察。 3a1

4 アセスメントのまとめ（情報収集と分析）

総括

・十二指腸潰瘍の治療入院に伴う、身体機能、認知機能の低下から、介護が必要な状態となり、新規申請となった女性の事例である。

・慢性腎不全で人工透析をしている体調の悪い夫との二人暮らしだが、長男と長女が交替で泊まりに来て、本人夫婦の生活全般を支援している。

・ずっと家の中にいる生活が続いているため、外に出る機会をもつことが必要である。本人と家族（病弱な夫、介護のストレスが高い長男、それを心配して見守る長女）全員への支援が必要となる事例である。

身体面

・十二指腸潰瘍があり、主治医からは「3食規則正しく食べる」「よくかんでゆっくり食べる」「少量ずつ食べる」「脂肪は控え目にする」ことを指導されている（本人のストレスはなさそう）。

・歩行は自立しているが、退院後はADL全般の低下があり、ふらつくことも多くなった。疲れると転倒のおそれがあるため、対応する必要がある。

・着衣、入浴、服薬などについて、動作は自立しているが、声かけが必要である。

精神面・社会面

・もともと社交的ではなかったが、75歳のときに通っていた介護予防体操教室のときの友達とは親しくしていて、退院したらまた喫茶店に行こうと誘われており、本人も喜んでいる。

・生活全般において、声をかけないと行動を起こさないようになってきた。

・もの忘れや時間の見当識の低下などがみられており、不安そうになることもあるため、声かけや環境の工夫を行って、安心できるようにする必要がある。

環境面

・廊下、玄関には手すりがなく、本人は不安に思っている。

・夫の体調についても、同時に気にかけていく必要がある。

・長男は、部屋の掃除ができていないことや、本人が歯みがきを十分にできていないことについて、思うようにならないと声を荒げることがある。長男が求める内容についてケアをするとともに、長男の気持ちを傾聴する機会をもつ必要がある。

・両親、長男の動向を心配している長女ともコミュニケーションをとる必要がある。

課題整理総括表

利用者名　浅野　民子　殿

作成日　令和○年12月15日

自立した日常生活の阻害要因（心身の状態、環境等）			
	①アルツハイマー型認知症	②退院後のADL低下	③手すりがない
	④長男の几帳面な性格	⑤十二指腸潰瘍	⑥１日中家の中で過ごす生活

利用者及び家族の生活に対する意向	
	本人：人との交流は好きなので楽しく過ごしたい。 長男：父の負担軽減のためにもサービスを利用してほしい。認知症の進行が心配。 長女：夫婦共倒れにならないか心配。長男について完璧主義のところがあり母に怒鳴ることがあるため、それも心配。

状況の事実※1		現在※2	要因※3	改善/維持の可能性※4	備考（状況・支援内容等）
移動	室内移動	自立　**見守り**　一部介助　全介助	②③	**改善**　維持　悪化	・ふらつきがあり、本人も家族も不安。
	屋外移動	自立　**見守り**　一部介助　全介助	②③	**改善**　維持　悪化	
食事	食事内容	支障なし　**支障あり**	⑤	**改善**　維持　悪化	・主治医より十二指腸潰瘍の食事療法の指示が出ている。
	食事摂取	自立　**見守り**　一部介助　全介助	①⑤	改善　**維持**　悪化	
	調理	自立　見守り　**一部介助**　全介助	①	**改善**　維持　悪化	・もともとは行っていたが、退院後は夫が行っている。
排泄	排尿・排便	支障なし　**支障あり**	①	改善　**維持**　悪化	・後始末等で時々失敗するが、パッドを使ってからは、１日１回程度の交換でよくなった。
	排泄動作	自立　見守り　**一部介助**　全介助	①②	改善　**維持**　悪化	
口腔	口腔衛生	支障なし　**支障あり**	①④⑤	**改善**　維持　悪化	・十二指腸潰瘍治療中。歯みがきが十分にできず、口臭があることを長男が気にしている。
	口腔ケア	自立　**見守り**　一部介助　全介助	①④	改善　**維持**　悪化	・声をかけないと行わない。
服薬		自立　**見守り**　一部介助　全介助	①	改善　**維持**　悪化	・声をかけないと行わない。
入浴		自立　**見守り**　一部介助　全介助	①	改善　**維持**　悪化	・声をかけないと行わない。
更衣		自立　**見守り**　一部介助　全介助	①	改善　**維持**　悪化	・声をかけないと行わない。毎日同じ服を着ていても気にしなくなっている。
掃除		自立　見守り　**一部介助**　全介助	①④	**改善**　維持　悪化	・主に夫が行う。声をかけないと行わない。部屋が汚いことを長男が気にしている。
洗濯		自立　見守り　**一部介助**　全介助	①	**改善**　維持　悪化	・主に夫が行う。声をかけないと行わない。
整理・物品の管理		自立　見守り　**一部介助**　全介助	①	**改善**　維持　悪化	・主に夫が行う。声をかけないと行わない。
金銭管理		自立　見守り　**一部介助**　全介助	①	改善　**維持**　悪化	・主に夫が行う。
買物		自立　見守り　**一部介助**　全介助	①	改善　**維持**　悪化	・主に長男、長女が行う。一緒に行くこともある。
コミュニケーション能力		支障なし　**支障あり**	①	改善　**維持**　悪化	・視力・聴力は日常生活に支障はないが、もの忘れにより会話のつじつまが合わないことがある。
認知		支障なし　**支障あり**	①	**改善**　維持　悪化	・もの忘れ、時間の見当識が乏しくなっている。夫の予定を忘れてしまい不安になることがある。
社会との関わり		支障なし　**支障あり**	①②③	**改善**　維持　悪化	・１日中家の中で過ごす生活。もともとは謡曲や洋裁をやったり、介護予防体操教室に通っていた。友人と喫茶店に行くことが習慣だった。
褥瘡・皮膚の問題		**支障なし**　支障あり		改善　維持　悪化	
行動・心理症状（BPSD）		支障なし　**支障あり**	①④⑥	**改善**　維持　悪化	・現在はみられないが、認知症の進行や、長男から怒られることが多いと、精神的に不安定になるおそれがある。
介護力（家族関係含む）		支障なし　**支障あり**	①④⑥	**改善**　維持　悪化	・夫の体調悪化により、負担が増すおそれがある。長男のいらいらが募る。家族状況に長女が不安を感じている。
居住環境		支障なし　**支障あり**	③	**改善**　維持　悪化	・廊下や玄関に手すりがない。
				改善　維持　悪化	

見通し※5	生活全般の解決すべき課題（ニーズ）【案】	※6
・廊下や玄関の環境を整えることで、歩行にふらつきがあっても転倒するリスクが減る。 ・主治医の指示である食事療法を守ることで、体調が安定する。	退院後の生活に対して不安も大きいが、以前のように外に出かけたりして、家族に迷惑をかけず、充実した暮らしがしたい。	1
・口腔ケアの介助を行うことにより、本人の体調管理と長男の精神的安定を図ることができる。 ・声かけを行うことで、確実に服薬ができて、体調が安定する。	体調管理に気をつけて健康に暮らしたい。	2
・調理や掃除等の家事の役割を習慣化し、継続できるよう支援することで、精神的な安定につながることが期待できる。	住み慣れた家で夫と暮らしたい。長男、長女とも仲良くやっていきたい。	3
・カレンダーに夫の透析等の予定を書いておくことで、安心して過ごすことができる。		
・友達と喫茶店に出かけたり、定期的な外出や他者との交流の機会をもつことで、精神的な安定と認知症の進行予防、BPSDの予防、家族が自分の時間をもつことにつながる。 ・長男、長女それぞれに話を聞く機会を設けることで、家族の精神的安定につながる。		

※１～※６の詳細については、p.11～p.13を参照のこと。

第1表

居宅サービス計画書(１)

作成年月日　令和○年12月15日

初回・紹介・継続　　認定済・申請中

利用者名　浅野　民子　殿　　生年月日　昭和○○年○○月○○日(82歳)　　住所　○○県○○市○○

居宅サービス計画作成者氏名　C

居宅介護支援事業者・事業所名及び所在地　Zケアプランセンター　○○県○○市○○

居宅サービス計画作成(変更)日　令和○ 年　12月　15日　　初回居宅サービス計画作成日　令和○ 年　12月　15日

認定日　令和○ 年　12月　10日　　認定の有効期間　令和○ 年　11月　15日　～　令和○＋１ 年　11月　30日

要介護状態区分	要介護１　・　要介護２　・　要介護３　・　要介護４　・　要介護５
利用者及び家族の生活に対する意向を踏まえた課題分析の結果	本人:夫と一緒にいると安心。外に出たり、サービスの利用についてはあまり気が進まないが、人との交流は好きなので楽しく過ごしたい。 夫：できるだけ一緒にいて世話をしてやりたいが、自分の時間もほしい。自分の人工透析が月・水・金とあるので、それにあわせてサービスを利用してほしい。 長男：退院して１か月が過ぎたが、父の負担軽減のためにもサービスを利用してほしい。認知症の進行が心配。 長女：両親とも体調がよくないので、身体に気をつけて、両親のペースで過ごしてほしいが、夫婦共倒れにならないか心配。
介護認定審査会の意見及びサービスの種類の指定	なし。
総合的な援助の方針	社会とのかかわりをもち、そのなかで楽しみや役割を見つけていただけるよう支援していきます。 また退院直後であるため、体調管理に注意しながら、健康に過ごしていただけるよう支援していきます。 夫の負担が過度にならないよう配慮し、夫婦が現在の状態を維持し、自宅で一緒に暮らすことが継続できるように支援していきます。 【緊急連絡先】夫：○○○－○○○－○○○○ 長男携帯：○○○－○○○○－○○○○、長女携帯：○○○－○○○○－○○○○ 【希望緊急搬送先】○○総合病院(○○○－○○○－○○○○)
生活援助中心型の算定理由	1.　一人暮らし　　2.　家族等が障害、疾病等　　3.　その他　(　　　)

居宅サービス計画の説明を受け、同意し、受領しました。　　年　　月　　日　(利用者氏名)　　印

第2表

居宅サービス計画書(2)

作成年月日　令和○年12月15日

利用者名　浅野　民子　殿

生活全般の解決すべき課題(ニーズ)	目標 長期目標	(期間)	短期目標	(期間)	援助内容 サービス内容	※1	サービス種別	※2	頻度	期間
1 以前のように外に出かけたりして、家族に迷惑をかけず、充実した暮らしがしたい	1a 楽しみや役割をもつことで、充実感を感じて毎日を過ごすことができる	R○.12.15 ～ R○+1.11.30	1a1 人の役に立っていることを実感することができる	R○.12.15 ～ R○+1.5.31	・専業主婦の経験を活かした役割づくり(掃除やタオルたたみなど)	○	通所介護	Aデイサービス	週3回(月・水・金)	R○.12.15 ～ R○+1.5.31
							家族	夫、長男、長女	毎日	
			1a2 仲間との交流をもち、楽しい気持ちで毎日を過ごすことができる	R○.12.15 ～ R○+1.5.31	・謡曲や洋裁などの好きなことの話をほかの利用者とできるよう、コミュニケーションの手助けをする	○	通所介護	Aデイサービス	週3回(月・水・金)	R○.12.15 ～ R○+1.5.31
			1a3 習慣だった喫茶店に友人と行くことができる	R○.12.15 ～ R○+1.5.31	・喫茶店への同行		友人	○○さん	週1回(土)	R○.12.15 ～ R○+1.5.31
	1b 夫の予定を把握できることで、安心して暮らすことができる	R○.12.15 ～ R○+1.11.30	1b1 自分で夫の予定を確認することができる	R○.12.15 ～ R○+1.5.31	・夫の通院時間や自身のデイサービスの時間をカレンダーに書き込む	○	通所介護	Aデイサービス	月1回	R○.12.15 ～ R○+1.5.31
							家族	夫、長男、長女		
2 体調管理に気をつけて健康に暮らしたい	2a 今の健康状態を維持できる	R○.12.15 ～ R○+1.11.30	2a1 病気の悪化を防ぐとともに、異常に早く気づいてもらうことができる	R○.12.15 ～ R○+1.5.31	・診療		主治医	○○総合病院	月1回	R○.12.15 ～ R○+1.5.31
					・受診の介助		家族	長女		
					・食事状況の確認(3食規則正しく食べる。よくかんでゆっくり食べる。少量ずつ食べる。脂肪は控え目にする)	○	通所介護	Aデイサービス	週3回(月・水・金)	
							家族	夫、長男、長女	毎日	
					・服薬と口腔ケアの声かけ、見守り	○	通所介護	Aデイサービス	週3回(月・水・金)	
							家族	夫、長男、長女	毎日	

利用者の自尊心を傷つけないよう、ニーズは端的に記載します(原因や問題点などはアセスメントや課題整理総括表に記載し、第2表には書きません)

※1「保険給付の対象となるかどうかの区分」について、保険給付対象内サービスについては○印を付す。
※2「当該サービス提供を行う事業所」について記入する。

第2表

居宅サービス計画書（2）

作成年月日　令和○年12月15日

利用者名　浅野　民子　殿

生活全般の解決すべき課題（ニーズ）	目標：長期目標	（期間）	目標：短期目標	（期間）	援助内容：サービス内容	※1	サービス種別	※2	頻度	期間
2 体調管理に気をつけて健康に暮らしたい	2a 今の健康状態を維持できる	R○.12.15 ～ R○+1.11.30	2a2 転倒の不安なく、安全に移動することができる	R○.12.15 ～ R○+1.5.31	・転倒予防のための手すり、車いすの使用 ※車いすは、調子の悪いとき、長距離の移動の際に使用	○	福祉用具貸与	B福祉用具	毎日	R○.12.15 ～ R○+1.5.31
						○	住宅改修	B福祉用具	毎日	
			2a3 支援を受け、入浴や着替えの日課を続けることができる	R○.12.15 ～ R○+1.5.31	・シャワーチェアの提供	○	福祉用具購入	B福祉用具	週4回（火・木・土・日）	R○.12.15 ～ R○+1.5.31
					・入浴中の見守り（入浴、着替えの声かけと、手の届かない背中の洗身介助）	○	通所介護	Aデイサービス	週3回（月・水・金）	
					・生活習慣の声かけ		家族	夫、長男、長女	毎日	
3 住み慣れた家で夫と暮らしたい。長男、長女とも仲良くやっていきたい	3a 家族全員が精神的な負担なく、日々を過ごすことができる	R○.12.15 ～ R○+1.11.30	3a1 家族も精神的な支援を受けることで、今の日常生活を続けることができる	R○.12.15 ～ R○+1.5.31	・夫、長男、長女との面談 ※必要に応じて、家族会や介護者教室等の紹介	○	介護支援専門員	Zケアプランセンター	月1回	R○.12.15 ～ R○+1.5.31
							家族	夫、長男、長女	月1回	
							地域包括支援センター	地域包括支援センター	随時	

「お風呂に入りたい」は本人のニーズではありませんが、入浴などの支援が必要な日課について、短期目標としました

虐待につながる可能性もあるため、予防的なかかわりができるよう、地域包括支援センターも担当者として位置づけました

※1「保険給付の対象となるかどうかの区分」について、保険給付対象内サービスについては○印を付す。
※2「当該サービス提供を行う事業所」について記入する。

第3表

週間サービス計画表

作成年月日　令和○年12月15日

利用者名　浅野　民子　殿

令和○年12月分より

		月	火	水	木	金	土	日	主な日常生活上の活動
深夜	4：00								
早朝	6：00	夫起床、朝食準備(夫)	夫起床、朝食準備(夫)	夫起床、朝食準備(夫)	夫起床、朝食準備(夫)	夫起床、朝食準備(夫)	夫起床、朝食準備(夫)	夫起床、朝食準備(夫)	
									起床
午前	8：00	口腔ケア見守り(夫)	口腔ケア見守り(夫)	口腔ケア見守り(夫)	口腔ケア見守り(夫)	口腔ケア見守り(夫)	口腔ケア見守り(夫)	口腔ケア見守り(夫)	朝食(夫と喫茶店へ行くこともある)
		洗濯(夫)	洗濯(夫)	洗濯(夫)	洗濯(夫)	洗濯(夫)	洗濯(夫)	洗濯(夫)	
	10：00		部屋の掃除(夫とともに行う)		部屋の掃除(夫とともに行う)		部屋の掃除(夫とともに行う)	部屋の掃除(夫とともに行う)	部屋の掃除(夫とともに行う)
			昼食準備(夫)		昼食準備(夫)		昼食準備(夫)	昼食準備(夫)	
午後	12：00		口腔ケア見守り(夫)		口腔ケア見守り(夫)		口腔ケア見守り(夫)	口腔ケア見守り(夫)	昼食
		Aデイサービス		Aデイサービス		Aデイサービス			昼寝
	14：00								気が向いたら散歩
							友人と喫茶店 ○○珈琲店		洗濯物の取り込み(体調により、夫とともに行う)
	16：00								テレビ(時代劇)
		夕食準備(長男・長女)	夕食準備(長男・長女)	夕食準備(長男・長女)	夕食準備(長男・長女)	夕食準備(長男・長女)	夕食準備(長男・長女)	夕食準備(長男・長女)	
夜間	18：00	口腔ケア見守り(長男・長女)	口腔ケア見守り(長男・長女)	口腔ケア見守り(長男・長女)	口腔ケア見守り(長男・長女)	口腔ケア見守り(長男・長女)	口腔ケア見守り(長男・長女)	口腔ケア見守り(長男・長女)	夕食
			入浴介助(長男・長女)		入浴介助(長男・長女)		入浴介助(長男・長女)	入浴介助(長男・長女)	入浴
	20：00								テレビを見たりゆっくり過ごし、眠くなったら寝る
									就寝(ラジオを聞きながら)寝る
深夜	22：00								
	24：00								
	2：00								
	4：00								

週単位以外のサービス	毎月第４木曜に○○総合病院に通院(長女付き添い)、車いす(福祉用具貸与)、廊下・玄関に手すり設置(住宅改修)、シャワーチェア購入(福祉用具購入)、 地域包括支援センター(随時)

第5表

居宅介護支援経過(抜粋)

作成年月日　令和○年12月26日

利用者名　浅野　民子　殿

居宅サービス計画作成者氏名　C

年月日	内容
R○. 12. 26(木) 16:00 ～ モニタリング 自宅訪問 本人、夫、長男と面談	モニタリング実施(詳細はモニタリングシート参照)。 R○＋１年１月分利用票、別表の同意をいただき、交付。 長男に対し、月に１回は、本人、夫、長男、長女と面談により、状況を確認させていただくことを説明し、了解を得る(月に２回自宅訪問することとし、長男がいるとき、長女がいるときで、１回ずつ訪問)。(C)
R○＋1. 1. 20(月) 10:00 ～ Aデイサービス相談員M氏より電話受信	本人が送迎中に「昨日、息子に怒鳴られて怖かった」と話していたと連絡を受ける。 地域包括支援センターにも一報を入れる。(C)
R○＋1. 1. 21(火) 16:00 ～ モニタリング 自宅訪問 本人、夫、長男と面談	モニタリング実施(詳細はモニタリングシート参照)。 長男に家族会の情報提供を行ったが、関心を得られなかった。 喫茶店には予定どおり友人と行くことができている。 担当介護支援専門員として、友人や喫茶店と連絡をとってよいか、本人、夫、長男に確認し、同意を得る(以後、毎月、友人、喫茶店に連絡して、様子をうかがいフォローする)。(C)
R○＋1. 1. 27(月) 15:00 ～ モニタリング 自宅訪問 夫、長女と面談	モニタリング実施(詳細はモニタリングシート参照)。 長男の様子についてうかがう。大きな声を出すときはあるが、手を出すことはなく、落ち着いているとのこと。 本人の状態も安定しているとのこと。(C)
R○＋1. 2. 18(火) 16:00 ～ モニタリング 自宅訪問 本人、夫、長男と面談	モニタリング実施(詳細はモニタリングシート参照)。 カレンダーに予定を記入することで、何度も予定を尋ねることが少なくなり、落ち着いているとのこと。 デイサービスでは親しい友人ができた様子。本人も慣れてきたのか、楽しく通っているとのこと。(C)
R○＋1. 2. 19(水) 10:00 ～ モニタリング 友人、喫茶店にそれぞれ電話連絡	モニタリング実施(詳細はモニタリングシート参照)。 特に問題なく喫茶店で楽しい時間を過ごすことができているとのこと。 お礼を述べ、何か変化があれば連絡してもらうように依頼する。(C)
R○＋1. 2. 24(月) 15:00 ～ モニタリング 自宅訪問 夫、長女と面談	モニタリング実施(詳細はモニタリングシート参照)。 本人の生活が落ち着いてきていることもあり、長男も穏やかな状態が続いているとのこと。 受診の状況を確認。主治医からも今の状態を続けてほしいとの助言・指導を受けた。夫の体調も安定している。(C)
	中略
R○＋1. 4. 14(火) 16:00 ～ モニタリング 自宅訪問 本人、夫、長男と面談	モニタリング実施(詳細はモニタリングシート参照)。 本人、夫の状態は安定しているが、長男が少々不機嫌そう(口数が少なくぶっきらぼう)であった。(C)
R○＋1. 4. 17(金) 15:00 ～ モニタリング 自宅訪問 夫、長女と面談	モニタリング実施(詳細はモニタリングシート参照)。 夫より、最近、また長男がいらいらして、大きな声をあげることが多くなってきたとのこと。ただ、本人はあまり気にしていない様子でもあり、デイサービスや喫茶店でも楽しくやっているとのこと。家族会の話もするが、長女より、長男は今は関心をもたないだろうとのこと。 以上の内容を、地域包括支援センターにも電話連絡。本人の様子が安定しているなら、ひとまず様子をみようということになった。サービス事業所にも状況を伝え、何か気になることがあれば情報提供してもらうよう、電話連絡。(C)
	以下略

※モニタリングシート、再アセスメントシートなどは本書では割愛しています。

評価表

利用者名　浅野　民子　殿　　　　作成日　令和〇＋1年5月23日

短期目標	（期間）	援助内容			結果 ※2	コメント （効果が認められたもの/見直しを要するもの）
		サービス内容	サービス種別	※1		
1a1 人の役に立っていることを実感することができる	R〇. 12. 15 ～ R〇＋1. 5. 31	・専業主婦の経験を活かした役割づくり（掃除やタオルたたみなど）	通所介護	Aデイサービス	○	デイサービスで役割をもつことができ、職員やほかの利用者からも感謝されて、精神的な安定につながっている。 自宅でも以前行っていたように、家事を行うことができるようになる可能性がある。
			家族	夫、長男、長女	○	
1a2 仲間との交流をもち、楽しい気持ちで毎日を過ごすことができる	R〇. 12. 15 ～ R〇＋1. 5. 31	・謡曲や洋裁などの好きなことの話をほかの利用者とできるよう、コミュニケーションの手助けをする	通所介護	Aデイサービス	◎	デイサービスで仲の良い友達ができて、楽しい時間を過ごすことができている。 洋裁などの趣味を自宅やデイサービスでできるようになる可能性がある。
1a3 習慣だった喫茶店に友人と行くことができる	R〇. 12. 15 ～ R〇＋1. 5. 31	・喫茶店への同行	友人	〇〇さん	○	念のため車いすで喫茶店まで行っている。喫茶店でも特に問題なく過ごすことができている。 昔なじみの友人とも再会できた。
1b1 自分で夫の予定を確認することができる	R〇. 12. 15 ～ R〇＋1. 5. 31	・夫の通院時間や自身のデイサービスの時間をカレンダーに書き込む	通所介護	Aデイサービス	○	夫や自分の予定がわからなくなったら、カレンダーを見るということが習慣となった。
			家族	夫、長男、長女	○	
2a1 病気の悪化を防ぐとともに、異常に早く気づいてもらうことができる	R〇. 12. 15 ～ R〇＋1. 5. 31	・診療	主治医	〇〇総合病院	○	月1回の定期受診を行うことができている。主治医からも今のままで特に問題はないとのこと。
		・受診の介助	家族	長女	○	
		・食事状況の確認 （3食規則正しく食べる。よくかんでゆっくり食べる。少量ずつ食べる。脂肪は控え目にする）	通所介護	Aデイサービス	○	声かけは必要だが、本人も大きなストレスなく食事療法を行うことができている。
			家族	夫、長男、長女	○	
		・服薬と口腔ケアの声かけ、見守り	通所介護	Aデイサービス	○	声かけは必要だが、確実に服薬できている。 長男より、以前よりはよくなったが、依然口臭が気になるとのこと。
			家族	夫、長男、長女	○	

※1「当該サービスを行う事業所」について記入する。※2　短期目標の実現度合いを5段階で記入する（◎：短期目標は予想を上回って達せられた、○：短期目標は達せられた（再度アセスメントして新たに短期目標を設定する）、△：短期目標は達成可能だが期間延長を要する、×1：短期目標の達成は困難であり見直しを要する、×2：短期目標だけでなく長期目標の達成も困難であり見直しを要する）

評価表

利用者名　浅野　民子　殿

作成日　令和○＋１年５月23日

短期目標	（期間）	援助内容 サービス内容	援助内容 サービス種別	援助内容 ※１	結果 ※２	コメント （効果が認められたもの/見直しを要するもの）
2a2 転倒の不安なく、安全に移動することができる	R○. 12. 15 ～ R○+1. 5. 31	・転倒予防のための手すり、車いすの使用 ※車いすは、調子の悪いとき、長距離の移動の際に使用	福祉用具貸与	B福祉用具	○	手すりがあることで、室内の歩行が安定して、不安も軽減された様子。転倒もない。
			住宅改修	B福祉用具	○	
2a3 支援を受け、入浴や着替えの日課を続けることができる	R○. 12. 15 ～ R○+1. 5. 31	・シャワーチェアの提供	福祉用具購入	B福祉用具	△	継続。
		・入浴中の見守り（入浴、着替えの声かけと、手の届かない背中の洗身介助）	通所介護	Aデイサービス	△	
		・生活習慣の声かけ	家族	夫、長男、長女	△	
3a1 家族も精神的な支援を受けることで、今の日常生活を続けることができる	R○. 12. 15 ～ R○+1. 5. 31	・夫、長男、長女との面談 ※必要に応じて、家族会や介護者教室等の紹介	介護支援専門員	Zケアプランセンター	△	長男は度々いらいらすることがある様子で、週に１回程度は声を荒げることがあるとのこと（夫より）。手を出すところまでは至っていないが、経過観察。地域包括支援センターには報告済み。 長男は家族会や介護者教室等に行くつもりはまだない様子。 夫、長女とも１か月に１回は様子を確認するようにしている。
			家族	夫、長男、長女	△	
			地域包括支援センター	地域包括支援センター	△	

※１「当該サービスを行う事業所」について記入する。※２ 短期目標の実現度合いを５段階で記入する（◎：短期目標は予想を上回って達せられた、○：短期目標は達せられた（再度アセスメントして新たに短期目標を設定する）、△：短期目標は達成可能だが期間延長を要する、×１：短期目標の達成は困難であり見直しを要する、×２：短期目標だけでなく長期目標の達成も困難であり見直しを要する）

5 まとめ

本人への支援を適切に行うためには、周囲の家族への支援を行うことが重要である。ただ、本事例の場合、長男自身に課題があることの自覚がないため、長男のモニタリングとして、少なくとも月に1回は長男がいないときに夫、長女ともに面談する必要があった。これを長男にも了解を得ておくことが重要であろう。

また、虐待に発展する可能性があることから、地域包括支援センターはもちろん、デイサービスや福祉用具といった関係事業所にもモニタリングを依頼し、何らかの徴候や変化があれば、介護支援専門員に連絡してもらう体制を整えた。

さらに、本事例では、友人がなじみの喫茶店に連れて行ってくれるということも実践できた。ただし、歩行のふらつきや排泄の失敗、認知症の症状等で本人、周囲ともに困惑することも予測されたため、月に1回は友人、喫茶店ともに連絡をとるようにした。専門職として介護支援専門員が様子を気にして、サポートする体制が、インフォーマルサービスの継続につながると考える。

本人はもちろんのこと、家族（夫、長男、長女）、関係事業所、インフォーマルな資源（友人、喫茶店）にきめ細かなモニタリングを行うことで、状況の変化を把握し、適切な対応を実施することが、介護支援専門員に対する信頼を得ることにつながり、さらに本人の意欲を引き出すことにもなる。

参考文献

- 榊原宏昌『居宅&施設ケアプラン立案の方程式』日総研出版、2014.

1 居宅 5 人工透析を受けながら在宅生活を送りたいと希望する一人暮らしの男性への支援 ～住まいに対する気持ちの変化に対応した事例～

1 事例の概要

氏　　名：林　文男（男性）
年　　齢：72 歳
要介護度：要介護 3
家族構成：一人暮らし。妻とは 12 年前に離婚。
　　　　　二人の子どもは結婚し他県に在住している。
　　　　　妻と二人の子どもともに交流はない。

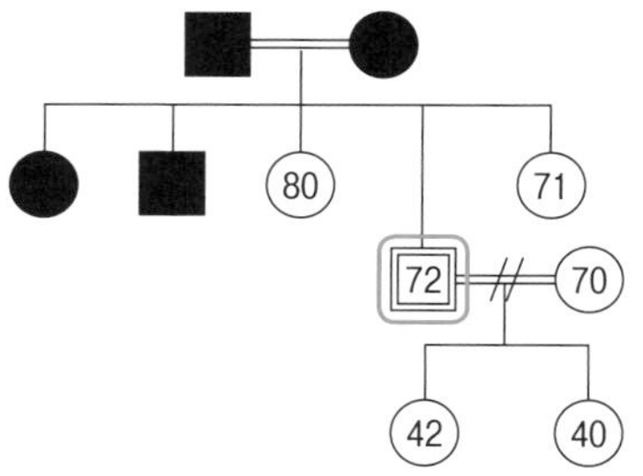

生活歴

隣県で 5 人きょうだいの 4 番目、次男として生まれる。大学を卒業し大手電気メーカーに就職。職場で出会った妻と 27 歳で結婚し、2 女をもうける。

仕事はまじめだが、家事と育児はすべて妻に任せて、毎晩のように酒を飲んで帰ってくる生活をしていた。糖尿病と診断されても妻の忠告を聞かず、生活を見直すこともしなかったため、60 歳の定年退職直後に離婚。その後、65 歳まで嘱託として勤務した。

主な病名と経過

55 歳　健康診断で高血糖を指摘されるが治療しなかった。
59 歳　糖尿病と診断される。
63 歳　高血圧、歯周病、糖尿病性神経障害。
65 歳　脳梗塞の後遺症により左片麻痺となる。
68 歳　糖尿病性網膜症により左目硝子体手術。
71 歳　糖尿病性腎症による慢性腎不全で人工透析を開始する。

2 介護支援専門員からみた事例の特徴

家庭を顧みず、糖尿病と診断された後も生活を見直すこともなく過ごし、病状の悪化だけでなく家庭の崩壊も招いてしまった男性。

慢性腎不全が悪化し、人工透析が開始されたことを機に有料老人ホームに入居したが、2 か月が経過する頃から「自宅で生活を送りたい」と再び気持ちに変化が現れた。医療連携を密にしながら本人が自分の病気と向き合い、自己管理を確実に行うことができるようになり、望む暮らしを実現していくための支援が求められる事例である。

3 アセスメント

基本情報に関する項目

令和○年３月５日（施設）、令和○年３月15日（自宅）

標準項目名	項目の主な内容	
① 基本情報	初回受付日	令和○年３月１日
	受付者	介護支援専門員　U
	氏名（性別） 生年月日（年齢）	林　文男（男性） 昭和○○年○○月○○日（72歳）
	住所	○○県○○市○○
	その他	本人携帯：○○○－○○○○－○○○○ 妹携帯：○○○－○○○○－○○○○
② 生活状況	生活歴	隣県で５人きょうだいの４番目、次男として生まれる。大学を卒業し大手電気メーカーに就職。職場で出会った妻と27歳で結婚し２女をもうける。家庭を顧みず、長年にわたり自由奔放に生活してきたことが原因で、60歳の定年退職直後に離婚。その後、65歳まで嘱託として勤務した。
	家族状況	一人暮らし。妻とは60歳のときに離婚し、以降は、二人の子どもも含めて一切の交流はない。 子どもは二人とも他県在住。長女は夫と二人暮らし。次女には二人の子どもがいる。 姉は遠方に在住し、ほとんど交流がない。 妹は隣市在住。毎週のように訪問し協力しており、緊急連絡先となっている。 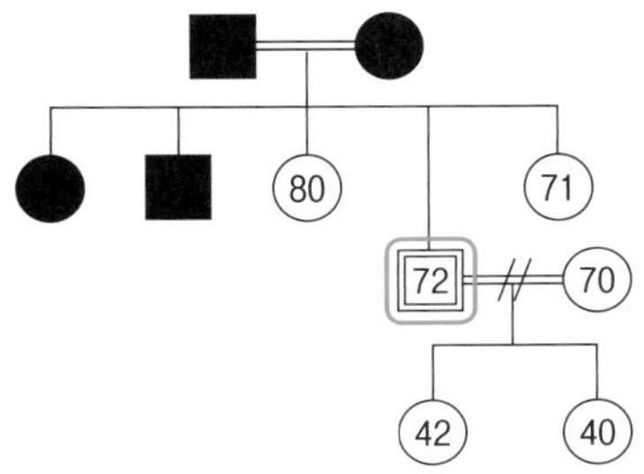
③ 利用者の被保険者情報	介護保険（要介護３） 特定疾病療養受領証（人工透析を必要とする慢性腎不全） 身体障害者手帳１級（腎臓） 厚生年金（23万円／月）	
④ 現在利用しているサービスの状況	特定施設入居者生活介護 （令和○－１年12月25日入居）	
⑤ 障害高齢者の日常生活自立度	B１	
⑥ 認知症である高齢者の日常生活自立度	Ⅰ	
⑦ 主訴	初回相談者等	○○有料老人ホームの介護支援専門員Cより電話相談。
	相談内容	有料老人ホームを退居して、自宅での生活を希望している。本人の自宅は現事業所のサービスの提供地域外のため、居宅介護支援事業所の変更をお願いしたい。
	本人・家族の要望	本人：これまでのつけが回ってきて透析にまでなってしまい後悔している。透析開始時は不安が大きく、有料老人ホームに入居をお願いしたが、２か月が経過し、さまざまな

		ことを考えた。第二の人生をやり直すつもりで自宅に帰って生活したい。 1a1
⑧ **認定情報**	要介護３ 認定の有効期間：令和○－１年12月１日～令和○年11月30日（12か月。新規認定）	
⑨ **課題分析（アセスメント）理由**	初回（在宅生活へ移行するためのサービス利用の調整）	令和○年３月５日：入居している介護付有料老人ホームにて、本人・介護支援専門員と面接し、意向の確認と現状の把握を行う。 令和○年３月15日：外出時に自宅にて本人・妹と面接し、在宅生活における課題の整理と今後の方針を確認する。

課題分析（アセスメント）に関する項目　　令和○年３月５日（施設）、令和○年３月15日（自宅）

標準項目名	項目の主な内容	
⑩ **健康状態**	病名	慢性腎不全（糖尿病性腎症による） 令和○－１年12月より人工透析開始　1a1　1a2　1a3
	既往・病歴等	55歳　健康診断で高血糖を指摘されるが治療しなかった。 59歳　糖尿病と診断される。 1a2　1a3 63歳　高血圧、歯周病、糖尿病性神経障害。 1b2 65歳　脳梗塞（左片麻痺）。 1a3　1b1 68歳　糖尿病性網膜症により左目硝子体手術。 71歳　令和○－１年12月　慢性腎不全悪化。 1b1 12月７日～12月25日　透析導入入院。 1a1 12月25日　透析病院と同じ法人が運営する介護付有料老人ホームに入居。
	主治医	Y病院　内科医　T医師 K歯科クリニック　歯科医　A医師
⑪ **ADL**	寝返り・起き上がり：ベッド柵につかまり、自力で可能。 移動・歩行：左上下肢麻痺に加えて、視力低下のため、室内は手すりまたは四支点杖を使用し、ゆっくり歩くが不安定。長い距離や屋外は、車いす介助で移動。手すりにつかまり車いすへ移乗する。 1b1　2a1 着衣：糖尿病性神経障害により、指先の感覚が鈍く、巧緻動作が難しい。なるべくボタンやファスナーのない服を選ぶことで自立している。 入浴：若い頃からシャワー浴が好きだが、現在は不安があり湯船には入っていない。週３回シャワーチェアを使用して、スタッフの見守りのもとで時間はかかるが自力で行っている。 1b2 食事：セッティングしてもらい、自力で摂取する。 整容：歯みがき、整髪、ひげ剃りは自立。手足の爪切りは、介助が必要。 1b2 排泄：移動と着脱に時間はかかるが、自力で部屋の中のトイレまで行き排泄する。	
⑫ **IADL**	調理：調理された食事が提供されている。今まで自分で調理を行った経験はない。入院前は、近所の食堂の弁当を食べていた。 1a3 掃除：ごみ箱にごみを捨てること以外はできない。 洗濯：全介助（スタッフが実施）。 買い物：一人で外出することができないため、妹が行っている。 金銭管理：自立。通帳などの細かい文字は、拡大鏡を使用して見ている。 服薬管理：一包化したものを手渡され、自分で内服する。週１回、血糖降下のための皮下注射を看護師が実施。 1a2	
⑬ **認知**	特に問題なし。	

⑭ **コミュニケーション能力**	聴力に問題なし。 糖尿病性網膜症により左目硝子体手術を行ったが、両眼の視力低下が激しい。1m離れた視力確認表が見える程度。 携帯電話は通話のみ。メール等は文字が見えにくい。 1b1
⑮ **社会との関わり**	妻子とは疎遠になったが、40年以上勤めた会社では部下の面倒見もよく、現在も慕ってきてくれている。また、同じマンションの同年代の住人ともよい関係が続いている。 近所には、頻回に通っていた食堂があり、店主は色々と気にかけてくれている。 2a1
⑯ **排尿・排便**	排尿：1日3～4回、600～800ml程度。 尿量測定のため、尿瓶を使用している。 1a1 1b1 排便：1～3日に1回。時々、緩下剤を用いる。
⑰ **じょく瘡・皮膚の問題**	皮膚乾燥、掻痒感あり。保湿クリームを塗布している。 左前腕シャント部は、毎日発赤などの観察を行っている。 糖尿病性神経障害のため足先の感覚が鈍く、感染症や壊死など注意が必要。 1a1 1b2
⑱ **口腔衛生**	自歯は10本、部分義歯あり。歯周病により2本の歯がぐらぐらしている。 1b2
⑲ **食事摂取**	1日3食。人工透析による制限食。1日1800kcal、塩分6g、カリウム1500mg、水分1000ml以下。自宅でも同様の制限食が必要となる。 1a3 身長168cm、体重63kg（BMI：22.3）。2年前より体重が10kg減少している。
⑳ **問題行動**	なし。
㉑ **介護力**	妹：緊急連絡先。毎週面会に来ている。役所や病院等の手続きも行う。 友人（Jさん・Gさん）：元部下にあたる。面会にも頻回に来ており、車いすを介助して散歩をしている。 同じマンションのNさん：郵便物を届けるなど協力している。 近所の食堂のFさん：以前は弁当を届けてくれていた。 2a1
㉒ **居住環境**	介護付有料老人ホームは個室で、トイレと洗面台、ベッド、クローゼットが完備されている。 自宅マンションは、自己所有で有料老人ホームに入居の際に売却も考えたが、しばらく落ち着いてからと思い、そのままにしていた。7階建て5階部分の1LDK、バリアフリーで、玄関、風呂場、トイレの手すりは標準仕様でついている。 1b1 1b2 【自宅の見取り図】 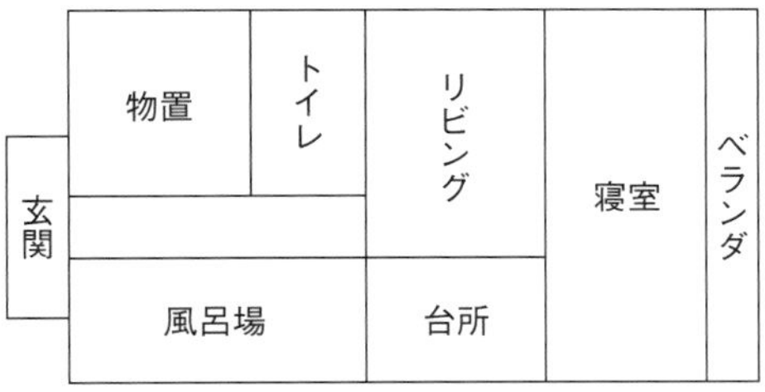
㉓ **特別な状況**	主治医からは、生活を改善し自己管理をしっかり行わないと、失明や下肢切断、死に至ることもあると、度々説明されている。 本人は、以前知人から聞いた「エンディングノート」が気になっており、第二の人生のためにつくりたいと思っている。

4 アセスメントのまとめ（情報収集と分析）

総括

・糖尿病と診断された後も生活を見直すこともなく過ごし、病状の悪化だけでなく家庭崩壊も招いてしまった男性。

・慢性腎不全が悪化し、人工透析が開始されたことを機に有料老人ホームに入居したが、「自宅で生活を送りたい」と再び気持ちが変化した。

・本人が望む自宅での生活を継続していくため、再び糖尿病や慢性腎不全が悪化することのないように医療連携を図りながら、確実に自己管理ができるための支援が必要となる。

身体面

・糖尿病を悪化させず、人工透析を確実に継続するためには、血糖値の把握、皮下注射の実施、確実な内服、適切な運動、シャント部の観察、水分量と尿量のチェック、体重測定、食事制限の徹底が必要となる。

・血糖値の測定、朝昼晩の内服、シャント部の観察、体重測定については、自分で行うことができると考えられる。そのうち、血糖値や体重の測定については、自己管理ノートをつくって記入できるようにし、病気や自己管理についての意識を高め、本人のやる気にもつなげていく。

・食事に関しては、今まで調理の経験がないため支援が必要となる。本人は、以前のように近所の食堂の弁当を食べたいと思っているが、制限が多いため、検討する必要がある。

精神面・社会面

・離婚した妻と二人の子どもには、もう10年以上会っていないむなしさもあるが、自分の犯した罪として受け止めるしかないと思っている。妹・友人・知人との関係は本人にとって心の支えであり、今後も大事にしていけるよう支援していく。

・仕事と飲み歩くこと以外に楽しみや趣味をもたずに生きてきたが、今後は趣味といえるものを探し、生きがいをつくりたいと願っているため、友人や知人の協力を得ながら、ともに探していく。

・以前知人から聞いた「エンディングノート」に興味があるとのことなので、在宅生活が落ち着いてきたら、ACP（アドバンス・ケア・プランニング：人生会議）の視点からも、妹に協力してもらい作成を検討していく。

環境面

・妹は、手続きや家事の支援は可能だが、身体的な介助は望めない。

・自宅マンションは、バリアフリーで玄関、風呂場、トイレに手すりがついており、現状のままで問題ないと思われる。

・マンションは自己所有で、年金、退職金を含めた貯金もあるため、経済的な心配はない。

利用者名　林　文男　殿

朝晩は、見守りが行われています

課題整理総括表

作成日　令和○年３月23日

自立した日常生活の阻害要因（心身の状態、環境等）	①糖尿病性網膜症による両眼視力低下	②脳梗塞の後遺症による左上下肢麻痺	③糖尿病性神経障害による感覚鈍麻
	④人工透析の実施・食事制限	⑤歯周病	⑥家事の経験なし

利用者及び家族の生活に対する意向	本人：自分でできることは頑張るので、自宅で生活したい。 妹：医師の言うことを守って、頑張ってほしい。

状況の事実※1		現在※2	要因※3	改善/維持の可能性※4	備考（状況・支援内容等）
移動	室内移動	自立 **見守り** 一部介助 全介助	①②③	改善 **維持** 悪化	・手すりや四支点杖を使用し、不安定だが可能。
	屋外移動	自立 見守り 一部介助 **全介助**	①②③	改善 **維持** 悪化	・時々、車いす介助で散歩に行く。
食事	食事内容	支障なし **支障あり**	④	改善 **維持** 悪化	・１日1800kcal、塩分６g、カリウム1500mg、水分1000ml以下の制限。
	食事摂取	**自立** 見守り 一部介助 全介助		改善 維持 悪化	・セッティングしてもらい自力摂取。
	調理	自立 見守り 一部介助 **全介助**	④⑥	改善 **維持** 悪化	・有料老人ホームの管理栄養士と調理師による。
排泄	排尿・排便	支障なし **支障あり**	④	改善 **維持** 悪化	・尿量測定のため、尿瓶を使用している。
	排泄動作	**自立** 見守り 一部介助 全介助		改善 維持 悪化	・ズボンの上げ下ろしに時間がかかるが自立。
口腔	口腔衛生	支障なし **支障あり**	⑤	改善 **維持** 悪化	・部分義歯。２本の歯がぐらぐらしている。
	口腔ケア	**自立** 見守り 一部介助 全介助		改善 維持 悪化	
服薬		自立 **見守り** 一部介助 全介助	①④	改善 **維持** 悪化	・一包化したものを手渡され、自分で内服する。
入浴		自立 **見守り** 一部介助 全介助	①②③	改善 **維持** 悪化	・シャワー浴のみ。スタッフの見守りが必要。
更衣		自立 **見守り** 一部介助 全介助	②③	改善 **維持** 悪化	・ボタンなどのないものを選んで着ている。
掃除		自立 見守り 一部介助 **全介助**	①②⑥	改善 **維持** 悪化	・スタッフが実施。
洗濯		自立 見守り 一部介助 **全介助**	①②⑥	改善 **維持** 悪化	・スタッフが実施。
整理・物品の管理		自立 見守り 一部介助 **全介助**	①②⑥	改善 **維持** 悪化	・スタッフが実施。
金銭管理		**自立** 見守り 一部介助 全介助		改善 維持 悪化	・通帳は拡大鏡を使用して見ている。
買物		自立 見守り 一部介助 **全介助**	①②⑥	改善 **維持** 悪化	・一人で外出できない。妹が行っている。
コミュニケーション能力		**支障なし** 支障あり		改善 維持 悪化	
認知		**支障なし** 支障あり		改善 維持 悪化	
社会との関わり		**支障なし** 支障あり		改善 維持 悪化	・有料老人ホーム入居により多少の制限あり。
褥瘡・皮膚の問題		支障なし **支障あり**	③④	改善 **維持** 悪化	・皮膚掻痒感あり。感覚鈍麻に注意が必要。
行動・心理症状（BPSD）		**支障なし** 支障あり		改善 維持 悪化	
介護力（家族関係含む）		支障なし **支障あり**	⑥	改善 **維持** 悪化	・一人暮らしにより、家事や見守りを要する。
居住環境		**支障なし** 支障あり		改善 維持 悪化	
				改善 維持 悪化	

不安定だが、実行状況から自立としています

見通し※５	生活全般の解決すべき課題（ニーズ）【案】	※６
・シャント部の観察や血糖値・体重測定、内服など、自分で可能なこともあり、病識をもち自己管理ができれば、糖尿病と慢性腎不全を悪化させずに、自宅での生活を継続していくことができる。	病気を悪化させないために、自分と向き合いたい。	1
・友人や知人との良好な関係を継続しながら楽しみを見出し、趣味や生きがいをつくっていくことで、自己管理への意欲を高めることにもつながる。	楽しみを見つけて、生きがいを感じながら生活したい。	2
・人生をやり直すつもりで在宅生活を決心した経緯があるため、興味のあるエンディングノートをまとめながら、これからどのような生き方をしていくのか、医師や看護師を含めたケアチームで繰り返し話し合っていくことで、ACPを実現していくことができる。	第二の人生を充実させたい。	―

※１ ～※６の詳細については、p.11 ～ p.13を参照のこと。

第1表

居宅サービス計画書(１)

作成年月日　令和○年３月25日

初回・(紹介)・継続　　(認定済)・申請中

利用者名　林　文男　殿　　生年月日　昭和○○年○○月○○日(72歳)　　住所　○○県○○市○○

居宅サービス計画作成者氏名　U

居宅介護支援事業者・事業所名及び所在地　W居宅介護支援事業所　○○県○○市○○

居宅サービス計画作成(変更)日　令和○年　３月　25日　　初回居宅サービス計画作成日　令和○年　３月　25日

認定日　令和○－１年　12月　23日　　認定の有効期間　令和○－１年　12月　１日　～　令和○年　11月　30日

要介護状態区分	要介護１・要介護２・(要介護３)・要介護４・要介護５
利用者及び家族の生活に対する意向を踏まえた課題分析の結果	本人：自分でできることは頑張るので、自宅で生活したい。 妹：医師の言うことを守って、頑張ってほしい。
介護認定審査会の意見及びサービスの種類の指定	なし。
総合的な援助の方針	１．病気に対する自己管理をしながら、自宅での生活が継続できるよう支援いたします。 ２．妹さんやご友人との関係を大切にしながら、生活の楽しみを見出せるよう支援いたします。 緊急連絡先：妹(○○○－○○○○－○○○○)
生活援助中心型の算定理由	(1.)一人暮らし　　2. 家族等が障害、疾病等　　3. その他（　　　）

居宅サービス計画の説明を受け、同意し、受領しました。　　年　　月　　日（利用者氏名）　　印

本人の決意の表れをそのまま表現しました

当該事業所では初めて担当する利用者ですが、居宅介護支援を受けた経験があるため、通知の規定どおり「紹介」を選択します

第2表

居宅サービス計画書（２）

作成年月日　令和○年３月25日

利用者名　林　文男　殿

当初は、１か月の設定を提案しましたが、本人の強い意志を尊重して、３か月の期間としました

生活全般の解決すべき課題（ニーズ）	目標				援助内容					
	長期目標	（期間）	短期目標	（期間）	サービス内容	※１	サービス種別	※２	頻度	期間
1 病気を悪化させないために、自分と向き合いたい	1a 病状が安定し、在宅生活を継続することができる	R○. 4. 1 〜 R○. 9. 30	1a1 透析を継続できる	R○. 4. 1 〜 R○. 6. 30	・慢性腎不全の治療、病状管理、透析の実施		主治医	Y病院	週３回	R○. 4. 1 〜 R○. 6. 30
					・シャント部の観察		本人		毎日	
					・病院までの送迎		送迎サービス	Y病院	週３回	
			1a2 血糖値が安定する	R○. 4. 1 〜 R○. 6. 30	・体調管理、本人指導、皮下注射の実施 ・主治医への報告、緊急時の連絡および訪問	○	訪問看護	M訪問看護ステーション	週１回	R○. 4. 1 〜 R○. 6. 30
					・１日３回の確実な内服		本人		毎日	
					・内服確認、声かけ	○	全員		必要時	
			1a3 制限食を守ることができる	R○. 4. 1 〜 R○. 6. 30	・調理に必要な買い物		家族	妹	週２回	R○. 4. 1 〜 R○. 6. 30
					・専門的配慮をもって行う調理	○	訪問介護	H訪問介護事業所	週３回	
					・決められた制限食の配達		宅食業者	宅配B	週４回	
					・食事および水分制限の厳守		本人		常時	

自己管理の部分を明記しています

医師の指示等に基づき、専門的な配慮をもって行う特別食の調理を指します

※１「保険給付の対象となるかどうかの区分」について、保険給付対象内サービスについては○印を付す。
※２「当該サービス提供を行う事業所」について記入する。

第2表

居宅サービス計画書(２)

作成年月日　令和○年３月25日

利用者名　林　文男　殿

生活全般の解決すべき課題(ニーズ)	目標				援助内容					
	長期目標	(期間)	短期目標	(期間)	サービス内容	※１	サービス種別	※２	頻度	期間
1 病気を悪化させないために、自分と向き合いたい	1b 体調の自己管理ができる	R○. 4. 1 ～ R○. 9. 30	1b1 自分の体調を把握できる	R○. 4. 1 ～ R○. 6. 30	・体重、尿量、血糖値の測定(ノート記入)		本人		毎日	R○. 4. 1 ～ R○. 6. 30
					・ノート記入の声かけ、確認	○	全員		随時	
					・医師・看護師との連絡、サービス調整	○	介護支援専門員	W居宅介護支援事業所	必要時	
					・ベッド柵につかまり、起き上がり・立ち上がりを自分で行う	○	福祉用具貸与	L福祉用具事業所	常時	
					・四支点杖を使用して自室内を移動する	○	福祉用具貸与	L福祉用具事業所	常時	
			1b2 身体を清潔に保つことができる	R○. 4. 1 ～ R○. 6. 30	・シャワー浴、洗身		本人		週３回	R○. 4. 1 ～ R○. 6. 30
					・シャワー中の見守り、洗濯、掃除	○	訪問介護	H訪問介護事業所	週３回	
					・シャワーチェアを使用し自宅で入浴する	○	福祉用具購入	L福祉用具事業所	週３回	
					・歯周病の治療、口腔ケアの指導	○	居宅療養管理指導	K歯科クリニック	月２回	
2 楽しみを見つけて、生きがいを感じながら生活したい	2a 生きがいを見つける	R○. 4. 1 ～ R○. 9. 30	2a1 日々の生活のなかで楽しみを感じることができる	R○. 4. 1 ～ R○. 6. 30	・友人・知人との会話		友人・知人	Jさん・Gさん・Xさん	随時	R○. 4. 1 ～ R○. 6. 30
					・屋外に出て外気浴を行う		友人・知人	Jさん・Gさん	随時	
					・車いすを使用して安全に外出する	○	福祉用具貸与	L福祉用具事業所	外出時	

移動の際にも体調を確認します

※１「保険給付の対象となるかどうかの区分」について、保険給付対象内サービスについては○印を付す。
※２「当該サービス提供を行う事業所」について記入する。

第3表

週間サービス計画表

作成年月日　令和○年３月25日

利用者名　林　文男　殿

令和○年４月分より

		月	火	水	木	金	土	日	主な日常生活上の活動
深夜	4：00								5：30　起床・トイレ・シャント部確認
早朝	6：00								6：00　体重と血糖値の測定 6：45　朝食・内服
午前	8：00		透析（送迎サービス含む）		透析（送迎サービス含む）		透析（送迎サービス含む）		
午前	10：00	訪問看護							
午後	12：00								12：30　昼食・内服・トイレ
午後	14：00								
午後	16：00	訪問介護 身体２生活１	宅配弁当	訪問介護 身体２生活１	宅配弁当	訪問介護 身体２生活１	宅配弁当	宅配弁当	
夜間	18：00								18：30　夕食・内服・トイレ テレビ鑑賞
夜間	20：00								
深夜	22：00								22：00　トイレ・就寝
深夜	24：00								
深夜	2：00								
深夜	4：00								

本人のわかりやすい表現にしています

週単位以外のサービス	・内科受診（透析時）：月１回　・訪問歯科診療：月２回 ・福祉用具貸与（特殊寝台、特殊寝台附属品、四支点杖、車いす）　・福祉用具購入（シャワーチェア）

第5表

居宅介護支援経過(抜粋)

作成年月日　令和○年４月１日

利用者名　林　文男　殿

居宅サービス計画作成者氏名　U

年月日	内容
R○. 4. 1(水) 9:30 ～ 10:30 自宅へ訪問	本人・妹と面接。訪問看護師の訪問に合わせ訪問する。 妹は、昨日から明日まで泊まりの予定。 今朝、血糖値と体重の測定を行い、ノートに記入済み。 看護師より、シャント部の観察について説明があり、確認。 四支点杖を慎重に使い、室内移動は安全にできている。(U)
R○. 4. 20(月) 16:00 ～ 電話受信	M訪問看護ステーションの看護師Q氏より電話。 血糖値も安定、主治医より慢性腎不全の悪化もないと説明があった。(U)
R○. 4. 24(金) 15:30 ～ 16:30 自宅へ訪問	本人・妹と面接。モニタリング実施(詳細はモニタリングシート参照)。 病状は安定、本人も生活に少しずつ慣れてきている。 妹より、「ヘルパーから、調理に必要な野菜や調味料が足りないと連絡を受けたが、臨機応変に対応してもらって助かった。以後気をつけたい」との報告あり。 ノートの記入がしづらいとのことで表のマス目を大きく変更。(U)
R○. 5. 12(火) 17:00 ～ 本人より電話受信	このところ宅配Bのご飯が硬いことが多く、スタッフも不親切なので変更したい。 →宅配の運営上、すべてを希望どおりにすることは難しいことも説明のうえ、制限食に対応しているC配食サービスに変更。(U)
R○. 5. 26(火) 16:00 ～ 17:00 自宅へ訪問	本人・妹と面接。モニタリング実施(詳細はモニタリングシート参照)。 C配食サービスは、おいしくスタッフも皆気持ちがよいとのこと。 主治医から、水分が多いときがあるので注意するよう言われた。 本人より、少しずつ自信がついてきたので頑張りたいとのこと。妹も安心と話す。(U)
R○. 5. 27(水) 18:00 ～ H訪問介護事業所へ電話発信	サービス提供責任者I氏と話す。担当後2か月が経過し、制限食の調理内容について検証できたらと思う。 Y病院の管理栄養士から、本人と訪問介護事業所への栄養指導の機会を調整していく。(U)
R○. 6. 22(月) 10:30 ～ 11:30 自宅へ訪問	本人・妹と面接。訪問看護師の訪問に合わせ訪問する。 モニタリング実施(詳細はモニタリングシート参照)。 自己管理もできているので、これからは自己皮下注射ができるように指導予定。訪問看護師より、透析から帰った夕方の内服忘れに注意するよう助言を受ける。 昨日、知人Fさんが訪問。いつかFさんのつくった弁当が食べたいと話す。 友人のJさんやGさんも交代で来ては、車いすで近所を散歩してくれている。先週は、車で自然公園に行こうと話し合った。本人は、笑顔で日帰り旅行に行けるよう頑張りたいと話す。 短期目標期間終了に向けて評価実施へ。(U)
	以下略

※モニタリングシート、再アセスメントシートなどは本書では割愛しています。

評価表

利用者名　林　文男　殿

作成日　令和○年６月29日

短期目標	（期間）	援助内容			結果 ※２	コメント（効果が認められたもの/見直しを要するもの）
		サービス内容	サービス種別	※１		
1a1 透析を継続できる	R○. 4. 1 ～ R○. 6. 30	・慢性腎不全の治療、病状管理、透析の実施	主治医	Y病院	○	達成。主治医より、慢性腎不全の悪化はないと言われている。
		・シャント部の観察	本人		△	観察方法を訪問看護師よりアドバイスされ、慣れてきている。継続。
		・病院までの送迎	送迎サービス	Y病院	○	達成。本人も送迎があることでリズムがついている。継続。
1a2 血糖値が安定する	R○. 4. 1 ～ R○. 6. 30	・体調管理、本人指導、皮下注射の実施 ・主治医への報告、緊急時の連絡および訪問	訪問看護	M訪問看護ステーション	○	達成。急変はない。自己皮下注射に向けて指導を行っていく予定。
		・１日３回の確実な内服	本人		△	透析から帰った日は疲れのためか夕方の飲み遅れがあった。
		・内服確認、声かけ	全員		○	内服確認の声かけによって飲み忘れを防ぐことができている。継続。
1a3 制限食を守ることができる	R○. 4. 1 ～ R○. 6. 30	・調理に必要な買い物	家族	妹	△	ヘルパーから足りない物の指摘があったが、妹の役割はこのまま継続。
		・専門的配慮をもって行う調理	訪問介護	H訪問介護事業所	△	調理内容の検証のため、栄養指導を調整していく。このまま継続。
		・決められた制限食の配達	宅食	C配食サービス	△	C配食サービスに変更後は、満足しており問題もない。継続。
		・食事および水分制限の厳守	本人		△	食事制限は守ることができているが、水分は多く飲んでしまうこともあり注意。
1b1 自分の体調を把握できる	R○. 4. 1 ～ R○. 6. 30	・体重、尿量、血糖値の測定（ノート記入）	本人		△	表のマス目を拡大して書きやすくなった。５月以降記入忘れなし。継続。
		・ノート記入の声かけ、確認	全員		○	本人への励ましになり、意欲向上にもつながっている。継続。
		・医師・看護師との連絡、サービス調整	介護支援専門員	W居宅介護支援事業所	○	連絡を密にとることで、タイムリーな情報共有ができている。
		・ベッド柵につかまり、起き上がり・立ち上がりを自分で行う	福祉用具貸与	L福祉用具事業所	○	時々ふらつきがあるが、柵につかまることで安全にできている。継続。
		・四支点杖を使用して自室内を移動する	福祉用具貸与	L福祉用具事業所	○	室内の歩行は、四支点杖を使用することで安全にできている。継続。

※１「当該サービスを行う事業所」について記入する。※２ 短期目標の実現度合いを５段階で記入する（◎：短期目標は予想を上回って達せられた、○：短期目標は達せられた（再度アセスメントして新たに短期目標を設定する）、△：短期目標は達成可能だが期間延長を要する、×１：短期目標の達成は困難であり見直しを要する、×２：短期目標だけでなく長期目標の達成も困難であり見直しを要する）

評価表

利用者名　林　文男　殿　　　　作成日　令和○年6月29日

短期目標	（期間）	援助内容			結果 ※2	コメント（効果が認められたもの/見直しを要するもの）
		サービス内容	サービス種別	※1		
1b2 身体を清潔に保つことができる	R○. 4. 1 ～ R○. 6. 30	・シャワー浴、洗身	本人		△	洗い残しがあるようだが、介助にせずにこのまま継続し経過をみていく。
		・シャワー中の見守り、洗濯、掃除	訪問介護	H訪問介護事業所	○	達成。見守り、声かけにより安心してシャワー浴を行うことができている。継続。
		・シャワーチェアを使用し自宅で入浴する	福祉用具購入	L福祉用具事業所	○	安全な立ち上がり動作と洗身を補助することができ、達成。継続。
		・歯周病の治療、口腔ケアの指導	居宅療養管理指導	K歯科クリニック	○	達成。歯周病の進行がなく、歯みがきもアドバイスどおりできている。継続。
2a1 日々の生活のなかで楽しみを感じることができる	R○. 4. 1 ～ R○. 6. 30	・友人・知人との会話	友人・知人	Jさん・Gさん・Xさん	○	友人・知人が度々の訪問や電話で励ましている。在宅を選択してよかったと本人。
		・屋外に出て外気浴を行う	友人・知人	Jさん・Gさん	◎	日帰り旅行をしたいと笑顔で話す。次期ケアプランへ位置づける。
		・車いすを使用して安全に外出する	福祉用具貸与	L福祉用具事業所	○	達成。車での外出になったら、車いす変更を検討する必要あり。

※1「当該サービスを行う事業所」について記入する。※2 短期目標の実現度合いを5段階で記入する（◎：短期目標は予想を上回って達せられた、○：短期目標は達せられた（再度アセスメントして新たに短期目標を設定する）、△：短期目標は達成可能だが期間延長を要する、×1：短期目標の達成は困難であり見直しを要する、×2：短期目標だけでなく長期目標の達成も困難であり見直しを要する）

5 まとめ

介護付有料老人ホームを退居し、自宅での生活を希望しているという本人に初めて会う前は、疾病管理など医療面はもちろんだが、住む家はどうするのか、経済的な心配はないのかという環境面にも不安があった。以前は、持ち家を売却して入居する（終の棲家）といったイメージの強かった有料老人ホームだが、入居一時金ではなく、月額払いの方法を選択していたため、再び自宅で生活することを選択しやすかったと考えられる。

本人は、糖尿病と診断された後も生活を見直すこともなく、糖尿病性神経障害・糖尿病性網膜症・糖尿病性腎症という三大合併症を引き起こし、日常生活に多くの支障をきたしてしまった。糖尿病性網膜症は中途失明原因の上位を占め、糖尿病性腎症は人工透析の原因の約半数を占めていることを考慮すると、介護支援専門員として担当することになることは、今後ますます増えていくと考えられる。

本人の決意を信じながらも、本当に今までの生活から脱却することができるのか？　と何度も頭を巡らせた。一人暮らしに戻ったとたんに糖尿病も慢性腎不全も悪化し、入院を余儀なくされたり、死に至る可能性までもあったりしたため、介護支援専門員として担当することには不安が大きかったが、そんななかで助けとなったのは、やはり訪問看護師の存在であった。医療を苦手とする介護支援専門員が多いが、適切に訪問看護を活用し、密な連携を図っていくことが、医療ニーズの高い利用者へのケアマネジメントでは重要であることが再認識できた。そして、これからも利用者の気持ちの変化に寄り添いながら、中重度の利用者が自宅で暮らしつづけていくことができるよう、介護支援専門員としての役割を果たしていきたいと考える。

1
居宅⑤

参考文献

- 日本糖尿病学会編著『糖尿病治療ガイド2018-2019』文光堂、2018.
- 後藤佳苗『だいじをギュッと！　ケアマネ実践力シリーズ　ケアプランの書き方──押さえておきたい記入のポイント』中央法規出版、2018.

1 居宅 6 近隣とのトラブルを抱える身寄りのない認知症の人への支援〜住み慣れた自宅での暮らしを継続するために〜

1 事例の概要

氏　　名：佐藤　かね子（女性）
年　　齢：83 歳
要介護度：要介護 3
家族構成：一人暮らし

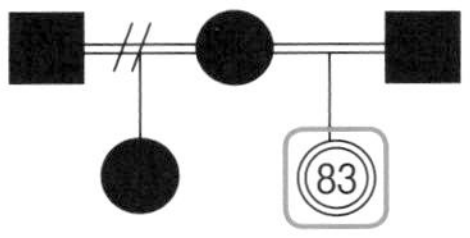

生活歴

他県で生まれる。高等学校卒業後上京。

接客業に就く。何回か転職し、60 歳の定年まで働く。結婚歴はない。

現住所には 35 年前から住んでいるので、顔見知りは多い。

通帳を何度も紛失したり、ごみ出しが決められたとおりにできないことがあり、近隣住民が地域包括支援センターへ相談。

要介護認定を申請し、令和○－1 年 10 月より要介護 2 の認定を受け、通所介護の利用を開始した。その後、令和○年 10 月に更新認定を受け、要介護 3 となった。

主な病名と経過

不明　高血圧症
62 歳　変形性膝関節症、変形性脊椎症の診断を受ける。左膝の痛みはあるが、現在治療は行っていない。
78 歳　外出中に転倒し、左大腿骨頸部骨折の診断を受ける。
82 歳　もの忘れや家電の操作が困難になり、もの忘れ外来を受診する。
アルツハイマー型認知症の診断を受ける。

2 介護支援専門員からみた事例の特徴

認知機能の低下により、金銭面は知人が管理を支援している。

近隣住民から心配の声があがっていたが、施設入所は拒否しているため、生活面に対する支援と、成年後見制度の利用へつなげる支援が必要とのことで、地域包括支援センターより紹介を受け、支援を開始した。

一人暮らしのため、認知症の進行に伴う症状の悪化や生活の変化を注意深く観察しながら、在宅生活を維持できるよう調整・配慮する必要がある。

3 アセスメント

基本情報に関する項目　　　　令和○年 10 月 24 日（自宅）

標準項目名	項目の主な内容	
① 基本情報	初回受付日	令和○－１年10月８日
	受付者	介護支援専門員　Y
	氏名(性別) 生年月日(年齢)	佐藤　かね子(女性) 昭和○○年○○月○○日(83歳)
	住所	○○県○○市○○
	その他	自宅：○○○－○○○－○○○○ 携帯：○○○－○○○○－○○○○
② 生活状況	生活歴	他県で生まれる。高等学校卒業後上京。接客業に就く。何回か転職し、60歳の定年まで働く。 現住所には35年前から住んでいるので、顔見知りは多い。
	家族状況	15年前に異父姉を看取ってから一人暮らし。結婚歴はない。 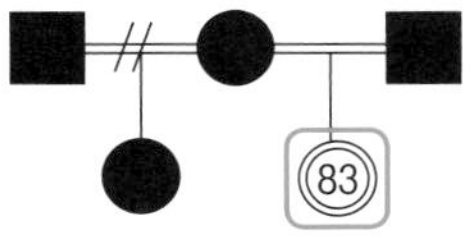
③ 利用者の被保険者情報	介護保険(要介護２→更新認定で要介護３) 後期高齢者医療制度 厚生年金(14万円/月)	
④ 現在利用しているサービスの状況	通所介護：週３回(水・金・日)	
⑤ 障害高齢者の日常生活自立度	Ｊ２	
⑥ 認知症である高齢者の日常生活自立度	Ⅲａ	
⑦ 主訴	初回相談者等	地域包括支援センター　主任介護支援専門員
	相談内容	もの忘れや排泄の失敗があり、生活が大変になってきている。自宅で生活できるように介護サービスを利用したい。
	本人・家族の要望	本人：一人でいると不安になることがあり、Hさんに頼ってしまっている。早くよくなりたい。　1ａ1　3ａ1 Hさん：近隣在住の元同僚(70代、女性)。 できるだけ今の暮らしを続けることができるように今後もサポートしていきたいが、自分の体調もつらくなってきたので、介護サービスの相談をしたい。お金のことはいろいろな事件もあるので、(自分以外の)他人に任せるのは心配です。　3ａ1
⑧ 認定情報	要介護３ 認定の有効期間：令和○年11月１日～令和○＋２年10月31日	
⑨ 課題分析(アセスメント)理由	更新認定 (令和○年10月21日)	自宅にて、本人、Hさん、地域包括支援センター社会福祉士と面接。 更新認定で要介護２から要介護３となった。認知症の進行に伴い、ケアプランの変更を行う。

課題分析（アセスメント）に関する項目　　令和○年10月24日（自宅）

標準項目名	項目の主な内容	
⑩健康状態	病名	令和○－１年　アルツハイマー型認知症（MMSE14点） 処方：ドネペジル塩酸塩OD錠10mg朝１錠　1a1
	既往・病歴等	不明　高血圧症 62歳　変形性膝関節症、変形性脊椎症　1c1 78歳　左大腿骨頸部骨折 82歳　通帳の紛失や、ごみ出しができないことに困った近隣住民が地域包括支援センターに相談し、受診につながった。アルツハイマー型認知症の診断を受ける。　1a1
	主治医	○○医院　○○医師（月１回受診）
⑪ADL	寝返り：本人のベッドを使用し、自力で寝返りを行う。 起き上がり：ベッドマットに手をつき、自力で起き上がる。 座位：テーブルに肘をつき、保持できる。 移動：膝に痛みがあり、足はあまり上がらない。　2a1 家具などを支えに立ち上がる。室内は杖を使用したり、家具や壁に手をつきながら移動する。玄関の段差、階段は這って上がり、お尻をつきながら降りている。　1c1 屋外はシルバーカーを使用し移動しているが、先月２回の転倒が確認されている。　1c1 着衣：更衣動作は可能だが、尿失禁後に汚れたパンツ型おむつを脱いだまま、パンツ型おむつを穿かずズボンやスカートを穿いていることがある。　1a1　2a1 入浴：週３回、通所介護で入浴している。手指の拘縮と膝の痛みで洗身や洗髪は十分に行えないため、一部介助する。　1a1　2a1 食事：手指の変形があり、スプーンやフォークを使用し自力で摂取している。おにぎりやパンを好む。　1a1 排泄：パンツ型おむつを使用。トイレに行けば一連の動作は行えるが、間に合わず失禁することが多くなっている。汚れたパンツ型おむつの交換や衣類の交換は十分でない。　2a1	
⑫IADL	調理：行っていない。 掃除：Hさんが整頓をしているが十分でない。ごみを決められたとおりに出すことができず、近隣から苦情が出ている。　2a2　2b1 洗濯：全自動洗濯機はあるが、使用方法がわからなくなっている様子で、手洗いをしている。　2a2 買い物：毎日早朝に近くのコンビニエンスストアに一人で出かけ買い物をする。日用品の購入はHさんが見繕ったり、一緒に出かけて行う。支払いは本人が行う。　1a1　3a1 金銭管理：Hさんの同行で預貯金の出し入れを行う。少額を自分で管理するが、自宅内でお金をなくすことがある。最近特に、預金額の把握を含めた金銭管理全般が困難になっている。　3a1 服薬管理：日時の感覚が曖昧なため、管理できない。服薬動作は、本人に手渡せば行える。内服の状況を確認する必要がある。　1a1	
⑬認知	人の認識が曖昧になっている。 日時の感覚が曖昧なため、夜間や早朝に電話をし、Hさんを困らせている。夜遅くに独り言を言いながら歩いている姿が近隣住民に確認されている。　1c1　2b1　3a1 道に迷ったり、自宅と間違えて近所の家に入ってしまうことが年に数回あった。２日連続で通所介護がない日が続くと、友人への連絡が多くなる様子。　1a1　1c1 言語機能の低下がみられる。混乱すると他者の話や指示の理解が困難になる。　1a1　1b1	

⑭コミュニケーション能力	視力は問題ない。聴力については、やや難聴だが、大きな声で話せばその場の会話は行える。言葉がうまく出ないことがあり、言い直そうと焦ると混乱してしまう。携帯電話は使用できない。 1b1
⑮社会との関わり	職場の同僚だった知人（Hさん）に相談したことがきっかけで、週2～3回、訪問による生活面の支援を受けている。 近所の家に訪問したり、道で行きかうと話をしたりしている。屋外での失禁については、近隣から苦情が出ている。 2a1
⑯排尿・排便	トイレの場所がわからなかったり、他のことに気を取られ遅れたりして、失禁することがある。 2a1 パンツ型おむつを使用。汚れたおむつを脱ぐことはできるが、新しいものに穿き替えることはできない。 2a1 Hさんの訪問時に尿・便でトイレの周辺を汚したり、トイレ以外で排泄することがある。 1b1 2a1
⑰じょく瘡・皮膚の問題	問題なし。
⑱口腔衛生	声かけがあれば歯みがき動作は可能。すべて自歯。以前の転倒で前歯が1本欠けている。 2a1
⑲食事摂取	コンビニエンスストアの弁当や用意してある物を食べる。Hさんと外食することもあるが、食事の時間や量、回数はばらばらで、昼間からお酒を飲んでいることもある。 1c1 Hさんの訪問時に便の失敗（便失禁）が何度かみられており、食事量に問題がある可能性がある。むせはない。 身長147cm、体重34.9kg（BMI：16.2）。 1a1
⑳問題行動	夜中や早朝にHさんに電話をかけてしまう。 泥棒に入られたと、近所に吹聴する。 うまく話ができず、感情が不安定になる。 1a1 1b1 1c1 ごみ出しができないことを指摘した近隣住民に対し、攻撃的な感情をもっており、かかわりを避けている。 2b1
㉑介護力	生活を助けてくれる親族はいない。Hさんが週2～3回訪問し、毎日の電話連絡による安否確認をしている。 1a1 1c1 3a1 近所の住民が本人の様子を気にかけ、ごみが正しく出されていないときは、そっと処理してくれている。 2b1
㉒居住環境	古い戸建て（2階建、持ち家）。 階段は急で手すりはない。玄関の段差がある。 1c1 掃除はあまりできておらず、物が散乱している。 2a2 虫が入るからと、カーテンを常時閉めている。 1c1 【自宅の見取り図】 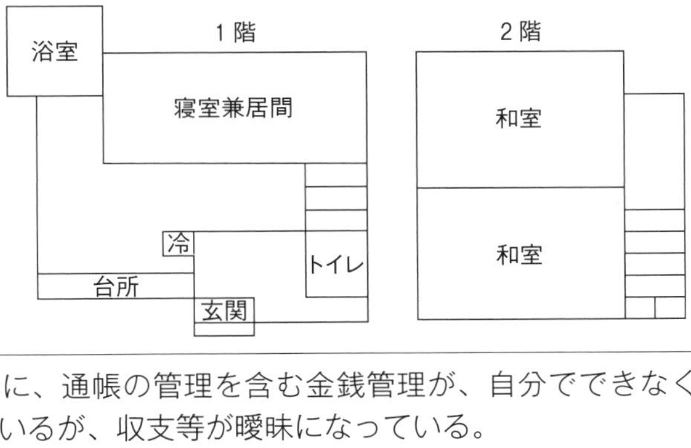
㉓特別な状況	最近3か月の間に、通帳の管理を含む金銭管理が、自分でできなくなった。Hさんが本人を助けているが、収支等が曖昧になっている。 Hさんは成年後見制度の利用に消極的である。Hさんは、少額の利潤を得ることも含

	めて本人を支援している印象があるため、急な管理変更はHさんの本人に対する支援を減らす危険性がある。成年後見制度を市長申立で年内に行えるよう、丁寧に説明し準備する必要がある。 3a1 Hさんと言い合いになり、外に出てしまうことがある。 1b1

4 アセスメントのまとめ（情報収集と分析）

総括

・アルツハイマー型認知症の診断を受けた、一人暮らしの女性の事例である。

・よく働き性格はまじめ。身寄りはいないが、近所に顔見知りが多く、知人（元同僚のＨさん）の支援も得られている。しかし、本人の認知症の進行に伴い、周囲は疲弊してきている。本人の望む、顔見知りとの楽しい時間を確保するためには、早期に介護体制を調整する必要がある。

・現在はＨさんが金銭管理をしているが、適切な制度活用への支援が必要である。

身体面

・膝の変形により杖やシルバーカーを使用し、ゆっくり歩いている。転倒や膝の痛みの増強がなければ、今の住まいで移動はできる。９月に２回の転倒を確認している。

・日常生活動作は、声かけや促しを行い集中すれば実行できるが、気になることがあると実行できなくなることがある。

・尿失禁があり、衣類の交換も十分に行うことができないため、近隣から苦情が出ている。地域の活動への参加が制限されることで、意欲低下につながるおそれがある。

・食事の回数、量はばらばらと考えられる。Ｈさんと一緒にいるときに排泄の失敗がみられる。やせ（BMI：16.2）がみられる。

精神面・社会面

・投薬による治療の開始を望んでいるが、記憶障害、見当識障害があり、服薬の管理ができない。

・昼夜の区別や日時が分からないため、夜間や早朝に外出したり、Ｈさんに連絡し困らせている。

・通所介護を利用した日の夜は連絡が少ない。

・まじめで、きちんとやらなければという思いが強く、不安の訴えがある。間違いを指摘した相手に対し、攻撃的な感情をもっている。１日の生活リズムを整えることで、不安を減らすことができると考えられる。

環境面

・玄関の上がり框《かまち》の段差と階段があるが、這って上がり、お尻をつきながら降りている。

・カーテンをいつも閉めており、日当たりはあまりよくないため、室内は暗い。

・異父姉が亡くなり身寄りはいないが、長年住んでいる地域で顔見知りは多く、道を歩いて行きかうときにあいさつをするのが楽しみ。

・近隣住民の見守りや、Ｈさんが生活面での支援をしてくれている。

利用者名　佐藤　かね子　殿

課題整理総括表

作成日　令和○年10月24日

自立した日常生活の阻害要因（心身の状態、環境等）	①認知症の進行	②一人暮らし。身寄りなし	③不規則な食事
	④変形性膝関節症による痛み	⑤指の変形	⑥

利用者及び家族の生活に対する意向	近所の人やHさんとこれからも仲よくお付き合いしていきたい。そのために治療をして、少しでもよくなりたい。

（○で囲まれた選択肢を**太字**で示す）

状況の事実※1		現在※2	要因※3	改善/維持の可能性※4	備考（状況・支援内容等）
移動	室内移動	**自立**　見守り　一部介助　全介助		改善　維持　悪化	・自宅を間違えることがあった。出かける予定か不安になり、一人で早朝に出かけて確認したことがある。膝の痛みがあり室内は杖、屋外はシルバーカーを使用。
	屋外移動	自立　**見守り**　一部介助　全介助	①④	改善　**維持**　悪化	
食事	食事内容	支障なし　**支障あり**	①②③	**改善**　維持　悪化	・コンビニの弁当や常備品を食べる。回数や量はばらばらで、バランスも偏りがある。昼間の飲酒もあり。手指の変形があり、スプーンなどを使用。食べやすいおにぎりやパンを好むため、偏りがある。
	食事摂取	自立　**見守り**　一部介助　全介助	①②③⑤	改善　**維持**　悪化	
	調理	自立　見守り　一部介助　**全介助**	①④⑤	改善　**維持**　悪化	・調理は自分で行っていない。
排泄	排尿・排便	支障なし　**支障あり**	①④	改善　**維持**　悪化	・間に合わずトイレの周辺を汚すことがある。異所排泄あり。知人の訪問時に介助を受けることが多い。失禁後の衣類の交換は適切に行えない。
	排泄動作	自立　見守り　**一部介助**　全介助	①②④⑤	**改善**　維持　悪化	
口腔	口腔衛生	支障なし　**支障あり**	①	**改善**　維持　悪化	
	口腔ケア	自立　見守り　**一部介助**　全介助	①②	改善　**維持**　悪化	・自歯。声かけにより実施。１つの動作に集中できないと完結できない。
服薬		自立　見守り　**一部介助**　全介助	①②③	改善　**維持**　悪化	・知人やデイサービスの職員が、本人に手渡し飲み込みを確認する。電話で服薬を促すこともあるが、服用できていないことがある。服薬治療の意欲がある。
入浴		自立　見守り　**一部介助**　全介助	①②④⑤	改善　**維持**　悪化	・週３回デイサービスで入浴。自宅では入浴しない。更衣動作は可能だが、膝の曲げ伸ばしの可動制限や手の握りづらさがあり、動作に時間がかかる。
更衣		自立　見守り　**一部介助**　全介助	①②④⑤	改善　**維持**　悪化	
掃除		自立　見守り　**一部介助**　全介助	①②④	**改善**　維持　悪化	
洗濯		自立　見守り　**一部介助**　全介助	①②	**改善**　維持　悪化	・洗濯機の使い方がわからず、手洗いをしている。
整理・物品の管理		自立　見守り　**一部介助**　全介助	①②	改善　**維持**　悪化	・知人が行うが、あまりきれいではない。しまい忘れがある。
金銭管理		自立　見守り　**一部介助**　全介助	①②	改善　**維持**　悪化	・少額を所持するが、残高の把握はできない。知人が管理している。知人は成年後見制度への不信感がある。
買物		自立　見守り　**一部介助**　全介助	①	改善　**維持**　悪化	・自分でも毎日のように出かけ購入するが、日用品は知人が管理し補充している。
コミュニケーション能力		支障なし　**支障あり**	①	改善　**維持**　悪化	
認知		支障なし　**支障あり**	①②	改善　**維持**　悪化	・記憶障害あり。日時が曖昧で夜間や早朝に知人に頻繁に連絡をしてしまう。
社会との関わり		支障なし　**支障あり**	①②	**改善**　維持　悪化	・うまく言葉にならず興奮することがある。
褥瘡・皮膚の問題		**支障なし**　支障あり		改善　維持　悪化	
行動・心理症状（BPSD）		支障なし　**支障あり**	①	**改善**　維持　悪化	・失禁やごみ出しができていない、被害妄想を言いふらすため、近所からの苦情がある。本人は話し好きで顔見知りが多い。
介護力（家族関係含む）		支障なし　**支障あり**	①②	改善　**維持**　悪化	・身寄りがなく一人暮らし。そのため声をかけて見守れば自分でできることができない。
居住環境		**支障なし**　支障あり		改善　維持　悪化	
				改善　維持　悪化	

見通し※5	生活全般の解決すべき課題（ニーズ）【案】	※6
・生活状況の変化に早期に気づく体制を整え、本人のペースにあわせた対応ができることで、穏やかに過ごすことができる。 ・規則正しく過ごすことで、指示どおりの服薬や日中の活動に参加し、不安の軽減や病状の悪化を予防することができる。	病気が悪化せず、周りの人に心配をかけずに暮らしたい。	1
・家の中での支援を増やすことで、声かけや見守りで行えることが増える。 ・地域の協力を得ることで、地域から孤立せず楽しみのある生活を送ることができる。	なじみの人とおしゃべりや集まりを楽しみたい。	2
・手続きを適切に支援することで、将来の生活の不安が軽減する。	書類や通帳の管理に不安をなくしたい。	3

※１～※６の詳細については、p.11～p.13を参照のこと。

第1表

居宅サービス計画書(1)

作成年月日　令和○年10月24日

初回・紹介・(継続)　(認定済)・申請中

利用者名　佐藤　かね子　殿　　生年月日　昭和○○年○○月○○日(83歳)　　住所　○○県○○市○○

居宅サービス計画作成者氏名　Y

居宅介護支援事業者・事業所名及び所在地　Tケアプランセンター　○○県○○市○○

居宅サービス計画作成(変更)日　令和○ 年　10月　24日　　初回居宅サービス計画作成日　令和○－1 年　10月　23日

認定日　令和○ 年　10月　18日　　認定の有効期間　令和○ 年　11月　1日　～　令和○＋2 年　10月　31日

要介護状態区分	要介護1　・　要介護2　・　(要介護3)　・　要介護4　・　要介護5
利用者及び家族の生活に対する意向を踏まえた課題分析の結果	本人：一人でいると不安になることがあり、Hさんに頼ってしまっている。迷惑をかけずに過ごしたい。 頑張ってよくなりたいです。 Hさん：心配で手伝っているうちに、どんどん手伝う量が多くなってしまった。これからもサポートしていこうと思うが、自分の身体も 心配。受けられる支援は受けながら、少しでも長くこの生活ができたらよいと思う。
介護認定審査会の意見及びサービスの種類の指定	特になし。
総合的な援助の方針	体調と生活のリズムを整えながら、一人の時間の不安を減らし、これからも住み慣れた家でHさんや近所の方とよい関係が継続できるよう支援します。 将来の生活についても考えていけるように、関係者の皆で共有し、相談しながら進めていきましょう。 緊急時連絡先：定期巡回・随時対応型訪問介護看護　○○○－○○○－○○○○
生活援助中心型の算定理由	1. 一人暮らし　2. 家族等が障害、疾病等　3. その他（　　）

本人はHさんを頼りにしており、Hさんも一緒に考えていることがわかるように、Hさんの意向も記載しました

居宅サービス計画の説明を受け、同意し、受領しました。	年　月　日	(利用者氏名)		印

第2表

居宅サービス計画書（2）

作成年月日　令和○年10月24日

利用者名　佐藤　かね子　殿

生活全般の解決すべき課題（ニーズ）	目標				援助内容					
	長期目標	（期間）	短期目標	（期間）	サービス内容	※1	サービス種別	※2	頻度	期間
1 病気が悪化せず、周りの人に心配をかけずに暮らしたい	1a 体調の管理ができる	R○.11.1 ～ R○+1.4.30	1a1 食事や服薬ができる	R○.11.1 ～ R○+1.1.31	・定期受診をし、近況や心配事を伝える		本人 ○○病院	○○医師	月１回	R○.11.1 ～ R○+1.1.31
					・医師に生活の状況を伝える	○	居宅介護支援	Tケアプランセンター	受診時	
					・食事摂取・内容の確認、冷蔵庫内の食品の確認、服薬介助	○	定期巡回・随時対応型訪問介護看護	A事業所	毎朝	
					・食材や日用品の在庫の確認と購入		Hさん		訪問時（不定期）	
						○	定期巡回・随時対応型訪問介護看護	A事業所	週3～4回	
					・昼食の提供	○	通所介護	Rデイサービス	週3～4回	
					・体重測定	○	通所介護	Rデイサービス	月１回	
	1b 自分の気持ちを伝えることができる	R○.11.1 ～ R○+1.4.30	1b1 あわてずに話をすることができる	R○.11.1 ～ R○+1.1.31	・電話で１日の報告を聞く		Hさん		毎日	R○.11.1 ～ R○+1.1.31
					・ゆっくり話をするように促す。１つずつ行動できるように声をかける		Hさん		随時	
						○	全サービス	A事業所、Rデイサービス、Tケアプランセンター	常時	
					・他者との会話の支援	○	通所介護	Rデイサービス	週3～4回	
	1c 今日の予定の確認や、昼夜の区別ができる	R○.11.1 ～ R○+1.4.30	1c1 日中に用事を済ませ、19時頃まで起きていることができる	R○.11.1 ～ R○+1.1.31	・電話での声かけを行い、今日の予定を伝える		Hさん		毎朝	R○.11.1 ～ R○+1.1.31
					・日中の活動を楽しむ ・転倒予防体操、膝のリハビリ	○	通所介護	Rデイサービス	週3～4回	
					・週間スケジュールの把握、必要に応じて声かけ、変化があれば介護支援専門員へ連絡する		地域住民	自治会長、民生委員、隣家Wさん	必要時	
					・カーテンを開けるように促す	○	定期巡回・随時対応型訪問介護看護	A事業所	毎朝	
					・本人不安時のコール対応を行い、予定の確認や昼夜の確認を行う	○	定期巡回・随時対応型訪問介護看護	A事業所	随時	

本人には明確に治療開始の希望があるため、最初の目標として設定しました

特にHさんと共有したい留意点を記載しました

※１「保険給付の対象となるかどうかの区分」について、保険給付対象内サービスについては○印を付す。
※２「当該サービス提供を行う事業所」について記入する。

1 居宅⑥

第2表

居宅サービス計画書(2)

作成年月日　令和○年10月24日

利用者名　佐藤　かね子　殿

生活全般の解決すべき課題(ニーズ)	目標				援助内容					
	長期目標	(期間)	短期目標	(期間)	サービス内容	※1	サービス種別	※2	頻度	期間
2 なじみの人とおしゃべりや集まりを楽しみたい	2a 身の回りを清潔に過ごすことができる	R○. 11. 1 〜 R○+1. 4. 30	2a1 着替えや入浴ができる	R○. 11. 1 〜 R○+1. 1. 31	・手の届かないところや、洗いにくいところの洗身、洗髪の介助。爪切り、排泄の誘導	○	通所介護	Rデイサービス	週3〜4回	R○. 11. 1 〜 R○+1. 1. 31
					・排泄介助、整容の確認	○	定期巡回・随時対応型訪問介護看護	A事業所	週9〜11回	
			2a2 洗濯や掃除を続けることができる	R○. 11. 1 〜 R○+1. 1. 31	・洗濯、掃除の実施状況の確認	○	定期巡回・随時対応型訪問介護看護	A事業所	週3〜4回	
					・洗濯、片づけを一緒に行う		Hさん		訪問時	
	2b 地域のルールを守って生活できる	R○. 11. 1 〜 R○+1. 4. 30	2b1 決められた日にごみを捨てることができる	R○. 11. 1 〜 R○+1. 1. 31	・一緒にごみ出しを行う	○	定期巡回・随時対応型訪問介護看護	A事業所	月〜金	R○. 11. 1 〜 R○+1. 1. 31
					・ごみ出し状況の見守り		地域住民	自治会長、民生委員、隣家Wさん	随時	
3 書類や通帳の管理に不安をなくしたい	3a 介助を受け、必要な手続きができる	R○. 11. 1 〜 R○+1. 4. 30	3a1 書類やお金の管理と、今後の生活について考える	R○. 11. 1 〜 R○+1. 4. 30	・本人と一緒に書類を確認する		Hさん		必要時	R○. 11. 1 〜 R○+1. 4. 30
					・利用できる制度の検討と、制度利用への支援	 ○	地域包括支援センター 居宅介護支援事業所	○○地域包括支援センター Tケアプランセンター	月1回	

利用者にとって必要だが、利用者が表現できないニーズについては、介護支援専門員がアドボケイト(代弁)機能をはたらかせて、ニーズとして提案します

今後、この課題に対し取り組んでいかなければならないこととして記載しています。地域でかかわっていけるよう、地域包括支援センターも位置づけ、短期目標の期間も長めに設定しています

※1「保険給付の対象となるかどうかの区分」について、保険給付対象内サービスについては○印を付す。
※2「当該サービス提供を行う事業所」について記入する。

第3表

週間サービス計画表

作成年月日　令和○年10月24日

利用者名　佐藤　かね子　殿

令和○年11月分より

		月	火	水	木	金	土	日	主な日常生活上の活動
深夜	4：00								起床
早朝	6：00	※通所介護と定期巡回・随時対応型訪問介護看護を１日おきに利用							
		Hさんと電話							食事
午前	8：00								
		ヘルパー	ヘルパー	ヘルパー	ヘルパー	ヘルパー	ヘルパー	ヘルパー	服薬、トイレ、ごみ出し
	10：00	デイサービス		デイサービス		デイサービス		デイサービス	
		デイサービス		デイサービス		デイサービス		デイサービス	買い物
午後	12：00	デイサービス		デイサービス		デイサービス		デイサービス	
		デイサービス		デイサービス		デイサービス		デイサービス	食事
	14：00	デイサービス		デイサービス		デイサービス		デイサービス	
		デイサービス		デイサービス		デイサービス		デイサービス	
	16：00	デイサービス	ヘルパー	デイサービス	ヘルパー	デイサービス	ヘルパー	デイサービス	トイレ
		デイサービス		デイサービス		デイサービス		デイサービス	食事
夜間	18：00	Hさんと電話							（デイサービスのない日就寝）
									（デイサービスの日就寝）
	20：00								
深夜	22：00								
	24：00								
	2：00								
	4：00								

週単位以外のサービス	外来受診（月１回）。コール対応（随時）。地域包括支援センター（月１回） ごみ出し（月・木：可燃、火：ビン・缶、水：古紙、金：不燃（月２回））

第5表

居宅介護支援経過（抜粋）

作成年月日　令和○年11月２日

利用者名　佐藤　かね子　殿

居宅サービス計画作成者氏名　Y

年月日	内容
R○. 11. 2（土） 16:00 ～ 自宅訪問 本人・Hさん	ヘルパー初回訪問のため同席。Hさんも訪問している。カレンダーに記載されたデイサービスの予定を見て納得している様子。 隣家Wさん宅へ訪問し、ケアプランの変更を伝える。（Y）
R○. 11. 7（木） 電話発信	訪問時は在宅しており入室はスムーズ。「排泄は大丈夫」との言葉どおり、パンツ型おむつの交換はできている。薬も拒否なし。（Y）
R○. 11. 10（日） 電話受信 Hさんより近況報告	本人もサービス事業所の職員の双方ともにまだ慣れないところもあるようだが、大丈夫そう。 お金の管理については、自分（Hさん）でなくほかの人が管理する制度について本人に話しているが、拒否している。自分も制度を利用するのは不安に思う。自分がしているようにしてもらえるのか？　とのこと。 →一度、制度の説明と実際に支援している状況を聞く機会をつくるよう提案したところ、Hさんからは了解が得られた。（Y）
R○. 11. 21（木） 9:30 ～ 受診同席 本人・Hさん	昨夜本人に受診の予定を伝えたところ、夜中に何度もHさんに連絡がきた。本人は早朝の暗いうちに２回、病院に行ったようである。診察時は血圧が高いが、デイサービスでの測定値を伝え、様子をみることとなる。 →次回はデイサービス終了後の予約とした。（Y）
R○. 11. 25（月） 17:00 ～ モニタリング 自宅訪問し本人と面談	もう寝ようとしていた様子。ヘルパーにはまだ慣れない。「夕べは寒くて眠れなかった」と話す。水で洗濯しており、エアコンも冷房のまま。「荷物を盗まれた」「毎日のように泥棒が来る」「近所のあいつが盗るんだよ」と話す。 →隣家Wさんへ状況確認。「収集場に何かが置いてあると違う種類のごみでも出してしまう。まぁ、そのくらいだったら片づけておくよ」「デイサービスでは楽しくやれているの？」と気にかけている様子。 詳細はモニタリングシート参照。（Y）
R○. 12. 3（火） 電話発信 デイサービスより聞き取り	体重測定34.9kg（増減なし）。食事は毎回しっかり食べている。時々、時間の途中に帰るのだと思っていることがあり、Hさんも知っていることだと説明すると納得する。（Y）
R○. 12. 27（金） 17:00 ～ 受診同席 本人・Hさん	受診のことは今朝本人にデイサービス前に伝え、デイサービスに迎えに行くことを説明したところ、混乱がなかったとのこと。MMSE14点（前回と同得点）。処方継続。 Hさんより、怒り出したりお金を失くしたりすることはみられないとのこと。以前は「お金に対し、人がかかわり自由にならない」と本人から不満が聞かれたが、最近は、Hさんのお金と思っている様子。数え方もわからないようである。 １日おきにデイサービスに行くことについては、本人への説明が簡潔にできているので混乱が少ないようで

※モニタリングシート、再アセスメントシートなどは本書では割愛しています。

第5表

居宅介護支援経過（抜粋）

作成年月日　令和○年12月28日

利用者名　佐藤　かね子　殿

居宅サービス計画作成者氏名　Y

年月日	内容
	ある。今のペースは本人にあっている様子。電話でも会話が続くとのこと。　（Y）
R○. 12. 28（土） 13:00～ モニタリング 自宅訪問し本人と面談	衣服に違和感を感じているようだが、うまく伝えられずタンスの引き出しをすべて開けて探している。「これだから病院に行っているのよね」と悲しそうな表情で話す。 詳細はモニタリングシート参照。　（Y）
R○+1. 1. 7（火） 電話受信 Hさんより近況報告	正月は1度自分（Hさん）の家に呼んだが、トイレの失敗があり大変だった。「あの人はいいって言った」とわからないことを言ったり、自分に謝罪を要求したりしたとのこと。認知症について説明し、やはりお金のことも専門的な支援が必要ではないかと話す。　（Y）
R○+1. 1. 16（木） 電話受信 定期巡回へ聞き取り	洗濯物が整頓されておらず、汚れた衣類と一緒になってしまっているので、替えの衣類に困ることがある。訪問時に洗濯を対応したほうがよいのではないか、との連絡を受ける。食事に関し、冷蔵庫の中のものは減っており、食べている様子がある。　（Y）
R○+1. 1. 20（月） 13:30～ モニタリング 自宅訪問し本人・Hさんと面談	本人は「デイサービスは食事もおいしいしみんな面白い。足は先生が来てやってくれるので、よくなってきたよ。お金のことはHさんができないなら、おねえさん（介護支援専門員）がやってくれればいいよ。家の人がいる人はいろいろやってもらえる。私は一人で大変」

年月日	内容
	と漏らす。Hさんより、最近一人が大変と言うようになったと聞き取る。また、洗濯について、自分（Hさん）が必ず来なければならない日が少ないと助かるとのこと。 →隣家Wさん・民生委員へ状況確認。「デイサービスから帰ると、すぐに出かけて外を歩いているよ。この間は結構遅い時間に歩いていたみたい。相変わらず『泥棒が入るなんて』と言っている。周りの人には、介護サービスを利用しいろいろしてもらっていることや、事実ではないことは説明するようにしているが、そんなことを皆に言ってけんかになるのではないかとは心配している。何かあれば連絡しますね」と話す。　（Y）
R○+1. 1. 23（木） FAX受信 デイサービスより聞き取り	デイサービスでは声かけでトイレにも行っており、失禁もほとんどない。周りの人が食後にトイレに行くためか、本人から訴えることもある。体重測定36kg（前回34.9kg）。 詳細はモニタリングシート参照。　（Y）
	以下略

※モニタリングシート、再アセスメントシートなどは本書では割愛しています。

評価表

利用者名　佐藤　かね子　殿

作成日　令和○＋1年1月23日

短期目標	（期間）	援助内容：サービス内容	援助内容：サービス種別	援助内容：※1	結果※2	コメント（効果が認められたもの/見直しを要するもの）
1a1 食事や服薬ができる	R○.11.1 ～ R○+1.1.31	・定期受診をし、近況や心配事を伝える	本人 ○○病院	○○医師	○	処方が開始されたが、副作用の症状はみられない。通院について事前に伝えると、本人の不安が強くなり混乱がみられた。当日の朝に伝え、デイサービス終了後に受診すると、本人も落ち着いていたので、今後は予約日を工夫する。また、診察時には緊張のためうまく受け答えができず、診察を嫌がる傾向があるので、同席者は必要である。 デイサービスでの食事は全量摂取し、不足感の訴えはない。暴食の様子もみられない。 ヘルパーに自ら購入品の依頼をすることはないので、定期的な確認が必要である。定期巡回については、処方が開始され服薬環境を整えるためにサービスの利用を開始したが、「いつまで飲むのか？」という発言はあるものの、拒否はみられない。訪問時には、すでに飲食は済んでいる。冷蔵庫の中に賞味期限切れのものがあり、確認が必要である。 体重は10月は34.9kg（BMI：16.2）、1月は36kg（BMI：16.7）と少し改善している。
		・医師に生活の状況を伝える	居宅介護支援	Tケアプランセンター	○	
		・食事摂取・内容の確認、冷蔵庫内の食品の確認、服薬介助	定期巡回・随時対応型訪問介護看護	A事業所	○	
		・食材や日用品の在庫の確認と購入	Hさん		○	
			定期巡回・随時対応型訪問介護看護	A事業所	○	
		・昼食の提供	通所介護	Rデイサービス	○	
		・体重測定	通所介護	Rデイサービス	○	
1b1 あわてずに話をすることができる	R○.11.1 ～ R○+1.1.31	・電話で1日の報告を聞く	Hさん		○	デイサービスや友人との連絡で思い出し、話す機会も増えている。最近では会話が続くように感じる、とHさんは評価している。 通常と異なる予定や排泄面での対応がなかったため、Hさんの訪問も減っており、Hさんの休息につながっている。
		・ゆっくり話をするように促す。1つずつ行動できるように声をかける	Hさん		△	
			全サービス	A事業所、Rデイサービス、Tケアプランセンター	○	
		・他者との会話の支援	通所介護	Rデイサービス	○	

※1「当該サービスを行う事業所」について記入する。※2 短期目標の実現度合いを5段階で記入する（◎：短期目標は予想を上回って達せられた、○：短期目標は達せられた（再度アセスメントして新たに短期目標を設定する）、△：短期目標は達成可能だが期間延長を要する、×1：短期目標の達成は困難であり見直しを要する、×2：短期目標だけでなく長期目標の達成も困難であり見直しを要する）

評価表

利用者名　佐藤　かね子　殿　　　　作成日　令和○＋1年1月23日

短期目標	（期間）	援助内容：サービス内容	援助内容：サービス種別	援助内容：※1	結果※2	コメント（効果が認められたもの/見直しを要するもの）
1c1 日中に用事を済ませ、19時頃まで起きていることができる	R○.11.1 ～ R○+1.1.31	・電話での声かけを行い、今日の予定を伝える	Hさん		△	曜日の間隔は曖昧だが、デイサービス利用日をカレンダーに記していることで、視覚的に安心感が得られている。デイサービスの利用にも慣れ、楽しみにしている。迎えに来ないという連絡もなくなった。 当初、開けることを拒否していたカーテンは、半分空いているようになっている。 通常と異なる予定がなければ、夜間や早朝の電話は少なくなっているとのこと。 定期巡回への緊急コールはなかったが、今後災害時などに活用ができる可能性があるため、関係者間で共有しておく必要がある。
		・日中の活動を楽しむ ・転倒予防体操、膝のリハビリ	通所介護	Rデイサービス	△	
		・週間スケジュールの把握、必要に応じて声かけ、変化があれば介護支援専門員へ連絡する	地域住民	自治会長、民生委員、隣家Wさん	○	
		・カーテンを開けるように促す	定期巡回・随時対応型訪問介護看護	A事業所	◎	
		・本人不安時のコール対応を行い、予定の確認や昼夜の確認を行う	定期巡回・随時対応型訪問介護看護	A事業所	△	
2a1 着替えや入浴ができる	R○.11.1 ～ R○+1.1.31	・手の届かないところや、洗いにくいところの洗身、洗髪の介助。爪切り、排泄の誘導	通所介護	Rデイサービス	○	1日おきに拒否なく入浴できている。皮膚トラブルもない。洗濯物は本人とHさんの支援のみになっているが、整頓されていない状況がある。
		・排泄介助、整容の確認	定期巡回・随時対応型訪問介護看護	A事業所	×	
2a2 洗濯や掃除を続けることができる	R○.11.1 ～ R○+1.1.31	・洗濯、掃除の実施状況の確認	定期巡回・随時対応型訪問介護看護	A事業所	○	エアコンの設定ができなかったり、名前を書くことが困難になったりしたことがあった。洗濯は手洗いをしている。片づけも支援がないと困難な状況であり、今はHさんの支援を受けているが、今後は本人の役割について考えていく必要がある。
		・洗濯、片づけを一緒に行う	Hさん		×	
2b1 決められた日にごみを捨てることができる	R○.11.1 ～ R○+1.1.31	・一緒にごみ出しを行う	定期巡回・随時対応型訪問介護看護	A事業所	△	ヘルパーが曜日にあわせ促すが、「自分で確認して後で出す」と言い、声かけだけで捨てることができている。しかし、ごみ置き場にごみがあると違う種類でも出してしまうため、地域の人による対応を得ているが、おむつのごみの対応を求めることは難しい。 ごみ出しについてわからなくなり、相談に来ることは減っている。
		・ごみ出し状況の見守り	地域住民	自治会長、民生委員、隣家Wさん	○	

※1「当該サービスを行う事業所」について記入する。※2　短期目標の実現度合いを5段階で記入する（◎：短期目標は予想を上回って達せられた、○：短期目標は達せられた（再度アセスメントして新たに短期目標を設定する）、△：短期目標は達成可能だが期間延長を要する、×1：短期目標の達成は困難であり見直しを要する、×2：短期目標だけでなく長期目標の達成も困難であり見直しを要する）

5 まとめ

認知症の進行により日時に対する失見当、被害妄想、失禁などがみられ、これまで見守ってきた近所の人からの苦情が増えた。

本事例では、住み慣れた地域で近所の人と交流を持ちながら生活が続けられるように、本人が受け入れやすいタイミングでサービスの利用の検討を行った。また今後、体調不良や徘徊などが発生する可能性があるため、夜間や早朝でも柔軟に対応できる定期巡回・随時対応型訪問介護看護を利用することになった。

本人を見守っていくことに不安があった近所の人に対しても、サービスの利用状況、在宅日や夜間・早朝の緊急時の対応が可能である定期巡回・随時対応型訪問介護看護について説明したことが、近所の人の安心感につながったと考えられる。

そして、訪問の際には隣家へも声をかけ、継続して情報交換をする機会をもつことを心がけ、支援した。

金銭管理については、今後も引き続きＨさんの支援が得られるようにするためには、Ｈさんにも成年後見制度を活用する必要性を理解してもらい、活用への支援を得ることが必要だと考えている。そのために支援者の目を増やし、Ｈさんのかかわりや介入の緊急性について、地域包括支援センターの権利擁護担当者等とも連携し、慎重に検討していきたい。

1 居宅 ⑦ サービス付き高齢者向け住宅に転居した多系統萎縮症の男性への支援～自立支援と事故予防の両立を目指して～

1 事例の概要

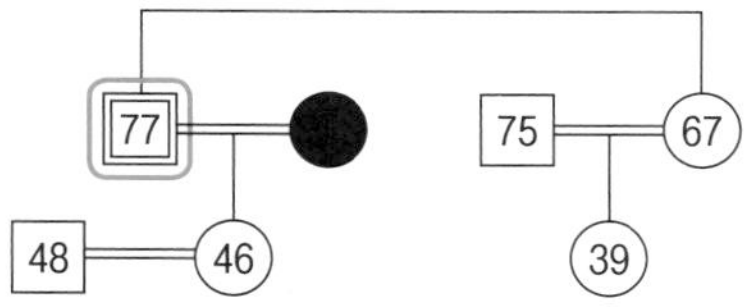

氏　　名：朝日　紀一郎（男性）
年　　齢：77 歳
要介護度：要介護 3
家族構成：現在は自宅で一人暮らし。
　　　　　サービス付き高齢者向け住宅に転居予定。
　　　　　長女はサービス付き高齢者向け住宅と同一市内在住。

生活歴

E 市で生まれる。大学卒業後は営業職として定年まで勤める。60 歳で定年退職した後、2 年間嘱託として勤務を続ける。その後、シルバー人材センターに登録したが、体調不良により仕事を辞める。

25 歳のときに結婚。長女をもうける。妻が 5 年前に亡くなった後は、一人暮らしをしていた。近所に住む妹や姪の支援を受けてきたが、妹の夫の体調不良により、妹による支援が難しくなったため、令和○年 2 月 10 日、長女夫婦の住む隣市 S 市のサービス付き高齢者向け住宅に入居予定である。

主な病名と経過

73 歳	逆流性食道炎、高血圧症。
73 歳秋頃	尿の出づらさと歩きづらさ、話しづらさが出現し、複数の医療機関を受診したが原因がわからなかった。
75 歳	多系統萎縮症（オリーブ橋小脳萎縮症）の診断を受ける。

2 介護支援専門員からみた事例の特徴

2 年前に多系統萎縮症（オリーブ橋小脳萎縮症）の診断を受け、自宅で支援を受けながら一人暮らしをしていた。リハビリテーションが必要だが、転倒予防のため一人のときはじっとしていることが多くなっている状況である。話しづらさから誤解を招くことがあるため、口数は少ない。

主たる介護者として支援していた妹の夫の体調不良により、本人の希望でサービス付き高齢者向け住宅への入居に至った。

生活に必要なサービスを早急に整え、病状の進行の早期発見と対応が必要である。

3 アセスメント

基本情報に関する項目

令和○年１月14日（N居宅介護支援事業所）、令和○年２月２日（Aホーム居室）

標準項目名	項目の主な内容	
① 基本情報	初回受付日	令和○年１月10日
	受付者	介護支援専門員　W
	氏名（性別） 生年月日（年齢）	朝日　紀一郎（男性） 昭和○○年○○月○○日（77歳）
	住所	○○県E市○○ （令和○年２月10日、S市のサービス付き高齢者向け住宅Aホームに入居予定）
	その他	携帯：○○○－○○○○－○○○○ サービス付き高齢者向け住宅Aホーム： ○○○－○○○－○○○○
② 生活状況	生活歴	E市で生まれる。大学卒業後、営業職として60歳の定年退職まで勤める。退職後は嘱託として２年間勤務を続けた。その後、シルバー人材センターに登録したが、体調不良により仕事を辞める。 25歳のときに結婚。長女をもうける。妻が５年前に亡くなった後は、一人暮らしをしていた。 近所に住む妹や姪の支援を受けてきたが、令和○年２月10日、長女夫婦の住む隣市S市のサービス付き高齢者向け住宅に入居予定である。
	家族状況	E市で一人暮らしをしていたが、令和○年２月10日、長女夫婦の住む隣市S市のサービス付き高齢者向け住宅に入居予定。 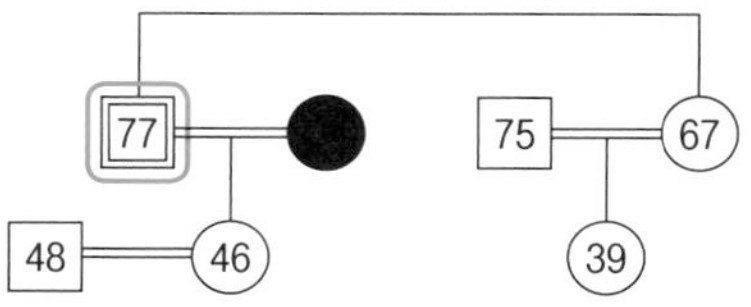
③ 利用者の被保険者情報	介護保険（要介護３） 後期高齢者医療制度 厚生年金 難病患者医療費助成 障害者手帳（未申請。今後申請予定）	
④ 現在利用しているサービスの状況	現在はE市の自宅で、訪問診療、訪問看護（医療保険）、訪問介護、福祉用具貸与（特殊寝台・特殊寝台付属品・車いす・車いす付属品・手すり）を利用している。	
⑤ 障害高齢者の日常生活自立度	B２	
⑥ 認知症である高齢者の日常生活自立度	Ⅰ	
⑦ 主訴	初回相談者等	サービス付き高齢者向け住宅の施設長
	相談内容	これまで受けてきた妹の支援の継続が困難になり入居が決まった。 要介護認定を受けているので、介護保険サービスの利用について相談にのってほしい。

	本人・家族の要望	本人：今後、妹や長女夫婦が自分を介護することは無理だと思うので入居を決めた。自分が希望するときに我慢することなく過ごしたい。 1a2 2a1 長女：新しい環境に早く慣れてくれるとよいと思っています。父が望むようにリハビリをして、不便なく過ごしてほしい。
⑧ 認定情報	要介護３ 認定の有効期間：令和○年１月１日～令和○＋２年12月31日	
⑨ 課題分析（アセスメント）理由	新規 （令和○年１月14日） （令和○年２月２日）	E市より隣市S市に転入し、サービス付き高齢者向け住宅に入居予定。居宅介護支援事業所変更のため、当事業所で初回アセスメントを行う。 入居前の室内確認に本人・長女と同行し、面接。家具の位置などの環境確認も含め、アセスメントを実施。

課題分析（アセスメント）に関する項目

令和○年１月14日（N居宅介護支援事業所）、令和○年２月２日（Aホーム居室）

標準項目名	項目の主な内容	
⑩ 健康状態	病名	逆流性食道炎、高血圧症 多系統萎縮症（オリーブ橋小脳萎縮症） 1a1 処方薬：逆流性食道炎治療薬（オメプラール錠10mg就寝前１錠） 高血圧治療薬（アジルバ錠20mg朝１錠、アムロジピンOD錠５mg朝１錠） その他：市販の便秘薬、浣腸の使用あり
	既往・病歴等	73歳　逆流性食道炎、高血圧症。 73歳秋頃　尿の出づらさと歩きづらさ、話しづらさが出現し、複数の医療機関を受診したが原因がわからなかった。 75歳　多系統萎縮症（オリーブ橋小脳萎縮症）の診断を受ける。 症状は徐々に進行し、歩行困難である。構音障害により話が聞き取りにくい。最近は飲み込みづらさを感じはじめている。排尿障害により自己導尿していたが、手技が困難になりバルーンカテーテル留置となる。排便コントロールが不良。
	主治医	○○在宅療養支援診療所（訪問診療） 今後はBクリニックでの訪問診療を予定。
⑪ ADL	寝返り：支えにつかまり自力で可能。 1a1 2a1 起き上がり：ベッド上で身体の位置を動かしにくく、介護ベッドを使用している。 1a1 2a1 座位：手で支え、座位を保持することができる。 2a1 移動：自宅では室内は家具につかまり片手で足を持ち上げながら移動をしていた。屋外は車いすを使用。常に頭の中は揺れている感じがしている。バリアフリーの状況であれば車いす操作は自分で行うことができる。転倒の不安から、一人のときはソファに座り動かないようにしていることが多い。入居する住居の居室ではつかまるところがないため、歩行が困難。もっと歩く機会をもちたいと考えている。 1a2 着衣：いすに座り介助を受ける。協力動作あり。 1a2 入浴：自宅で訪問介護の介助により入浴。 1a2 食事：手の震えがあり、スプーンで摂取している。声帯麻痺による飲み込みづらさがあるため、誤嚥に注意が必要。 3a1	

	排泄：ズボンがうまく上げられない。神経因性膀胱のため、バルーンカテーテルを留置している。歩行が不安定なため、見守りがないとトイレには行かない。 1a2 2a1 4a1
⑫ IADL	調理：行っていない。入居する住居の居室内に台所はなく、今後は住宅サービスでの提供を受ける予定。 3a1 掃除：行っていない（ヘルパーが行っている）。 4b1 洗濯：行っていない（妹とヘルパーが行っている。今後は長女が行う予定）。 4b1 買い物：行っていない（今後は住宅サービスでの買い物代行を利用したり、長女が行ったりする予定）。 4a1 金銭管理：金額の把握はできている。本人が依頼し、家族が預貯金の引き出しを行っている。 服薬管理：自分で管理し、シートから取り出して服用するが、週2～3回飲みこぼしや飲み忘れがある。 1a1
⑬ 認知	日常的な決定は自分で行える。
⑭ コミュニケーション能力	声帯麻痺による構音障害があり、聞き取りづらい。 思うように話ができず、一生懸命話そうとしてつい大声になってしまう。怒っていると思われてしまい、つらい気持ちになることがある。 4a1
⑮ 社会との関わり	会社を退職した頃は、頻繁ではないものの、元同僚と連絡をとったり、趣味のマラソンに参加したりしていた。体調を崩してから行き来はない。 4a1
⑯ 排尿・排便	排尿：排尿困難。バルーンカテーテル留置。手の震えがあり、尿の廃棄はできるが、周りを汚すことがあるため、介助を希望している。 排便：便秘がち。排便コントロール不良。市販の下剤や浣腸で調整しているが、効きすぎてトイレに間に合わないことがあるため、パンツ型おむつを使用している。 2a1
⑰ じょく瘡・皮膚の問題	なし。
⑱ 口腔衛生	準備と後片づけを介助すれば、座った状態で自力で行う。毎食後の歯みがきは実施できていない。 歯の痛みはないが、虫歯がある。歯科治療は中断してしまっている。 3a1
⑲ 食事摂取	むせはないが、飲み込みの際に引っかかる感じがすることがある。誤嚥のおそれがあり、見守りが必要。今後病状が進行したときの胃ろうの造設は拒否している。 1日2食。そのほかは菓子類をつまむことが多い。 身長165cm、体重73kg（BMI：26.8）。 3a1
⑳ 問題行動	なし。
㉑ 介護力	近所に住む妹や姪が訪問し支援している。長女夫婦は隣市であるS市に住み、定期的に訪問していた。 妹からの支援の継続が困難になり、長女夫婦の住む隣市S市のサービス付き高齢者向け住宅へ入居し、今後の主な対応は長女夫婦が行う予定。親族関係は良好。 4b1

<table>
<tr><td>㉒ 居住環境</td><td>サービス付き高齢者向け住宅の２階に転居予定。
施設内はバリアフリー。食堂までは10m以上の距離がある。浴室は共用。居室内にはトイレ、洗面所、冷蔵庫がある。トイレには手すりがある。 1a2 2a1
【施設の見取り図】
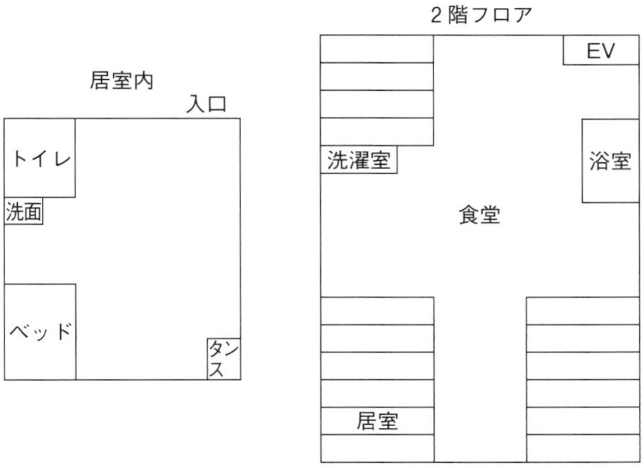
</td></tr>
<tr><td>㉓ 特別な状況</td><td>多系統萎縮症（オリーブ橋小脳萎縮症）の治療薬はなく、進行性の疾患で特に転倒に注意が必要。
舌根沈下により窒息等の突然死の可能性もあるため、将来は胃ろうが必要になるかもしれないと説明を受けたが、胃ろうは拒否している。 1a1 1a2 3a1 4a1</td></tr>
</table>

4 アセスメントのまとめ（情報収集と分析）

総括

・多系統萎縮症（オリーブ橋小脳萎縮症）の診断を受けている男性。一人暮らしで妹や姪、長女の支援を受けていたが、主たる介護者である妹の夫が体調不良となったため、サービス付き高齢者向け住宅への入居となった。環境の変化に伴い、介護体制の整備や、病状の進行の早期発見と対応が必要である。

身体面

・手足の不随意運動やめまいがあり、歩行と立位保持が不安定である。長距離は車いすで移動している。リハビリテーションのためにも、居室内ではトイレまで歩行で移動したいと考えている。自宅では転倒の不安から、日中はじっとしていることが多かった。転倒事故を予防し、活動量を増やす取り組みが必要である。
・排尿困難のため、バルーンカテーテルを留置している。便秘があり、市販の下剤や浣腸でコントロールしている。
・むせはないが、飲み込みづらさを自覚している。誤嚥に注意が必要である。
・今後病状が進行したときの胃ろうの造設は拒否している。

精神面・社会面

・構音障害があり、話しづらく声が大きくなる。そのため怒っていると勘違いされたことがあり、口数は少ない。入居による新たな関係づくりのため、他者との会話への支援が必要である。
・病状の進行への不安がある。変化の早期発見と、日々の状況にあわせた支援が必要である。現在、胃ろうは拒否しているが、意向に変化がないか、状況に応じ確認が必要である。

環境面

・サービス付き高齢者向け住宅のため、バリアフリーであり、廊下や居室、トイレには手すりが設置されている。24時間対応できるケアスタッフや、日中は看護師が配置されている。
・入居前（自宅で生活していたとき）には、転倒した際の対処ができないため、じっとしていることが多かった。
・主たる介護者（キーパーソン）は妹だったが、今後、洗濯や買い物の支援は長女が行う予定である。
・親族関係は良好である。

利用者名　朝日　紀一郎　殿

課題整理総括表

作成日　令和○年２月４日

自立した日常生活の阻害要因（心身の状態、環境等）	①両上下肢の不随意運動	②一人暮らしで随時支援を求められない	③排泄障害
	④転居による環境の変化（サービス付き高齢者向け住宅入居予定）	⑤虫歯治療の中断	⑥構音障害、飲み込みづらさがある

利用者及び家族の生活に対する意向	本人：寝たきりにならないように、もっと歩きたい。 長女：早く生活に慣れ、明るく過ごしてほしい。本人の望むようにリハビリができるようにしてほしい。

状況の事実※1		現在※2	要因※3	改善/維持の可能性※4	備考（状況・支援内容等）
移動	室内移動	自立　見守り　**一部介助**　全介助	①②④	改善　**維持**　悪化	・壁や家具につかまり片足ずつ足を持ち上げながら短距離は移動することができるが、居室内ではつかまるところがない。外出はしていない。
	屋外移動	自立　見守り　一部介助　**全介助**	①④	改善　**維持**　悪化	
食事	食事内容	**支障なし**　支障あり		改善　維持　悪化	・１日２食。手の震えがありスプーンを使用。
	食事摂取	自立　**見守り**　一部介助　全介助	①⑥	改善　**維持**　悪化	・妹が届けたり、宅配サービスを利用。入居後は居室に台所はなく、住宅サービスでの提供を受ける予定。
	調理	自立　見守り　一部介助　**全介助**	①②	改善　**維持**　悪化	
排泄	排尿・排便	支障なし　**支障あり**	③	改善　**維持**　悪化	・バルーンカテーテル留置。手の震えがあり、尿の廃棄がうまくできない。便秘があり、市販の下剤や浣腸を使用している。
	排泄動作	自立　見守り　**一部介助**　全介助	①②	改善　**維持**　悪化	
口腔	口腔衛生	支障なし　**支障あり**	⑤	**改善**　維持　悪化	・準備と後片づけの支援があれば座って実施できる。毎食後の歯みがきは実施できていない。痛みはないが、治療を中断している虫歯がある。
	口腔ケア	自立　見守り　**一部介助**　全介助	①②⑤	**改善**　維持　悪化	
服薬		自立　**見守り**　一部介助　全介助	①	**改善**　維持　悪化	・飲み忘れや、シートからうまく取り出せず落としてしまうことがある。
入浴		自立　見守り　**一部介助**　全介助	①	改善　**維持**　悪化	・洗身、浴槽の出入りに介助が必要。
更衣		自立　見守り　**一部介助**　全介助	①②	改善　**維持**　悪化	・かなり時間がかかるため介助を受ける。ズボンをしっかり上げることができない。
掃除		自立　見守り　一部介助　**全介助**	①②	改善　**維持**　悪化	・ヘルパーや長女が行う予定。
洗濯		自立　見守り　一部介助　**全介助**	①②	改善　**維持**　悪化	・長女が行う予定。
整理・物品の管理		自立　見守り　**一部介助**　全介助	①②	改善　**維持**　悪化	・座位のままベッド周りの整頓は行える。
金銭管理		自立　見守り　**一部介助**　全介助	①	改善　**維持**　悪化	・長女が支払いを代行。出納は把握している。
買物		自立　見守り　一部介助　**全介助**	①②④	改善　**維持**　悪化	・代行サービスや長女に依頼する予定。
コミュニケーション能力		支障なし　**支障あり**	⑥	改善　**維持**　悪化	・構音障害があり、聞き取りづらく声が大きくなりがち。怒っていると誤解されることがある。
認知		**支障なし**　支障あり		改善　維持　悪化	
社会との関わり		支障なし　**支障あり**	④⑥	**改善**　維持　悪化	・転居するため顔見知りがいない。
褥瘡・皮膚の問題		**支障なし**　支障あり		改善　維持　悪化	
行動・心理症状（BPSD）		**支障なし**　支障あり		改善　維持　悪化	
介護力（家族関係含む）		**支障なし**　支障あり		改善　維持　悪化	・妹の支援が困難になり、長女が主介護者になる。就労しており、日々の介護は困難だが支援の意欲はある。親族関係も良好。
居住環境		支障なし　**支障あり**	①②	**改善**　維持　悪化	・バリアフリーの環境で移動には問題ないが、施設内の移動は長距離になるため車いすを使用。室内も広いため、つかまるものが不足している。
				改善　維持　悪化	

見通し※５	生活全般の解決すべき課題（ニーズ）【案】	※６
・病気についての相談や病状の変化の観察を行うことで、病状の進行を早期に発見し、病状の変化にあわせて過ごすことができる。 ・つかまりながら移動できるよう環境を整備することで、転倒せずに日中の活動量を増やすことができる。これにより寝たきりや閉じこもりの予防、便秘への対応が期待できる。	体調を保ち、寝たきり予防に取り組みたい。	1
・虫歯の治療を再開することで、痛みが出現せず食事ができる。 ・嚥下状態の維持や把握、対応ができることで、誤嚥性肺炎の予防ができる。	食事を楽しみたい。	3
・声かけや見守りの機会を増やすことで、自分のペースで穏やかに過ごすことができる。 ・会話の支援を受けることで、怒っていると誤解されず会話を楽しむことができる。	家族に負担をかけないためにも、施設での新たな暮らしになじみたい。	4
・排泄に関する専門的な管理や、日常的な支援を受けることにより、排泄行為が安定し、尿路感染症を予防できる。また、対人関係への積極性などの効果も期待できる。	排泄の不安を減らし、集団生活に臆することなく過ごしたい。	2

※１～※６の詳細については、p.11～p.13を参照のこと。

第1表

居宅サービス計画書(1)

作成年月日　令和○年2月4日

初回・(紹介)・継続　(認定済)・申請中

当事業所で初めてつくるケアプランですが、通知の規定どおり、紹介を選択します

利用者名　朝日　紀一郎　殿　生年月日　昭和○○年○○月○○日(77歳)　住所　○○県E市○○

居宅サービス計画作成者氏名　W

居宅介護支援事業者・事業所名及び所在地　N居宅介護支援事業所　○○県S市○○

居宅サービス計画作成(変更)日　令和○年　2月　4日　初回居宅サービス計画作成日　令和○年　2月　4日

認定日　令和○－1年　12月　10日　認定の有効期間　令和○年　1月　1日　～　令和○＋2年　12月　31日

要介護状態区分	要介護1　・　要介護2　・　(要介護3)　・　要介護4　・　要介護5
利用者及び家族の生活に対する意向を踏まえた課題分析の結果	本人：身体が動かしづらくなり自由に動けない。進行する病気なので、転倒に気をつけながらリハビリをして、少しでも進行を遅らせ、寝たきりにならないようにしたい。 長女：新しい生活に早く慣れ、楽しく過ごしてほしい。
介護認定審査会の意見及びサービスの種類の指定	記載なし。
総合的な援助の方針	病状の変化の早期発見と対応ができるよう支援します。 新しい環境で意欲をもって過ごせるよう支援します。 緊急連絡先：R訪問看護ステーション(○○○－○○○－○○○○)
生活援助中心型の算定理由	(1.)一人暮らし　2. 家族等が障害、疾病等　3. その他（　）

居宅サービス計画の説明を受け、同意し、受領しました。　年　月　日（利用者氏名）　印

第2表

居宅サービス計画書(2)

作成年月日　令和○年2月4日

利用者名　朝日　紀一郎　殿

生活全般の解決すべき課題(ニーズ)	目標				援助内容					
	長期目標	(期間)	短期目標	(期間)	サービス内容	※1	サービス種別	※2	頻度	期間
1 体調を保ち、寝たきり予防に取り組みたい	1a 病状の変化にあわせた対応ができる	R○. 2. 11 ～ R○. 7. 31	1a1 病気や病状について相談できる	R○. 2. 11 ～ R○. 4. 30	・診察、療養生活の指導、助言 ・緊急時の対応	○	訪問診療 居宅療養管理指導	Bクリニック	月2回	R○. 2. 11 ～ R○. 4. 30
					・健康観察、薬の管理、服薬補助		住宅サービス	Aホーム	毎日	
					・病状の観察、療養生活の相談 ・緊急時の対応	医	訪問看護	R訪問看護ステーション	週1回 緊急時	
					・夜間の安否確認		住宅サービス	Aホーム	夜間2時間毎 (毎日)	
			1a2 転ばずに日中の活動の機会を増やすことができる	R○. 2. 11 ～ R○. 4. 30	・手先や足の運動、体操への参加		本人		随時	R○. 2. 11 ～ R○. 4. 30
					・移動、移乗、歩行、起き上がりの補助	○	福祉用具貸与	P事業所	毎日	
					・着替え、整容の介助	○	訪問介護	H訪問介護事業所	週14回	
					・リハビリの実施	医	訪問看護	R訪問看護ステーション	週1回	
						○	通所リハビリテーション	K介護老人保健施設	週2回	
					・日中の移動支援、コール対応		住宅サービス	Aホーム	随時	
					・入浴の介助	○	訪問介護	H訪問介護事業所	週2回	

訪問看護は医療保険で対応します

※1「保険給付の対象となるかどうかの区分」について、保険給付対象内サービスについては○印を付す。
※2「当該サービス提供を行う事業所」について記入する。

第2表

居宅サービス計画書(2)

作成年月日　令和○年2月4日

利用者名　朝日　紀一郎　殿

生活全般の解決すべき課題(ニーズ)	目標				援助内容					
	長期目標	(期間)	短期目標	(期間)	サービス内容	※1	サービス種別	※2	頻度	期間
2 排泄の不安を減らしたい	2a トイレを気にせず過ごすことができる	R○.2.11 〜 R○.7.31	2a1 行きたいときにトイレに行くことができる	R○.2.11 〜 R○.4.30	・腹部のマッサージを試す ・日中の活動量を増やす		本人		随時	R○.2.11 〜 R○.4.30
					・排泄管理、バルーンカテーテルの管理	医	訪問看護	R訪問看護ステーション	週1回	
					・排尿の始末 ・浣腸(市販薬)		住宅サービス	Aホーム	1日2回 随時	
					・移動、移乗の補助	○	福祉用具貸与	P事業所	毎日	
					・排泄動作の介助		住宅サービス	Aホーム	随時	
					・移動、移乗、排泄動作のリハビリと評価	○	通所リハビリテーション	K介護老人保健施設	週2回	
						医	訪問看護	R訪問看護ステーション	週1回	
3 食事をおいしく食べたい	3a 毎日の食事をおいしく食べることができる	R○.2.11 〜 R○.7.31	3a1 好きなメニューを楽しむことができる	R○.2.11 〜 R○.4.30	・食前体操に参加する		本人		毎食前	R○.2.11 〜 R○.4.30
					・嚥下のリハビリ、嚥下機能評価	医	訪問看護	R訪問看護ステーション	週1回	
					・歯の治療 ・嚥下評価、食形態の評価	○	訪問歯科 居宅療養管理指導	C歯科医院	月2回	
					・食事の提供、見守り		住宅サービス	Aホーム	1日2回	
					・歯みがきの準備、後片づけ	○	訪問介護	H訪問介護事業所	週14回	
							住宅サービス	Aホーム	毎日	

独自のサービスで可能な対応を把握し、位置づけました

※1「保険給付の対象となるかどうかの区分」について、保険給付対象内サービスについては○印を付す。
※2「当該サービス提供を行う事業所」について記入する。

第2表

居宅サービス計画書（2）

作成年月日　令和○年2月4日

利用者名　朝日　紀一郎　殿

生活全般の解決すべき課題（ニーズ）	目標				援助内容					
	長期目標	（期間）	短期目標	（期間）	サービス内容	※1	サービス種別	※2	頻度	期間
4 新たな環境で居心地よく過ごしたい	4a 会話を楽しむことができる	R○. 2. 11 ～ R○. 7. 31	4a1 自分の思いを遠慮なく伝えることができる	R○. 2. 11 ～ R○. 4. 30	・日常生活の不便を身近な人に伝える		本人		随時	R○. 2. 11 ～ R○. 4. 30
					・発話のリハビリ	医	訪問看護	R訪問看護ステーション	週1回	
					・他者との会話の支援		住宅サービス	Aホーム	随時	
						○	通所リハビリテーション	K介護老人保健施設	週2回	
	4b 快適に過ごすことができる	R○. 2. 11 ～ R○. 7. 31	4b1 部屋の整理整頓ができる	R○. 2. 11 ～ R○. 4. 30	・ベッド上の整頓		本人		週2回	R○. 2. 11 ～ R○. 4. 30
					・洗濯、片づけ		家族	長女	週1回	
					・居室内の掃除	○	訪問介護	H訪問介護事業所	週2回	

※1「保険給付の対象となるかどうかの区分」について、保険給付対象内サービスについては○印を付す。
※2「当該サービス提供を行う事業所」について記入する。

第3表

週間サービス計画表

作成年月日　令和◯年２月４日

利用者名　朝日　紀一郎　殿

令和◯年２月分より

区分	時刻	月	火	水	木	金	土	日	主な日常生活上の活動
深夜	4：00								
		見守りサービス	見守りサービス	見守りサービス	見守りサービス	見守りサービス	見守りサービス	見守りサービス	
早朝	6：00								起床(尿の廃棄)
									洗面、居室内で軽食(お菓子)
午前	8：00								服薬
		訪問介護	訪問介護	訪問介護	訪問介護	訪問介護	訪問介護	訪問介護	更衣、ひげ剃り、歯みがき、掃除(月・木)
	10：00								体操
				訪問看護(医)					
午後	12：00								口腔体操・食事
									歯みがき
	14：00	訪問看護(医)(リハビリ)	通所リハビリ			通所リハビリ			
			通所リハビリ		訪問介護(入浴)	通所リハビリ	訪問看護(医)(リハビリ)	訪問介護(入浴)	
	16：00								(尿の廃棄)
夜間	18：00								口腔体操・食事
		訪問介護	訪問介護	訪問介護	訪問介護	訪問介護	訪問介護	訪問介護	更衣、歯みがき
	20：00	見守りサービス	見守りサービス	見守りサービス	見守りサービス	見守りサービス	見守りサービス	見守りサービス	服薬
									就寝
深夜	22：00								
		見守りサービス	見守りサービス	見守りサービス	見守りサービス	見守りサービス	見守りサービス	見守りサービス	
	24：00								
		見守りサービス	見守りサービス	見守りサービス	見守りサービス	見守りサービス	見守りサービス	見守りサービス	
	2：00								
		見守りサービス	見守りサービス	見守りサービス	見守りサービス	見守りサービス	見守りサービス	見守りサービス	
	4：00								

午前中に排便を済ませるため、活動は午後を中心にして、午前中は居室で過ごせるようにしています

医療保険で対応します（→ 月・水・土の訪問看護(医)）

週単位以外のサービス	居宅療養管理指導(訪問診療：第２、第４木曜、訪問歯科：第１、第３水曜)、緊急時訪問看護、福祉用具貸与(特殊寝台・特殊寝台付属品・車いす・車いす付属品・手すり) 長女の訪問(主に土曜日)、住宅サービス：ごみ収集(毎日)・リネン交換サービス(水曜)・買い物代行サービス・健康観察・服薬管理

第5表

居宅介護支援経過（抜粋）

作成年月日　令和○年２月11日

利用者名　朝日　紀一郎　殿

居宅サービス計画作成者氏名　W

年月日	内容
R○. 2. 11（月） 14:00 ～ 居室訪問 本人、長女と面談	昨日の昼前に入居した。長女は夕方までいてくれた。今日も来ているので昨日今日で困ったことはなく、建物の中の移動は手伝ってもらっている。手すりの位置は問題ない。今後の予定について本人・長女と確認する。通所リハビリテーションは19日より開始予定。（W）
R○. 2. 14（木） 10:00 ～ 居室訪問 初回訪問診療同席	指導内容：転倒に注意。排泄の状況、睡眠状態の確認をすること。（W）
R○. 2. 19（火） 電話受信 R訪問看護ステーションS氏	起床後はお菓子や菓子パンを食べている。パンはのどに詰まりやすいので気をつけるように本人へ伝えた。リハビリがない日もベッド上や車いす上でできるリハビリを伝えた。排便は午前中に行う習慣になっているので、出ないと市販の浣腸をしてもらっている。もう少し様子をみて下剤についても医師に相談してみる、とのこと。（W）
R○. 2. 20（水） 14:00 ～ 居室訪問 本人と面談しモニタリング	「１週間の予定をすべて利用した。通所リハビリは少し緊張したが、特に問題はなかったように思う。まだ１回目なので大したことは行わなかったが、みんな一生懸命なので自分も頑張って続けてみたいと思う」と話す。 詳細はモニタリングシート参照。（W）
R○. 2. 22（金） 電話発信 AホームG氏へ状況確認	食事以外は部屋で過ごしていることが多い。食堂で自分から話しかける様子はあまりみられない。（W）
R○. 2. 27（水） 17:00 ～	Aホーム相談室にてリハビリ会議に出席する。別紙参照。（W）
17:20 ～ 居室訪問 本人と面談しモニタリング	「自宅にいるときとは異なり、歯みがきや着替えも毎日できている。ヘルパーは忙しそうだが、ちゃんと仕事をしてくれている。座ってできるリハビリを教えてもらっているので、部屋でやるようにしている。自宅では妹やヘルパーがいる間に排便できるように必死だったが、今はコールで呼べると思うと安心できる。おなかのマッサージは忘れて

年月日	内容
	しまう」と話す。 詳細はモニタリングシート参照。（W）
R○. 3. 8（金） 電話発信 長女	父からは特に問題ないと聞いています。もともと週末は実家に行っていたので、特に面会には負担はないです。今後仕事や具合が悪いときなど、急遽洗濯をお願いすることはできますか？　とのこと。（W）
R○. 3. 11（木） 17:00 ～	Aホーム相談室にてリハビリ会議に出席する。別紙参照。（W）
R○. 3. 21（木） 14:00 ～ 居室訪問 本人と面談しモニタリング	訪問すると食堂で過ごしている。AホームG氏より、最近は食堂で過ごすことも増えている。先日ひなまつりの行事に参加していただき楽しんでもらえたようだ、と聞き取る。車いすを操作し居室へ移動、面談する。歩けなくなったら寝たきりになってしまうので、リハビリがないときも体操に参加したりしている。 詳細はモニタリングシート参照。（W）
R○. 4. 23（火） 14:00 ～	K介護老人保健施設にてリハビリ会議に出席する。別紙参照。 身体状況に大きな変化はないが、最近食事を残すことがある。体重の変化はなし。（W）
R○. 4. 24（水） 15:00 ～ 居室訪問 本人と面談しモニタリング	お菓子を食べることが増えている。本人より、「食べていると疲れてきてしまうんだよ。ここや、サービスには慣れた。職員と話をするのは気分転換にもなるし楽しみにしているが、ここに入っている人とは、あんまりしゃべらないなぁ。食後に食堂に残るのは女性ばかりだからね」とのこと。 症状は１日１日違うと感じる。人がいるときには部屋の手すりを使い歩くようにしているが、できれば１日に何度か決めて歩きたい、と希望がある。また、入浴についても、暖かくなったら、もう１回くらい入れるといい、とのこと。 詳細はモニタリングシート参照。再アセスメントを実施する。（W）
	以下略

※モニタリングシート、再アセスメントシートなどは本書では割愛しています。

1 居宅⑦

評価表

利用者名　朝日　紀一郎　殿

作成日　令和○年４月25日

短期目標	（期間）	援助内容			結果 ※２	コメント （効果が認められたもの/見直しを要するもの）
		サービス内容	サービス種別	※１		
1a1 病気や病状について相談できる	R○. 2. 11 ～ R○. 4. 30	・診察、療養生活の指導、助言 ・緊急時の対応	訪問診療 居宅療養管理指導	Bクリニック	○	計画どおりサービスを実施する。服薬も確実に実施できている。進行性の疾患のため、今後も病状や本人の気持ちの変化に注意が必要。 目標を継続する。
		・健康観察、薬の管理、服薬補助	住宅サービス	Aホーム	○	
		・病状の観察、療養生活の相談 ・緊急時の対応	訪問看護	R訪問看護ステーション	○	
		・夜間の安否確認	住宅サービス	Aホーム	○	
1a2 転ばずに日中の活動の機会を増やすことができる	R○. 2. 11 ～ R○. 4. 30	・手先や足の運動、体操への参加	本人		○	転倒はない。週１回の長女の訪問時や部屋にスタッフがいるときは、手すりを伝い歩くことができている。着替えや整容は準備と補助程度で自力で行うことができている。歩行、入浴の機会を増やしたい意向があり、サービス調整が必要。 目標を継続する。
		・移動、移乗、歩行、起き上がりの補助	福祉用具貸与	P事業所	○	
		・着替え、整容の介助	訪問介護	H訪問介護事業所	○	
		・リハビリの実施	訪問看護	R訪問看護ステーション	△	
			通所リハビリテーション	K介護老人保健施設	△	
		・日中の移動支援、コール対応	住宅サービス	Aホーム	△	
		・入浴の介助	訪問介護	H訪問介護事業所	△	
2a1 行きたいときにトイレに行くことができる	R○. 2. 11 ～ R○. 4. 30	・腹部のマッサージを試す ・日中の活動量を増やす	本人		○	トイレへの移動は車いすを使用することが多い。移乗動作、片手でのズボンの上げ下げは不安定。スタッフが常駐していることで、排泄ができる時間の制限がなく不安は軽減されている。 目標を継続する。
		・排泄管理、バルーンカテーテルの管理	訪問看護	R訪問看護ステーション	○	
		・排尿の始末 ・浣腸（市販薬）	住宅サービス	Aホーム	○	
		・移動、移乗の補助	福祉用具貸与	P事業所	○	
		・排泄動作の介助	住宅サービス	Aホーム	◎	
		・移動、移乗、排泄動作のリハビリと評価	通所リハビリテーション	K介護老人保健施設	△	
			訪問看護	R訪問看護ステーション	△	

※１「当該サービスを行う事業所」について記入する。※２　短期目標の実現度合いを５段階で記入する（◎：短期目標は予想を上回って達せられた、○：短期目標は達せられた（再度アセスメントして新たに短期目標を設定する）、△：短期目標は達成可能だが期間延長を要する、×１：短期目標の達成は困難であり見直しを要する、×２：短期目標だけでなく長期目標の達成も困難であり見直しを要する）

評価表

利用者名　朝日　紀一郎　殿　　　　作成日　令和○年４月25日

短期目標	（期間）	援助内容			結果	コメント
		サービス内容	サービス種別	※１	※２	（効果が認められたもの/見直しを要するもの）
3a1 好きなメニューを楽しむことができる	R○. 2. 11 ～ R○. 4. 30	・食前体操に参加する	本人		○	常食摂取。病状の進行によって嚥下状態が悪化する可能性がある。今後も見守りが必要。もともと１日２食で、そのほかは菓子類を食べていたが、最近は菓子の量が増え、食事量の減少がみられる。食事動作への疲労の訴えがあり、食事動作に対するリハビリと食形態や食器類の検討が必要。虫歯は治療中。 目標を継続する。
		・嚥下のリハビリ、嚥下機能評価	訪問看護	R訪問看護ステーション	○	
		・歯の治療 ・嚥下評価、食形態の評価	訪問歯科 居宅療養管理指導	C歯科医院	△	
		・食事の提供、見守り	住宅サービス	Aホーム	△	
		・歯みがきの準備、後片づけ	訪問介護	H訪問介護事業所	○	
			住宅サービス	Aホーム	○	
4a1 自分の思いを遠慮なく伝えることができる	R○. 2. 11 ～ R○. 4. 30	・日常生活の不便を身近な人に伝える	本人		○	入居者とはあいさつ程度で、スタッフが声をかけることが多い。リハビリは意欲的に参加できている。今後も発話を促す声かけの継続とともに、生活に対する要望や体調についてしっかり聞き取りができるよう支援が必要。 目標を継続する。
		・発話のリハビリ	訪問看護	R訪問看護ステーション	○	
		・他者との会話の支援	住宅サービス	Aホーム	△	
			通所リハビリテーション	K介護老人保健施設	△	
4b1 部屋の整理整頓ができる	R○. 2. 11 ～ R○. 4. 30	・ベッド上の整頓	本人		○	週２回、ヘルパーが居室を清掃するときに、本人もベッドの上や書類の整理をしている。洗濯を担っている長女が訪問の際にも片づけを行っており、居室内は整頓されている。 目標を継続する。
		・洗濯、片づけ	家族	長女	○	
		・居室内の掃除	訪問介護	H訪問介護事業所	○	

※１「当該サービスを行う事業所」について記入する。※２　短期目標の実現度合いを５段階で記入する（◎：短期目標は予想を上回って達せられた、○：短期目標は達せられた（再度アセスメントして新たに短期目標を設定する）、△：短期目標は達成可能だが期間延長を要する、×１：短期目標の達成は困難であり見直しを要する、×２：短期目標だけでなく長期目標の達成も困難であり見直しを要する）

5 まとめ

多系統萎縮症（オリーブ橋小脳萎縮症）と診断され、妹や姪、長女の支援を受け自宅で一人暮らしをしてきたが、妹の夫の体調不良により、サービス付き高齢者向け住宅への入居に至った事例である。

親族関係は良好だったものの、長時間の見守りのような支援を受けることは難しく、転居前の自宅では、介護者やサービス不在のときには、転倒事故への不安から自由に移動等ができず、見守りや準備があればできることも制限しながら暮らしていた。

サービス付き高齢者向け住宅への転居により、本人の状況にあわせた医療と介護保険サービスの提供に加え、住宅独自のサービス（見守りなど）により、時間の制約の少ない柔軟な対応ができるようになった。これにより、転倒や排泄の失敗等の不安が減少し、歩行や入浴の機会を増やしたいとの意欲につながっていった。

併せて、嚥下機能の低下が進行したことによる飲み込みの悪化などから、お菓子の摂取が増え、食事量が落ちてきている。進行性の難病のため、病状の進行にあわせた支援とともに、今後の医療機器の選択などに戸惑う本人への支援も必要になっている。

支援開始当初は、進行性の難病による命の危険性、転居に伴うリロケーションダメージ、高齢になってからの集団生活への適応、キーパーソンの変更に伴う本人と長女の負担への支援などのため、新しい環境でサービスが問題なく利用できることを最優先とした。

これからは、今まで以上に本人に寄り添い、「したいこと」「したくないこと」を確認し、またその内容に変化はないか、病状変化の早期発見のために本人と周囲がどのようなことに注意していく必要があるのかなどについて、しっかりと共有して情報をつないでいきたいと考えている。

1 居宅 8 認知機能の低下が進む本人と、要支援状態の妻との二人暮らしへの支援～「何でもできる」を本人の強みとしてとらえる～

1 事例の概要

氏　　名：田村　修二（男性）
年　　齢：83 歳
要介護度：要介護 3
家族構成：妻（89 歳）と二人暮らし。子どもはいない。
妻は両膝など身体に痛みがあり、家事を行うことに支障が生じたため、要支援 2 の認定を受けたが、サービスは利用していない。
甥が隣市に住んでおり、頻繁に様子をみに来てくれている。

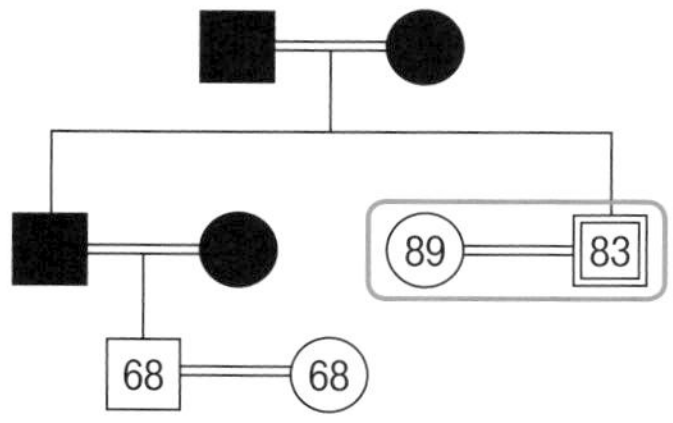

生活歴

地元の高校を卒業後、県内の製鉄会社の関連工場に就職し、60 歳の定年まで勤務する。退職後も嘱託社員として 65 歳まで働く。長年、夫婦で寄り添いながら生活してきており、令和〇－ 1 年 2 月に結婚 50 周年を迎えた。夫婦の仲は非常によい。本人は手先が器用であり、木の実や木片で飾り物をつくることが趣味であったが、80 歳を超えてからはつくらなくなった。

主な病名と経過

66 歳　高血圧症

市の健診をきっかけに高血圧症と診断され、1 年ほど通院したが、自覚症状がなかったため、薬を飲まなくなり、通院自体もやめてしまった。以後、長年にわたり定期受診はしていなかった。

令和〇－ 1 年 6 月（82 歳）　アルツハイマー型認知症

要介護認定における主治医意見書作成のため受診した際に、認知症の診断を受け、アリセプト内服を開始する（令和〇－ 1 年 3 月、認知機能の低下のため、オートバイの運転免許の更新ができなかった。心配した妻が市役所に相談し、要介護認定の申請に至った）。

2 介護支援専門員からみた事例の特徴

本人の生活機能の維持と、妻の介護負担軽減という両面からの支援が必要である。夫婦の結びつきが強く、互いに寄り添いながら長年二人きりで暮らしてきたが、外出の機会がなくなったことで、狭い家で常に顔を突き合わせるようになり、双方にとって自分の時間をもつことや息抜きが必要になっている。

また本人は「自分のことは自分でできる」と話し、生活に対して不自由さを感じていないが、加齢等により今までのような動きができなくなってきている妻の負担が増えている。本人の現状と現状認識の差（ギャップ）を本人が埋めることができるよう、支援していくことが重要であると考える。そのためにも、本人の現状認識と自立に対する意識を強み（ストレングス）ととらえ、支援の方針を考える必要がある。

3 アセスメント

基本情報に関する項目　　令和○年６月22日（自宅）

標準項目名	項目の主な内容	
① 基本情報	初回受付日	令和○－１年５月29日
	受付者	介護支援専門員　Ｈ
	氏名（性別） 生年月日（年齢）	田村　修二（男性） 昭和○○年○○月○○日（83歳）
	住所	○○県○○市○○
	その他	甥の携帯：○○○－○○○○－○○○○
② 生活状況	生活歴	地元の高校を卒業後、県内の製鉄会社の関連工場に就職し、65歳まで働いた。長年、夫婦で寄り添いながら生活してきた。 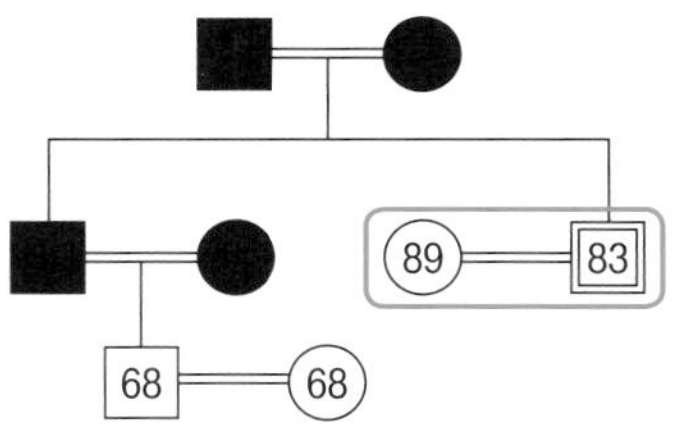
	家族状況	妻（89歳）と二人暮らし。子どもはいない。甥が隣市に住んでいる。妻は要支援２（認定日：令和○－１年11月23日）の認定を受けている。両膝など身体に痛みがあり、家事を行うことに支障が生じたため、要支援２の認定を受けたが、サービスは利用していない。
③ 利用者の被保険者情報	介護保険（要介護３） 厚生年金（11万円／月） 後期高齢者医療制度	
④ 現在利用しているサービスの状況	通所介護：週２回（火・土） （令和○－１年７月～）	
⑤ 障害高齢者の日常生活自立度	Ａ１	
⑥ 認知症である高齢者の日常生活自立度	Ⅱｂ	
⑦ 主訴	初回相談者等	妻
	相談内容	令和○－１年３月、認知機能の低下のため、オートバイの運転免許の更新ができなかった。心配した妻が市役所に相談し、要介護認定の申請に至った。サービスの利用を開始する。 妻は最近めまいの症状が出はじめ、夫の介護について不安が大きくなっている。妻は医師から入院での精密検査も勧められており、自分がいないときの夫の世話について、甥も手伝ってはくれるが、頼ってばかりいられず、どのようにすればよいのかわからず困っている。
	本人・家族の要望	本人：大丈夫。自分で身の回りのことやデイサービスの支度はできるので、心配しなくてよい。一人でも過ごせる。自分より妻のほうが高齢であり、妻の体調が心配。 甥：仕事もしておらず、時間があるので、できるだけ叔父夫婦の世話はしていきたいと思っている。叔母が入院となれば、短期間であれば自宅に叔父を引き取ってもよいと考えている。

⑧ **認定情報**	要介護３ 認定の有効期間：令和○年７月１日～令和○＋２年６月30日 介護認定審査会の意見：特になし。	
⑨ **課題分析（アセスメント）理由**	**更新認定** （令和○年６月22日）	更新認定に伴う再アセスメント。 自宅にて、妻、甥同席のもと聞き取りを行う。

課題分析（アセスメント）に関する項目　　令和○年６月 22 日（自宅）

標準項目名	項目の主な内容	
⑩ **健康状態**	**病名**	令和○－１年６月（82歳）　アルツハイマー型認知症
	既往・病歴等	66歳　高血圧症 市の健診をきっかけに高血圧症と診断され、１年ほど通院したが、自覚症状がなかったため、薬を飲まなくなり、通院自体もやめてしまった。以後、長年にわたり定期受診はしていなかった。令和○－１年６月の要介護認定の申請を受け、受診を再開。それに伴い服薬も開始された。2a1 降圧剤：アダラート20mg　朝１錠 認知症治療薬：アリセプト５mg　朝１錠
	主治医	○○クリニック○○医師
⑪ **ADL**	寝返り：自立。布団で寝起きしている。布団は押入にはしまわず、たたんで部屋の隅に片づけている。 起き上がり：自立。 立ち上がり：周囲のテーブルやタンス等につかまって立ち上がる。自宅内の段差も左右につかまって昇降している。つかみ損ねて、バランスを崩すことが増えている。3a2 座位：自立。自宅では畳の生活でいすがない。 歩行：昨年の秋から腰痛が悪化し、一層腰が曲がりはじめているようで、前傾姿勢でバランスが悪い。転倒も月に１回程度発生している。3a2 着衣：何を着てよいかわからないので、妻が用意する。着脱動作はほとんど自分で行うが、左右逆に着ることや服の上に服を着てしまうことがあるため、その都度妻が声かけしながら直している。 入浴：洗身は身体の前面や手足は自分で洗うが、その他の部位は声かけが必要である。2a3 食事：自立。普通食。 排泄：失禁により下着を汚すことや便器の周囲を汚すことがあるため、その都度下着の交換の介助や掃除が必要になる。2a2	
⑫ **IADL**	調理：妻は長く立っていられないため、甥が買ってきてくれる食材から献立を考え、本人に調理の指示をしている。本人は若い頃から調理を行っていたので動作は問題ないが、手順がわからなくなるため、妻の指示が必要。電子レンジはない。1a1 掃除：妻の声かけや指示により、本人がほうきで掃除を行う。1a1 洗濯：洗濯機はなく、妻が手洗いしている。妻の声かけや指示により、本人が洗濯物を干したり取り込んだりしている。1a1 買い物：妻が甥に電話で頼み、買い物を代行してもらっている。 金銭管理：妻が管理しており、本人は少額の小遣い程度を持っているが、使う機会がない。使っていないはずであるが、少しずつお金が減っている（なくしてしまうようである）。 服薬管理：妻が管理している。妻が声をかけ袋を開けて手渡している。飲み忘れがないか確認もしている。薬を見つけると時間外でも飲んでしまうため、管理が必要である。2a1	

⑬ **認知**	本人は自分のことは自分でできると話すが、実際はできず、妻の声かけや指示を受けて生活している。家電製品は長年使い慣れたものでなければ使うことができない。 1a1 3a1
⑭ **コミュニケーション能力**	難聴が進んできている様子で、対面にて大声で話しかける必要がある。聞こえているようでも何度も聞き返すことがあり、質問の意味がわからないこともある様子である。 3a1
⑮ **社会との関わり**	以前はオートバイで出かけることが楽しみであったが、それができなくなり外出がほとんどなくなった。本人は婿であり、地域の行事には妻が参加していたことから、地域とのつながりがなく、退職後は仕事上のつながりもなくなり、妻と二人きりの生活であった。 3a1 近所に住む高齢夫婦の暮らしを心配しており、様子を介護支援専門員に話してくれる。
⑯ **排尿・排便**	トイレまで間に合わず失禁となることや、便座に座るまでの間に排泄してしまい、下着や便器の周囲を汚してしまう。紙パンツの使用については今のところ拒否している。 2a2
⑰ **じょく瘡・皮膚の問題**	問題なし。
⑱ **口腔衛生**	総義歯。自発的には行わないため、妻がそばについて、声かけや指示を行っている。洗面・整髪についても同様である。
⑲ **食事摂取**	配膳されたものは自分で食べる。食事時間以外の水分摂取については、妻が声をかけなければ飲まない。 身長152cm、体重51kg(BMI：22.1)。
⑳ **問題行動**	認知症の症状による問題行動はなく、基本的に穏やかに生活している。1年ほど前は、免許の更新ができなかったことを十分理解できずにオートバイで出かけようとすることがたびたびあったが、甥がオートバイを処分してからはなくなった。
㉑ **介護力**	妻の声かけや指示によって日常生活動作を行っているが、妻の体調不良により、今までのようにはできなくなっている。甥は協力的である。 1a1 2a1
㉒ **居住環境**	家は築50年を超えた建物で老朽化している。もともと粗末な造りで全体的に狭い。家電も必要最低限しかなく、今までは多くの家事を人力でこなしていた。 スーパーマーケットまでは徒歩30分以上かかる。夫婦ともに徒歩での買い物はできないため、甥の支援を受けている。 【自宅の見取図】 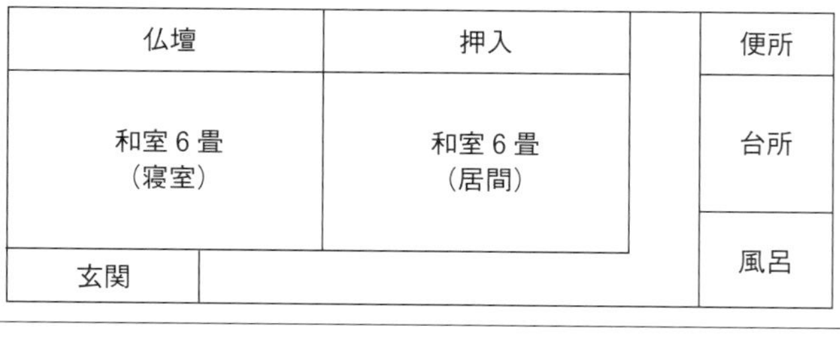
㉓ **特別な状況**	本人は自分より年上である妻の体調を心配している。以前から家事は協力して行っていたため(実際は一人ではできないことが大部分ではあるが)、「妻を支えなければならない」という思いは強い。 1a1

4 アセスメントのまとめ（情報収集と分析）

総括

・妻（89歳、要支援2）と二人暮らしの男性（83歳）の事例である。アルツハイマー型認知症の診断を受け、日常生活動作全般に見守りや指示が必要となっている。介護者である妻の体調不良により、本人ができることを確認したうえで、今後の在宅生活に対する支援を再検討する必要が生じている。

→本人の「何でもできる」という考えを強みとして、家での役割を継続できるよう支援を行う。できていることを維持する方針とする。また、妻の介護負担軽減も視野に入れていく。

身体面

・ADLは一部介助。本人は「身の回りのことは自分でできる」「自分でやっている」「一人で大丈夫である」と話す。しかし、身体の動きという点では自力で動くことはできるが、妻の声かけや指示がないと実行することができなくなっている。

→本人のできることがどの程度であるか十分把握できていないため、妻の声かけや指示の範囲も含めて、介護支援専門員やサービス事業者で見極めを行いながら支援していく。

精神面・社会面

・退職後は、妻以外との交流はなく、一人で黙々と家のことを行い生活していた（妻は地域のボランティア活動に参加するなど積極的に出かけていた）。

・以前はオートバイで出かけることが楽しみであったが、認知機能の低下のため免許を返納した後は、それができなくなり外出がほとんどなくなった。

・人から話しかけられても短い返事のみの場合がほとんどで、自分から話をすることはほとんどない。最近は話しかけられたことが理解できなくなっていることも、言葉数が少なくなっている一因であると考えられる。

・時間の感覚が曖昧になってきており、寝起きする時間や日中に行動する時間が妻とずれることもしばしばある。

→初回のケアプランのモニタリングにおいて、草鞋《わらじ》づくりが得意であり、通所介護へ行くことを毎回楽しみにしていることがわかったため、草鞋づくりを目標達成の手段として活用する。

環境面

・今までは本人が自分で判断できなかった部分を、その都度妻が声をかけたり、指示を行うことで家事や身の回りのことを行っていたが、妻は最近めまいが頻繁に起こるようになったため横になっている時間が長くなり、支障が生じている。

・甥は支援に協力的であるが、本人の自立の意識が強く、積極的には甥の支援を受け入れようとしない。

→高齢の妻と二人暮らしであり、甥以外の親戚もいないため、サービスの利用によりすべてを補うのではなく、今後の生活のためにも甥とのかかわりを強化していく必要がある。

利用者名　田村　修二　殿

課題整理総括表

作成日　令和○年６月24日

自立した日常生活の阻害要因（心身の状態、環境等）	①自分から行動できない	②手順がわからなくなってしまう	③時間の感覚が曖昧になっている
	④二人暮らしで妻以外に介護者がいない	⑤妻の体調不良	⑥腰が曲がり腰痛がある

利用者及び家族の生活に対する意向	本人：家のことは自分でやっているし、これからも続けていきたい。 妻：最近自分の体調が不安定で、今後のことが心配。

状況の事実※1		現在※2	要因※3	改善/維持の可能性※4	備考（状況・支援内容等）
移動	室内移動	**自立**　見守り　一部介助　全介助		改善　維持　悪化	・腰痛により、前傾姿勢でバランスが悪い。転倒も月に１回程度発生している。
	屋外移動	自立　**見守り**　一部介助　全介助	⑥	**改善**　維持　悪化	
食事	食事内容	**支障なし**　支障あり		改善　維持　悪化	・妻が、甥が買ってきてくれる食材から献立を考え、夫に調理の指示をしている。
	食事摂取	**自立**　見守り　一部介助　全介助		改善　維持　悪化	・若い頃から調理を行っていたので動作は問題ないが、手順がわからなくなるため、妻の指示が必要。
	調理	自立　見守り　**一部介助**　全介助	②④	改善　**維持**　悪化	
排泄	排尿・排便	支障なし　**支障あり**	③	改善　**維持**　悪化	・失禁により下着を汚すことや便器の周囲を汚すことがある。
	排泄動作	自立　見守り　**一部介助**　全介助	①②	**改善**　維持　悪化	
口腔	口腔衛生	**支障なし**　支障あり		改善　維持　悪化	・自主的に歯みがきは行わないため、妻が毎朝隣について声かけしている。洗面などの身支度も同様。
	口腔ケア	自立　**見守り**　一部介助　全介助	①②	改善　**維持**　悪化	
服薬		自立　見守り　**一部介助**　全介助	③	改善　**維持**　悪化	・服薬は妻が声をかけ袋を開けて手渡している。飲み忘れがないか確認もしている。
入浴		自立　**見守り**　一部介助　全介助	①②	改善　**維持**　悪化	・洗身は身体の前面や手足は自分で洗うが、その他の部位は声かけが必要。
更衣		自立　**見守り**　一部介助　全介助	①②	改善　**維持**　悪化	・何を着てよいかわからないので、妻が用意する。着脱動作はほとんど自分で行うが、その都度妻が声かけしながら直している。
掃除		自立　**見守り**　一部介助　全介助	②④	改善　**維持**　悪化	・掃除は妻が声かけや指示を行っている。
洗濯		自立　**見守り**　一部介助　全介助	②④	改善　**維持**　悪化	・洗濯機はなく、妻が手洗いしている。妻の声かけや指示により、本人が洗濯物を干したり取り込んだりしている。
整理・物品の管理		自立　**見守り**　一部介助　全介助	②④	改善　**維持**　悪化	・整理等は自分から気づいて行うことはなく、妻が声かけや指示を行っている。
金銭管理		自立　見守り　**一部介助**　全介助	①④	改善　**維持**　悪化	・妻が管理しており、少額の小遣い程度を持っているが、使う機会がない。
買物		自立　見守り　一部介助　**全介助**	②④	改善　**維持**　悪化	・妻が甥に電話で頼み、買い物を代行してもらっている。
コミュニケーション能力		支障なし　**支障あり**	①②③	改善　**維持**　悪化	・難聴が進んできている様子で、聞こえているようでも何度も聞き返すことがある。質問の意味がわからないこともある。
認知		支障なし　**支障あり**	①②③	改善　**維持**　悪化	・本人は自分のことは自分でできると話すが、実際はできず、妻の声かけや指示を受けて生活している。認知症の症状による問題行動はなく、穏やかに生活している。
社会との関わり		支障なし　**支障あり**	④⑤	**改善**　維持　悪化	・若い頃から仕事以外では、社会とのかかわりはほとんどない。妻と二人きりの生活であった。今は通所介護に行くことが楽しみとなっており、外出の場ととらえている。
褥瘡・皮膚の問題		**支障なし**　支障あり		改善　維持　悪化	
行動・心理症状（BPSD）		**支障なし**　支障あり		改善　維持　悪化	
介護力（家族関係含む）		支障なし　**支障あり**	④⑤	改善　**維持**　悪化	・妻の体調不良により、今までのようには介護ができなくなっている。
居住環境		**支障なし**　支障あり		改善　維持　悪化	
				改善　維持　悪化	

見通し※5	生活全般の解決すべき課題（ニーズ）【案】	※6
【心身機能・身体構造】 ・薬の飲み忘れを防ぎ、転倒によるけがなどがなければ、自力動作の維持は可能であると考える。	妻を助けながら、住み慣れた自宅で生活を続けたい。	1
【活動】 ・自分でやっているということが、自分の“家での役割”を果たすということにつながっている。自分で行えることを減らさないようにする。	高齢になっても自分の身の回りのことは自分で行い、自立していたい。	2
【参加】 ・通所介護を外出先ととらえていることから、妻以外と交流できるという点において、社会参加の場として、通所介護を楽しみにしている。	定期的に外出し、妻以外の人と話をしたり、自宅以外で活動したい。	3
【環境】 ・本人にとって妻の体調不良は非常に心配なことであり、妻の不在時に本人を支える介護が必要となっている。 ・外出の機会がなくなったことで、常に妻と顔を突き合わせるようになり、自分の時間をもつことや息抜きが必要になっている。		

「判断力の低下」「実行機能障害」「時間の失見当識」などの一般的な表現ではなく、個別の課題を導きやすく、また、ケアチームが理解しやすいよう、本人の具体的な状態で記載します

※１～※６の詳細については、p.11～p.13を参照のこと。

第1表

居宅サービス計画書（1）

作成年月日　令和○年６月25日

初回・紹介・継続　　認定済・申請中

利用者名　田村　修二　殿　　生年月日　昭和○○年○○月○○日（83歳）　　住所　○○県○○市○○

居宅サービス計画作成者氏名　H

居宅介護支援事業者・事業所名及び所在地　○○ケアプランセンター　○○県○○市○○

居宅サービス計画作成（変更）日　令和○年　6月　25日　　初回居宅サービス計画作成日　令和○－1年　6月　28日

認定日　令和○年　6月　20日　　認定の有効期間　令和○年　7月　1日　～　令和○＋2年　6月　30日

要介護状態区分	要介護1　・　要介護2　・　要介護3　・　要介護4　・　要介護5
利用者及び家族の生活に対する意向を踏まえた課題分析の結果	本人：自分のことは大丈夫であるが、妻のことが心配。これからも住み慣れたこの家で妻と協力して暮らしていきたい。 また、オートバイに乗れなくなり出かけることができなくなったので、出かける場所がほしい。 妻：私がいないと夫は何もできないので心配。最近は自分の体調が悪い日も出てきているため、私が休む時間がほしい。 甥：今後も、買い物などできることは協力したい。もう少し私の意見に耳を貸してほしい。
介護認定審査会の意見及びサービスの種類の指定	特になし。
総合的な援助の方針	①「自分でできること」を今後も維持できるよう、奥様と相談しながら支援します。 ②楽しみにしている外出をして（奥様以外の人とも会い）、ご自身が好きな活動ができるよう支援します。 緊急時連絡先：甥（○○○－○○○○－○○○○）
生活援助中心型の算定理由	1.　一人暮らし　　2.　家族等が障害、疾病等　　3.　その他（　　　）

「大丈夫」「自分のことは自分でできる」が口癖となっています。妻の声かけや指示があれば、身の回りのことや家事はできます

二人きりの生活なので、本人がサービス利用することで妻自身の時間をもつことができ、休息がとれるように支援します

リハビリテーションで動けるようになると、転倒などの事故を起こす可能性が大きくなるため、緊急時連絡先を記載します

居宅サービス計画の説明を受け、同意し、受領しました。　　年　月　日（利用者氏名）	印

第2表

居宅サービス計画書（２）

作成年月日　令和○年６月25日

初回の計画は、サービスの利用（通所介護）に本人が慣れる（なじむ）ように考えた計画でしたが、今回の計画は、在宅での自立支援に焦点をあてて考えた計画となっています

利用者名　田村　修二　殿

生活全般の解決すべき課題（ニーズ）	目標：長期目標	（期間）	短期目標	（期間）	援助内容：サービス内容	※１	サービス種別	※２	頻度	期間
1 妻を助けながら、今までと同じような生活を続けたい	1a 妻と一緒に家事ができる	R○.７.１ ～ R○+1.6.30	1a1 手順を紙に書いて貼り、それを見ながら妻と一緒に家事を行う	R○.７.１ ～ R○.12.31	・妻と相談し、家事の手順を台所に貼る		妻		随時	R○.７.１ ～ R○.12.31
						○	介護支援専門員	○○ケアプランセンター	随時	
					・妻と一緒に家事を行う		本人		毎日	
					・妻・本人ではできない家事の支援（買い物）		甥		週１日	
2 自分の身の回りのことは自分で行い、自立していたい	2a 体調を整え、身の回りのことを自分で行う	R○.７.１ ～ R○+1.6.30	2a1 体調管理のため、毎朝忘れずに薬を飲む	R○.７.１ ～ R○.12.31	・毎朝薬を用意し、声をかける		妻		毎日	R○.７.１ ～ R○.12.31
					・病気の管理、療養生活への指導・助言		主治医	○○クリニック	月１日	
					・自宅での状況を主治医に報告する	○	介護支援専門員	○○ケアプランセンター	月１日	
					・通院時の送迎		甥		月１日	
			2a2 紙パンツや尿取りパッドを利用して、交換も自分で行う	R○.７.１ ～ R○.12.31	・本人にあった紙パンツや尿取りパッドを選ぶ	○	通所介護	○○デイサービス	週３日	R○.７.１ ～ R○.12.31
					・尿取りパッドの使い方を練習する		本人		随時	
			2a3 毎日お風呂に入る	R○.７.１ ～ R○.12.31	・入浴の声かけと洗髪、背部の洗身の支援（入浴介助加算）	○	通所介護	○○デイサービス	週３日	R○.７.１ ～ R○.12.31
					・身体の前面や手足は自分で洗う		本人		毎日	
					・入浴の声かけと事故予防のための見守り		妻		週４日	

甥は送迎のみなので、介護支援専門員のモニタリング状況と、通所介護からの情報を主治医に報告します

ADLの自立について、今回の計画では排泄についてを目標とし、次の計画ではほかの動作についてを目標として、段階的に進めます

課題整理総括表で考えたニーズを本人に提案し、本人の意向とすり合わせを行ったことで、ニーズの表現が変更されています

※１「保険給付の対象となるかどうかの区分」について、保険給付対象内サービスについては○印を付す。
※２「当該サービス提供を行う事業所」について記入する。

第2表

居宅サービス計画書(2)

作成年月日　令和○年６月25日

利用者名　田村　修二　殿

生活全般の解決すべき課題(ニーズ)	目標				援助内容					
	長期目標	(期間)	短期目標	(期間)	サービス内容	※1	サービス種別	※2	頻度	期間
③ 楽しみにしている外出を続け、自宅以外でも活動したい	3a 友人・知人と作業を続けることができる	R○.7.1 ～ R○+1.6.30	3a1 バザーや文化祭に手づくりの草鞋を出品する	R○.7.1 ～ R○.12.31	・一緒に草鞋をつくる仲間の育成	○	通所介護	○○デイサービス	週3日	R○.7.1 ～ R○.12.31
					・得意な草鞋づくりを続けることができる		本人		毎日	
			3a2 転倒を防ぐために、座った姿勢での運動を毎日行う	R○.7.1 ～ R○.12.31	・自宅での運動の指導を行う(個別機能訓練加算)	○	通所介護	○○デイサービス	週3日	R○.7.1 ～ R○.12.31
					・自宅で運動メニューを行い、結果をノートに記入する		本人		週4日	

※1「保険給付の対象となるかどうかの区分」について、保険給付対象内サービスについては○印を付す。
※2「当該サービス提供を行う事業所」について記入する。

通所介護で回想法として「草鞋づくり」を取り入れています。本人は草鞋づくりが得意であり、つくったものをほしいという人が多くおり、社会に役立っていると認識しています

運動の内容は通所介護の理学療法士が決定するため、毎日取り組むことを目標としました

第3表

週間サービス計画表

作成年月日　令和○年６月25日

利用者名　田村　修二　殿

令和○年７月分より

		月	火	水	木	金	土	日	主な日常生活上の活動
深夜	4：00								5：00　起床 5：30　洗面・身じたく
早朝	6：00								6：00　朝食準備・朝食
午前	8：00								
		妻と一緒に家事を行う	妻と一緒に家事を行う	妻と一緒に家事を行う	妻と一緒に家事を行う	妻と一緒に家事を行う	妻と一緒に家事を行う	妻と一緒に家事を行う	
	10：00	運動メニュー	通所介護 ○○デイサービス	運動メニュー	通所介護 ○○デイサービス	運動メニュー	通所介護 ○○デイサービス	運動メニュー	
午後	12：00								11：00　昼食準備・昼食 12：30　昼寝(60分程度)
	14：00								草鞋づくり
	16：00								16：00　入浴準備・入浴 17：00　夕食調理・夕食
夜間	18：00								19：00　就寝
	20：00								
深夜	22：00								
	24：00								
	2：00								
	4：00								

週単位以外のサービス	甥の送迎で通院(第２月曜午後)

家事は基本的に午前中に済ますこととしています。起床時間が比較的早いので、午前中に活動し、午後はゆっくりとしたペースで過ごすスケジュールとなっています

本人が通所介護に行っている間、妻は一人になり休息をとれる時間となっています。今回の再アセスメントにより、通所介護の回数を１回増やしました

昨年からは、通所介護のレクリエーションで行っている草鞋づくりを、家でも行っています

第5表

居宅介護支援経過(抜粋)

作成年月日　令和○年12月9日

利用者名　田村　修二　殿

居宅サービス計画作成者氏名　H

年月日	内容
R○. 12. 9(月) 17:00 ～ 電話受信 甥	本日通院同行をしてきた(先月から甥が診察室に一緒に入り、医師に様子を話すようになったとのこと)。本人は迎えの時間を覚えておらず、準備に時間がかかった。 医師からは特別な指示はなく、1か月分の薬が処方された。(H)
	中略
R○. 12. 17(火) 14:00 ～ 15:00 自宅訪問 本人が通所介護利用時に妻と面接	家事や身の回りの動作について、声をかけたり指示をすれば、できることとできないことの区別がついてきた。 薬は用意すれば飲める。 入浴は、風呂を沸かしすぎることがあるため、見守りが必要である。声をかければ入浴し、見守りにて身体を自分で洗う。 紙パンツの使用についても拒否があると思っていたが、通所介護の職員が上手に話をしてくれたので、本人は素直に受け入れたようだ。自宅では尿取りパッドをごみ箱に入れず、便所に放置していることもある。 妻はめまいが頻繁に起きるようになっており、横になって過ごすことも増えたため、今後も今までの生活が続けられるかということを心配している。(H)
R○. 12. 19(木) 17:30 ～ 電話発信 ○○デイサービス生活相談員Y氏	排泄について、トイレに立つ時間を確認している。また、紙パンツや尿取りパッドの交換動作については、マンツーマンで指導している。 運動については、理学療法士との訓練では順調に身体を動かしているが、運動メニューが自宅で見あたらないという発言が本人から何度もある。 入浴は、声かけがないと自主的に身体を洗うことはないが、声かけをすれば洗身はしっかりとできている。 これまでと同様、草鞋づくりは集中して行い、会話のなかでも草鞋の話題が多い。ほかの利用者のなかに、本人との会話から、草鞋づくりに興味をもつ人が出てきている。(H)
R○. 12. 20(金) 10:00 ～ 10:40 モニタリング 自宅訪問 本人と面接	計画上の運動を行う時間に訪問したが、寝ている。「朝から動くので、どうしてもこの時間は横になってしまう。しかし、運動は必要なので、夕方の風呂に入る前に家の近くを散歩している」とのこと。帰り際に「草鞋を持っていかないか」と声をかけられた。 詳細はモニタリングシート参照。(H)
	以下略

※モニタリングシート、再アセスメントシートなどは本書では割愛しています。

評価表

利用者名　田村　修二　殿　　　　作成日　令和○年12月20日

短期目標	(期間)	援助内容 サービス内容	サービス種別	※1	結果 ※2	コメント (効果が認められたもの/見直しを要するもの)
1a1 手順を紙に書いて貼り、それを見ながら妻と一緒に家事を行う	R○. 7. 1 ～ R○. 12. 31	・妻と相談し、家事の手順を台所に貼る	妻		×1	洗濯物干しや掃き掃除については貼り紙のとおりにできたが、実施時間は本人の判断となるので一定ではない。料理については手順ごとに指示が必要である。家事もできることとできないことがみえてきたため、次の計画では家事のなかの洗濯を短期目標とし、達成感をもつことができるように設定する。
			介護支援専門員	○○ケアプランセンター	×1	
		・妻と一緒に家事を行う	本人		×1	
		・妻・本人ではできない家事の支援(買い物)	甥		○	
2a1 体調管理のため、毎朝忘れずに薬を飲む	R○. 7. 1 ～ R○. 12. 31	・毎朝薬を用意し、声をかける	妻		○	本人が服薬の必要性は理解しており、妻が手渡せばきちんと内服できている。状態も安定しているため、今後の主治医への状況報告は、通院介助を行っている甥に任せてもよいのではと考える。
		・病気の管理、療養生活への指導・助言	主治医	○○クリニック	○	
		・自宅での状況を主治医に報告する	介護支援専門員	○○ケアプランセンター	○	
		・通院時の送迎	甥		△	
2a2 紙パンツや尿取りパッドを利用して、交換も自分で行う	R○. 7. 1 ～ R○. 12. 31	・本人にあった紙パンツや尿取りパッドを選ぶ	通所介護	○○デイサービス	○	紙パンツや尿取りパッドの使用について、思っていたよりも本人の受け入れがスムーズであり、使用が定着した。通所介護にて本人にあった製品を見つけられたことがよかった。また、通所介護時に本人と交換の練習を繰り返し行えたこともよかった。 短期目標は達せられたが、同様の短期目標を再設定する。
		・尿取りパッドの使い方を練習する	本人		○	

※1「当該サービスを行う事業所」について記入する。※2　短期目標の実現度合いを5段階で記入する(◎：短期目標は予想を上回って達せられた、○：短期目標は達せられた(再度アセスメントして新たに短期目標を設定する)、△：短期目標は達成可能だが期間延長を要する、×1：短期目標の達成は困難であり見直しを要する、×2：短期目標だけでなく長期目標の達成も困難であり見直しを要する)

評価表

利用者名　田村　修二　殿

作成日　令和○年12月20日

短期目標	（期間）	援助内容			結果 ※2	コメント（効果が認められたもの/見直しを要するもの）
		サービス内容	サービス種別	※1		
2a3 毎日お風呂に入る	R○. 7. 1 ～ R○. 12. 31	・入浴の声かけと洗髪、背部の洗身の支援(入浴介助加算)	通所介護	○○デイサービス	○	自宅でも通所介護でも、声をかければ入浴を拒否することはないが、自主的には入浴しない。洗身も、声をかければ動作としては自立しているので自分でできるが、声をかけないと行わない。毎日の入浴という目標は達成されているが、継続して声かけや見守りが必要である。短期目標は達せられたが、同様の短期目標を再設定する。
		・身体の前面や手足は自分で洗う	本人		○	
		・入浴の声かけと事故予防のための見守り	妻		○	
3a1 バザーや文化祭に手づくりの草鞋を出品する	R○. 7. 1 ～ R○. 12. 31	・一緒に草鞋をつくる仲間の育成	通所介護	○○デイサービス	○	草鞋づくりについては、自宅でも通所介護でも集中して行っている。参加者のなかには、本人との会話から草鞋づくりに興味をもつ人も出てきた。今後も草鞋づくりを手段として、妻以外の人とのコミュニケーションや社会とのつながりをもてるように支援する。短期目標は達せられたが、同様の短期目標を再設定する。
		・得意な草鞋づくりを続けることができる	本人		○	
3a2 転倒を防ぐために、座った姿勢での運動を毎日行う	R○. 7. 1 ～ R○. 12. 31	・自宅での運動の指導を行う(個別機能訓練加算)	通所介護	○○デイサービス	×1	自宅では家事をこなすことがやっとであり、運動(座位での運動メニュー)は実行できなかった。本人は景色を見ながら歩くことは好きであると話していることから、散歩を運動(ウォーキング)と位置づけ、理学療法士に計画の変更をしてほしいことを相談する。
		・自宅で運動メニューを行い、結果をノートに記入する	本人		×1	

※1「当該サービスを行う事業所」について記入する。※2　短期目標の実現度合いを5段階で記入する(◎：短期目標は予想を上回って達せられた、○：短期目標は達せられた(再度アセスメントして新たに短期目標を設定する)、△：短期目標は達成可能だが期間延長を要する、×1：短期目標の達成は困難であり見直しを要する、×2：短期目標だけでなく長期目標の達成も困難であり見直しを要する)

5 まとめ

本事例では、本人は、何か尋ねると「できる」「大丈夫」と話すが、実際にはできない（指示が必要である）状態である。この差について、「できる」ということが本人の実現したいイメージ（望む姿）であることから、ケアプランを作成するにあたり、この点を、ニーズを導くポイントとしてとらえた。本人は、自立していたい、妻を支えたいという意欲が強いが、心身の状態が伴わない、本人が問題はないと思っているところを、どのように言葉としてニーズや目標として設定し、本人に取り組んでもらえばよいか、検討した。

そこで意識したのが、ICF の相互作用モデルである。本人が取り組むことを第一に考え、「活動」については現在できていることに着目し、できていることを維持する視点で整理した。具体的には、ニーズを、妻を支えながら生活することとした。「参加」については、本人の家での役割を継続できるようにすること、本人が意欲的に活動できることをイメージし言語化を図った。具体的には、目標に草鞋づくりを取り入れた。また、「環境因子」「個人因子」についても、ケアプランを『自分事』として受け止めてもらうための要素となると考え、情報を十分に収集することを心がけた。ケアプラン作成において、見聞きした情報を整理する過程と、整理した情報の相互関係を考えながら、今後の見通しについて分析する過程の重要性を感じる。

もうひとつの点として、自立支援を強く意識した。ニーズ・目標設定の視点として、自立の意欲を強みとしてケアプランに反映させていくことが必要であると考えた。言い換えれば、強みを活かすことで自立を支援するケアプランとなるようにした。利用者それぞれの自立の姿は違うため、本人の強みに注目することで、個別性を打ち出したケアプランを目指した。

また、妻が要支援認定を受けており、体調も変化している状態であるため、サービス種別を考えるにあたり、真っ先に訪問介護で支援することを考えた。しかし、本人は家事や身の回りのことについて、妻の声かけや指示を受ければまだできることが多くあり、自立の意欲も高いことから、今回は訪問介護員と一緒に行う方法はとらず、今後のモニタリングや再アセスメントにより、二人の生活が維持できない見通しとなれば、次のケアプランから訪問介護や短期入所生活介護の利用を検討することとした。

参考文献

- 大川弥生『「よくする介護」を実践するためのICFの理解と活用——目標指向的介護に立って』中央法規出版、2009.
- 上田敏『ICF（国際生活機能分類）の理解と活用——人が「生きること」「生きることの困難（障害）」をどうとらえるか』きょうされん、2005.

1 居宅 9 「自分で終活をしたい」と希望する末期がんの人への支援

1 事例の概要

氏　　名：福岡　博子（女性）
年　　齢：61 歳
要介護度：要介護 4
家族構成：夫（66 歳）と二人暮らし。長女は近隣在住。
　　　　　次女は海外勤務中。

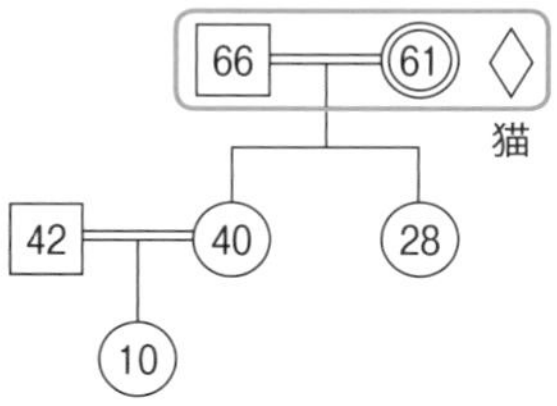

生活歴

18 歳　九州地方出身。高校卒業後上京し、バスガイドとして就職。
20 歳　同じ会社で働く 5 歳年上のバス運転手の夫と結婚。結婚後は、起業と倒産を繰り返す夫をパートで支えながら、2 女を育てる。
40 歳　次女が小学生になったことを機に、生命保険会社の保険外交員となる。営業所での成績は常にトップクラスで収入も安定。
45 歳　20 年ローンで自宅を建て替える。
60 歳　がんの進行のため退職。

主な病名と経過

56 歳　がん検診で早期の子宮頸がんが見つかり、子宮全摘術。
58 歳　卵巣がんで卵巣全摘とリンパ節郭清。
61 歳　3 か月前に腹痛のため救急搬送。全身へのがんの転移が見つかる。余命半年と告知され、人工肛門を造設。緩和ケア病棟を勧められたが、本人は拒否し、自宅退院を希望。
　　　2 か月前に要介護認定を申請し、要介護 4 の認定を受ける。

2 介護支援専門員からみた事例の特徴

がんの全身転移による痛みが続くなかで、在宅生活を希望する夫婦二人暮らしの事例である。本人の望む在宅生活を継続させるためには、本人の変化する身体状況にあわせて、優先順位を立てて支援することが必要である。

また、夫婦の仲はよいが、夫はピントのはずれた支援（がんに効くといわれたキノコを購入し、嚥下が難しい本人に無理やり飲ませる、悪霊を追い払う祈祷師を呼び、痛みを訴える本人のそばで大きな声で祈祷させる等）を繰り返している。子どもたちや援助職の助言について、夫がどこまで理解しているかは把握しにくい。

しかし、夫の行動は本人を大切に思う気持ちの表れであり、本人の死を夫が受容する過程でもあること、さらに夫の現実見当の悪さ（おおらかな性格）が、本人の在宅生活を可能にしている強さにもなっている点に注目し、支援を行った事例である。

3 アセスメント

基本情報に関する項目

令和○年2月22日（病院内）、令和○年3月25日（病院内）、令和○年3月29日（自宅）

標準項目名	項目の主な内容	
1 基本情報	初回受付日	令和○年2月20日
	受付者	介護支援専門員　奈良　京子（電話受付）
	氏名（性別） 生年月日（年齢）	福岡　博子（女性） 昭和○○年○○月○○日（61歳）
	住所	○○県○○市○○
	その他	長女（宮崎さん）の携帯：○○○－○○○○－○○○○
2 生活状況	生活歴	九州地方で5人きょうだいの末っ子（長女）として生まれる。高校卒業後上京し、都内の観光会社にバスガイドとして就職し、20歳で同じ職場の運転手だった夫と結婚。 夫は何度も起業し、その都度倒産。本人の兄たちによる経済的支援と本人のパートで家計を支えながら、2女を育てる。 次女が小学生になってから、生命保険会社に就職。保険のトップセールスレディだった。家も建て替えたので65歳まで働きたいと思っていたが、がんの進行のため60歳で退職。
	家族状況	夫（66歳）と猫と暮らす。 夫は60歳で定年退職し、自宅で個人旅行のコンサルテーションをしているが、収入はほとんどない。 長女は隣市在住の地方公務員。次女は海外在住の会社員。 九州に兄が4人いるが、夫の借金トラブルに巻き込んで以降（30年以上）、疎遠。 猫は、「いのちの恩猫」。2回目の退院日の帰り道に、夫婦で心中しようと海岸沿いを車で走っていたときに拾った。目も開かずぐったりしていたため、そのまま動物病院に連れて行き、心中どころではなくなった。
3 利用者の被保険者情報	介護保険（要介護4。第2号被保険者。末期がん） 医療保険（国民健康保険） 障害者手帳なし（申請予定なし）	
4 現在利用しているサービスの状況	入院中のため、サービスの利用なし。 退院後は、訪問介護、訪問入浴介護、訪問看護（医療保険）、福祉用具貸与（特殊寝台等）、訪問診療等と併せ、保険外サービス（終活の補助）を予定している。	
5 障害高齢者の日常生活自立度	C1	
6 認知症である高齢者の日常生活自立度	Ⅰ	

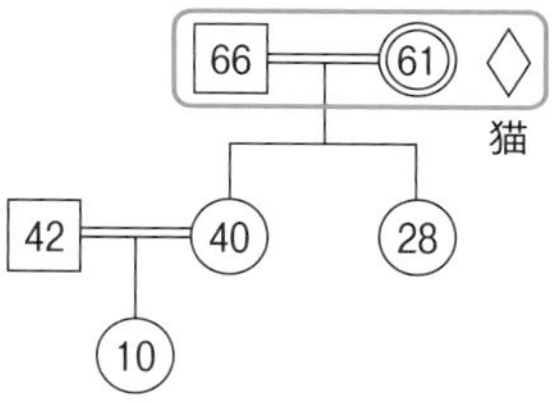

ジェノグラムを書くと家族の全体像をとらえやすいです（本事例では、猫も家族として考えているなど）。また、長女と次女の年齢差が12歳あるが、この間に何かあったのか？　など、サブシステムに着目しやすくなるため、家族を理解するヒントになります

制度的環境の利用状況や予定も記載します

⑦ **主訴**	初回相談者等	長女からの電話（本人夫婦も了承のうえ連絡）。
	相談内容	末期がんで寝たきりの母が自宅退院を強く希望している。しかし、自宅での生活も不安なので相談にのってほしい。要介護4の認定を受けている。
	本人・家族の要望	本人：もう治らないなら、家に帰って終活（死ぬ前に整理・処分）をしながら猫と過ごしたい。 夫：家に帰れば何とかなると思う。ここまで本人が家に帰りたいと言っているのだから、家に連れて帰りたい。 長女：両親の気持ちを尊重したい。父に介護ができるか不安なので、退院後は一時的に同居する予定。
⑧ **認定情報**	要介護4 認定の有効期間：令和○年1月4日～令和○年7月31日（6か月） 新規認定。第2号被保険者。特定疾病：末期がん	
⑨ **課題分析（アセスメント）理由**	新規 （円滑な退院後の生活に向けた調整）	令和○年2月22日：病院内 本人、夫、地域連携看護師、医療ソーシャルワーカー（MSW）と面接。 令和○年3月25日：病院内 本人、夫、主治医、地域連携看護師、MSW、訪問看護ステーション管理者と面接。 令和○年3月29日：自宅 外出中の本人、夫、長女、訪問看護ステーション管理者と面接。 本人等の状況の把握と退院後の在宅生活を円滑にするための連絡調整。

課題分析（アセスメント）に関する項目

令和○年2月22日（病院内）、令和○年3月25日（病院内）、令和○年3月29日（自宅）

標準項目名	項目の主な内容	
⑩ **健康状態**	病名	①子宮頸がん（5年前に発症。開腹手術） ②卵巣がん（3年前に発症。開腹手術） ③がんの全身転移（脳、肺、背骨、大腸）
	既往・病歴等	56歳　がん検診で早期の子宮頸がんが見つかり、検診をした病院で子宮全摘術。退院後は経過観察。 58歳　不正出血から卵巣がんと診断。卵巣全摘とリンパ節郭清。退院後も治療継続。 3か月前　腹痛のため救急搬送。全身へのがんの転移（脳、肺、背骨、直腸）が見つかる。余命半年と告知され、人工肛門を造設。緩和ケア病棟を勧められたが、在宅での療養を希望。 2か月前　要介護認定を申請し、要介護4の認定を受ける。 リビングウィル、事前指示書の作成済み。 1a4
	主治医	現在：A大学病院総合内科（入院中）。 退院後：Xクリニック（訪問診療。2週に1回）。
⑪ **ADL**	痛み止めと夜間不眠、呼吸苦の影響で、午前中は特に身体を動かしにくい。 寝返り・起き上がり・移乗・座位保持：一部介助。電動ギャッジベッドを利用。腰を浮かすなどの協力動作はとれる。退院後は、日中は2時間に1回、就寝後も1回、夫が体位変換をする予定。 1a1 1a2 1a3 移動・歩行：全介助。呼吸も苦しいため機会はほとんどない。	

	着衣：全介助。退院後は、週１回の訪問入浴介護時に着替え、下着類は週４回の訪問看護で交換予定。 1a2 3a1 入浴：全介助。訪問入浴介護を週１回利用予定。 3a1 食事：中心静脈栄養(IVH)で１日1200kcal。食べることが好きなので、飲み込みは悪いが、口からも食べたいものを一部介助で少量摂取。 2a1 3a1 排泄：全介助。膀胱留置カテーテルと人工肛門。 3a1
⑫ IADL	調理・買い物：本人が行っていたが、退院後は長女が行う予定。 2a1 掃除・洗濯：本人が行っていた。夫は家事が苦手なので、退院後は長女が住み込みで行う予定。 3a1 3a2 金銭管理：本人が管理し、預貯金等からの引落としや代金の支払いは夫が行う。 3a2 服薬管理：夫の介助を受け、内服。痛みが取れない。我慢できないときには頓服も使用している。 1a1 1a2 1a4
⑬ 認知	問題なし。
⑭ コミュニケーション能力	声が小さく聞き取りにくい。誤嚥予防と呼吸器リハビリテーションとして、会話を増やすよう心がけている。 1a3 3a1
⑮ 社会との関わり	１日中ベッド上で過ごす。家族以外とのかかわりはほとんどない。外部との交流が少ないことについて、本人は苦にしていない様子。 「社交的な職歴だが、元来は内向的な性格で、一人でこつこつ考えることが好きな人」(長女より聴取)。 1a4 3a2
⑯ 排尿・排便	尿：バルーンカテーテルを留置中。尿の廃棄は夫が行う。バルーンカテーテルの管理、陰部洗浄は看護師が行う。 3a1 便：３か月前に皮膚保護機能のない人工肛門を造設。２日に１回排便できるよう、看護師が下剤調整等をして管理中。食事量の減少から便秘気味。 2a1 3a1
⑰ じょく瘡・皮膚の問題	るい痩の進行により、褥瘡の予防が必要。厚めのマットレスを利用し、２時間ごとに体位変換をしている。 1a2 3a1 皮膚保護機能のない人工肛門だが、周辺の皮膚はきれいである。 3a1
⑱ 口腔衛生	歯みがきは夫の介助で１日３回食後に行っている。口から食べる量が少なく、口腔内の汚れや口臭がある。 2a1 3a1
⑲ 食事摂取	中心静脈栄養(IVH)で１日1200kcal。食欲は低下しているが、食べることが好きなので、飲み込みのよいもの(ゼリーなど)を少量ずつ気分のよいときに口から食べることが楽しみ。身長150cm、体重40kg(BMI：17.8)。発症前の体重は55kg(BMI：24.4)。 2a1 3a1
⑳ 問題行動	痛みが強いため、意欲の低下がある。 1a1 1a2
㉑ 介護力	夫：主たる介護者。高血圧で内服管理中。腰痛や膝関節痛があるため、移動や入浴などの重介護は困難。前向きな性格で社交的。 長女：隣市在住。本人を支えたいので、本人の退院後は、本人宅に住み込み、日常生活全般を支援する予定。介護休暇等の取得は難しい。孫(長女の子、10歳)は、猫アレルギーがあるため、夫が養育予定。長女自身も猫が苦手で怖くて近づけないので、猫の世話はできない。 1a4 2a1 3a2 次女：海外勤務中。週１回、本人の携帯に電話をして励ましている。直接会えるのは年１回程度。 1a4 3a2

<table>
<tr><td>㉒ 居住環境</td><td>県内の農村漁村部に位置する。築15年程度の木造平屋の一戸建て注文住宅。持ち家でローンが残っている。
寝室にはもともと使っていた家具、夫の仕事の資料等があり特殊寝台が入らないため、次女が使っていた部屋を本人の寝室として、客間を長女の部屋として使う予定。
【自宅の見取り図】
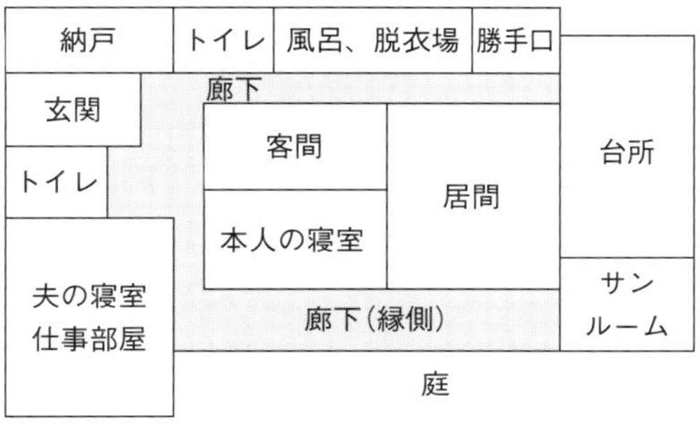
</td></tr>
<tr><td>㉓ 特別な状況</td><td>夫の信念に基づいた行動(本人の入院中に、主治医の許可を得ていない、がんに効くといわれたキノコや魔法の水などを病室に持ち込み、看護師等の目を盗んで食べさせる等)に注意が必要。
本人の終活(荷物の整理、アルバムづくり、夫と猫の今後を考える)の希望には、家族に知られずにやりたい内容も多く、それらには保険外サービスを利用する。 3a2
退院時以上の医療的な処置はしないとするリビングウィルと事前指示書を作成済み(在宅での担当者も写しを受け取り、保存している)。 1a4</td></tr>
</table>

4 アセスメントのまとめ（情報収集と分析）

総括

・がん末期の女性。残りの時間が少ないのなら、何が何でも自分の手で終活をやり遂げたいという思いから、痛みが続くなかでの在宅復帰を果たした。

・夫婦の仲はよいが、夫はピントのはずれた支援（がんに効くといわれたキノコを高額で購入し、嚥下が難しい本人に無理やり飲ませる等）を繰り返している。しかし、夫の行動は本人を大切に思う気持ちの表れであり、本人の死を夫が受容する過程でもあること、さらに夫の現実見当の悪さ（おおらかな性格）が、本人の在宅生活を可能にしている強さにもなっている。

身体面

・ADL、IADL は、ほとんど全介助。

・がんの全身転移と食欲の低下などから、るい痩が進んでいる。誤嚥性肺炎、褥瘡、尿路感染症などのリスクが高いため、身体的なケアの徹底が必要である。

・１日中続く痛みがある。内服（１日３回と頓服）もしているが、痛みが取れない。特に夜間に痛みが増強するため、夜眠れない。このため、日中も傾眠傾向になり活動性が低下している。

精神面・社会面

・本人は、夫を放っておけないし、終活を自分で行うという強い意志のもと、自宅での療養生活を希望しているが、痛みのため思うようにやりたいことができない歯がゆさ、つらさがある。

・若い頃の夫は、借金を繰り返し、子どもたちの学費を使い込んでまで起業していた。本人の兄たちに連帯保証人になってもらい、借金を押し付けたこともあるため、本人の兄たちと本人家族は30年以上疎遠となっている。

・夫と子どもたちは、良好な関係とはいえない（子どもたちは、夫のせいで貧乏でつらい思いをさせられたと思っている)。

・子どもたちは2人とも独立（長女は高校卒業後、地方公務員となり、次女の学費を補助していた)。姉妹の仲はよい（次女は長女を尊敬し、長女は次女に自分がやりたかった人生を投影している様子)。

・退院にあたり、長女が住み込みで支援する予定。

環境面

・持ち家。大型スーパーマーケットも近く、車があれば生活するには便利な場所である。

・家のローン返済がまだ残っているため、本人が返済の計画を立てている。子どもたちに不利益がないよう、長女に細かく伝える予定。

その他

・本人が強く希望する終活（荷物や写真、書類の整理など）のための居室外の清掃については、本人が家族に知られたくない内容も含まれること、猫の世話については、長女の意向（猫が苦手）や夫の体調（重い物を持つことができない）などから、保険外サービスにより提供する。

利用者名　福岡　博子　殿

課題整理総括表

作成日　令和○年３月29日

自立した日常生活の阻害要因（心身の状態、環境等）		
①末期がんで、ADLが低下	②夫婦二人暮らしで、子どもたちの協力が得られる	③中心静脈栄養（IVH）管理中
④がん性疼痛（夜間に増強）	⑤バルーンカテーテル留置、人工肛門造設	⑥呼吸苦がある

利用者及び家族の生活に対する意向	痛みや苦しみが少ない状態で、終活をしながら家族と過ごしたい。精いっぱい自分の手で、これまでの整理と夫のこれからの準備をしたい。

（選択肢のうち○で囲まれたものを**太字**で示す）

状況の事実※1		現在※2	要因※3	改善/維持の可能性※4	備考（状況・支援内容等）
移動	室内移動	自立　見守り　一部介助　**全介助**	①④⑥	改善　維持　**悪化**	・特殊寝台を利用。痛みが少ないよう、介助を受けて起居・移乗。入浴時のみ居室内を全介助で移動。屋外移動はしない。
	屋外移動	自立　見守り　一部介助　**全介助**	①④⑥	改善　維持　**悪化**	
食事	食事内容	支障なし　**支障あり**	③④	改善　維持　**悪化**	・IVHと、長女が調理した軟らかくて食べやすいものの摂取を併用。
	食事摂取	自立　見守り　**一部介助**　全介助	①③④⑥	改善　維持　**悪化**	・手を口まで持っていけない。
	調理	自立　見守り　一部介助　**全介助**	①③	改善　**維持**　悪化	・あまり食欲はないが、「口から食べたい。食べることが生きる希望」と本人。
排泄	排尿・排便	支障なし　**支障あり**	⑤	改善　維持　**悪化**	・尿：バルーンカテーテル留置中。尿の廃棄は夫が、バルーンカテーテルの管理は訪問看護が行う。
	排泄動作	自立　見守り　一部介助　**全介助**	①⑤⑥	改善　**維持**　悪化	・便：人工肛門造設。夫と訪問看護（週４日）が管理を行う。便秘気味。
口腔	口腔衛生	支障なし　**支障あり**	③④⑥	改善　**維持**　悪化	・手がうまく使えない。食後に夫が口腔ケアをしているが、口腔内が不衛生になっている。呼吸苦もあり長時間のケアは難しい。
	口腔ケア	自立　見守り　**一部介助**　全介助	①④	改善　維持　**悪化**	
服薬		自立　見守り　**一部介助**　全介助	①④	改善　維持　**悪化**	・１日３回痛み止めを服用中。夫が準備し、本人が飲み込む。
入浴		自立　見守り　一部介助　**全介助**	①⑥	改善　維持　**悪化**	・訪問入浴介護（週１回）、訪問看護で清拭と陰部洗浄（週４回）。
更衣		自立　見守り　**一部介助**　全介助	①④⑤	改善　維持　**悪化**	・訪問入浴介護、訪問看護の際に着替える。
掃除		自立　見守り　一部介助　**全介助**	①②	改善　**維持**　悪化	・もともとは本人が行っていた。夫は家事が苦手なので、長女が行う予定。 ・保険外サービスで、昔の書類などをヘルパーと一緒に整理したい。
洗濯		自立　見守り　一部介助　**全介助**	①②	改善　**維持**　悪化	
整理・物品の管理		自立　見守り　一部介助　**全介助**	①②	改善　**維持**　悪化	
金銭管理		自立　見守り　一部介助　**全介助**	①④	改善　**維持**　悪化	・日常的な支払いなどは夫が行う。預貯金は本人が管理している。
買物		自立　見守り　一部介助　**全介助**	①②	改善　**維持**　悪化	・長女が行う。
コミュニケーション能力		支障なし　**支障あり**	②④⑥	改善　維持　**悪化**	・呼吸苦と痛み止めの影響から、自分から発言することはあまりない。援助職の話しかけには、目をつぶったままうなずく。
認知		**支障なし**　支障あり		改善　維持　悪化	
社会との関わり		支障なし　**支障あり**	①②④	改善　維持　**悪化**	・夫は無口で、他者との交流等を苦手としている。
褥瘡・皮膚の問題		支障なし　**支障あり**	③⑤	改善　維持　**悪化**	・るい痩が進んでいる。褥瘡予防が必要。
行動・心理症状（BPSD）		**支障なし**　支障あり		改善　維持　悪化	
介護力（家族関係含む）		支障なし　**支障あり**	②	改善　**維持**　悪化	・病弱な夫と二人暮らしだが、退院後は長女も同居する予定。
居住環境		支障なし　**支障あり**	①②	改善　**維持**　悪化	・特殊寝台を利用予定。
睡眠		支障なし　**支障あり**	①④⑥	改善　維持　**悪化**	・痛みが強く、夜眠れない。痛み止めの影響もあり、日中うとうとしている。

見通し※5	生活全般の解決すべき課題（ニーズ）【案】	※6
・適切な医療的ケアと日常生活の支援を受けることにより、感染症を予防し、安定した状態で自宅で家族との生活を続けることができる。	自宅での療養に必要な支援をしてほしい。	3
・IVHを行いながら、楽しみにしている口からの食事も続けることで、栄養管理とともに、食の喜びを感じながら生活ができる。	食べる喜びを味わいたい。	2
・言葉にできない本人の思いを汲み取ることができれば、より本人らしい毎日を過ごすことができる。	夫や子どもたちへ感謝の思いを伝えたい。	―
・痛みのコントロール、呼吸苦への対応等を行い、夜の睡眠が確保でき、日中の活動性を維持できることにより、終活に必要な体力と気力が続く。	夜はしっかり眠りたい。	1

※１～※６の詳細については、p.11～p.13を参照のこと。

第1表

居宅サービス計画書(1)

作成年月日　令和○年３月30日

初回・紹介・継続　　認定済・申請中

利用者名　福岡　博子　殿　　生年月日　昭和○○年○○月○○日(61歳)　　住所　○○県○○市○○

居宅サービス計画作成者氏名　奈良　京子

居宅介護支援事業者・事業所名及び所在地　Z居宅介護支援事業所　○○県○○市○○

居宅サービス計画作成(変更)日　令和○ 年　3 月　30 日　　初回居宅サービス計画作成日　令和○ 年　3 月　30 日

認定日　令和○ 年　1 月　4 日　　認定の有効期間　令和○ 年　1 月　4 日　～　令和○ 年　7 月　31 日

要介護状態区分	要介護1　・　要介護2　・　要介護3　・　要介護4　・　要介護5
利用者及び家族の生活に対する意向を踏まえた課題分析の結果	本人：精いっぱい自分の手で、これまでの整理と夫のこれからの準備をしたい。 夫：本人の思うようにしてほしいが、私はまだ命をあきらめていない。家なら何とかできるかもしれない。 長女：病状安定を優先させて暮らしてほしい。できる部分の協力は惜しまないつもりです。
介護認定審査会の意見及びサービスの種類の指定	特になし。
総合的な援助の方針	住み慣れた自宅で、本人の希望する時間を過ごせるよう支援いたします。 1．体力と気力の維持ができるよう支援します。 2．家族と一緒に喜びを感じられるよう支援します。 3．体調の変化や不安があるときは、W訪問看護(○○○－○○○－○○○○)に連絡ください。 4．家族の連絡調整窓口は、長女(宮崎さん)が担当してくれます。
生活援助中心型の算定理由	1. 一人暮らし　　2. 家族等が障害、疾病等　　3. その他（　　　）

緊急時連絡先として、訪問看護ステーションや、家族の携帯電話等を決め、記載しておくと明確になります

居宅サービス計画の説明を受け、同意し、受領しました。　　年　　月　　日　(利用者氏名)　　印

第2表

居宅サービス計画書(２)

作成年月日　令和○年３月30日

利用者名　福岡　博子　殿

生活全般の解決すべき課題(ニーズ)	目標				援助内容					
	長期目標	(期間)	短期目標	(期間)	サービス内容	※１	サービス種別	※２	頻度	期間
1 夜はしっかり眠りたい	1a 夜、しっかり眠ることができる	R○.４.９〜R○.７.31	1a1 痛みの管理ができる	R○.４.９〜R○.５.31	・療養生活の管理、助言、痛み止めの調整	○	訪問診療 居宅療養管理指導	Xクリニック(主治医)	月２回	R○.４.９〜R○.５.31
					・痛みの管理、痛み止めの調整支援	○	居宅療養管理指導	U薬局	週１回	
					・痛みの緩和支援	医	訪問看護	W訪問看護	週４回	
					・痛み止めの確実な服用と管理 ・痛みスケールと睡眠表の記録		本人、夫、長女		日３回 日１回	
					・特殊寝台を利用して安楽な姿勢を保持する	○	福祉用具貸与	Tレンタル	毎日	
			1a2 日中の運動量を維持できる	R○.４.９〜R○.５.31	・自分の体調を言葉で伝える ・介護に協力的な動きをする		本人		日中	R○.４.９〜R○.５.31
					・リハビリテーション(上下肢の自他動運動)	医	訪問看護	W訪問看護	週４回	
					・２時間ごとの体位変換		夫、長女		２時間おき	
			1a3 少しでも楽に呼吸し、体力を維持できる	R○.４.９〜R○.５.31	・リハビリテーション(呼吸器リハビリ)	医	訪問看護	W訪問看護	週４回	R○.４.９〜R○.５.31
					・安楽な姿勢の保持	○	訪問介護	Y訪問介護	週２回	
					・肩、背中の温感マッサージ		夫、長女		寝る前	
			1a4 不安や悩みを相談できる	R○.４.９〜R○.５.31	・生活全般の支援		夫、長女		毎日	R○.４.９〜R○.５.31
					・電話による精神的な支援		次女		土曜日	
					・本人、夫からの相談にのる	○	全サービス		適宜	

利用者の自尊心を傷つける可能性があるため、原因(末期がん)や、理由(がん性疼痛)、問題点(日中の活動性とQOLが低下する)などは記載せず、希望や意欲を引き出す記載を心がけます。理由や原因は、アセスメントシートには残し、サービス担当者会議などで共有しておきます

利用者が一番何とかしたいと思っていることを目標とします

るい痩を進めないためにも、また、呼吸が止まってしまうかもしれないという不安に対応するためにも、呼吸管理は重要です

本人や家族の役割も位置づけ、モニタリングに活かします

直接介護に携わっていない場合でも、役割として、ケアプランに位置づけます

※１「保険給付の対象となるかどうかの区分」について、保険給付対象内サービスについては○印を付す。
※２「当該サービス提供を行う事業所」について記入する。

第2表

居宅サービス計画書（2）

作成年月日　令和○年３月30日

利用者名　福岡　博子　殿

生活全般の解決すべき課題（ニーズ）	目標：長期目標	（期間）	短期目標	（期間）	援助内容：サービス内容	※1	サービス種別	※2	頻度	期間
② 食べる喜びを味わいたい	2a 口から食べる楽しみと体力を維持できる	R○.4.9 ～ R○.7.31	2a1 食べることを楽しむことができる	R○.4.9 ～ R○.5.31	・本人の好む食事づくり、食事量の記録		長女		毎日	R○.4.9 ～ R○.5.31
					・嚥下機能の評価と食べやすい食材の提案	医	訪問看護	W訪問看護	週４回	
					・おやつの摂取介助	○	訪問介護	Y訪問介護	週２回	
③ 自宅で療養するための支援をしてほしい	3a 体調にあわせて生活ができる	R○.4.9 ～ R○.7.31	3a1 支援を受け、感染症を予防できる	R○.4.9 ～ R○.5.31	・口腔ケア（誤嚥性肺炎の予防）		夫、長女		毎食後	R○.4.9 ～ R○.5.31
					・IVHの管理と口腔ケア（誤嚥性肺炎の予防）、バルーンカテーテルと人工肛門の管理（陰部洗浄）と下着の交換	医	訪問看護	W訪問看護	週４回	
					・体調にあわせた清潔の支援（清拭、手浴、足浴、口腔ケア）	○	訪問介護	Y訪問介護	週２回	
					・全身浴の介助、更衣、全身状態・皮膚の観察	○	訪問入浴介護	Vサービス	週１回	
					・輸液の管理と工夫	○	居宅療養管理指導	U薬局	週１回	
					・居室の清掃、身の回りの整理、洗濯、排泄物の状態確認と廃棄		夫、長女		毎日	
					・本人との会話（呼吸機能維持のリハビリ）	○	全サービス		訪問時	
			3a2 家族との時間を大切にする	R○.4.9 ～ R○.5.31	・居室外と猫のトイレの掃除 ・家族のアルバムや手紙の整理		訪問介護 （保険外）	Y訪問介護	週２回 （1回15分）	R○.4.9 ～ R○.5.31
					・作業の優先順位づけと指示		本人		週２回	
					・本人の希望を確認・支援する		夫、子どもたち		訪問時	

ただのおしゃべりではないことを明確にすることで、本人等の理解と協力を得られやすくなります

保険外サービスについても、利用者のニーズに反していない場合には、第２表に位置づけます

※１「保険給付の対象となるかどうかの区分」について、保険給付対象内サービスについては○印を付す。
※２「当該サービス提供を行う事業所」について記入する。

第3表

週間サービス計画表

作成年月日　令和○年３月30日

利用者名　福岡　博子　殿

令和○年４月分より

		月	火	水	木	金	土	日	主な日常生活上の活動
深夜	4：00								6：00　起床(体位変換、検
									温、尿廃棄、口腔ケア)
早朝	6：00								6：30　朝食と歯みがき
									7：00　長女出勤
午前	8：00								夫婦で新聞を読む
									夫は仕事(電話とインターネッ
	10：00								ト)と本人の介護(2時間ごと
									の体位変換)
午後	12：00								12：00　昼食と内服
		訪問看護(医)	訪問介護	訪問看護(医)		訪問看護(医)	訪問介護	訪問看護(医)	
	14：00		保険外(15分)		訪問入浴		保険外(15分)		夫は仕事と本人の介護(2時
									間ごとの体位変換)
	16：00				訪問診療		訪問薬剤師		
					(2週に1回)				
夜間	18：00								18：30　長女帰宅
									19：30　夕食と内服
	20：00						次女と通話		体位変換
									21：00　歯みがき、本人の介
深夜	22：00								護(口腔ケア、尿廃棄)
									23：00　体位変換、就寝
	24：00								
	2：00								本人の状況確認(体位変換)
	4：00								

週単位以外のサービス	福祉用具貸与(特殊寝台、特殊寝台付属品) 保険外サービス(居室外の掃除、写真や手紙の整理、猫のトイレ掃除。1回15分)

第2表には福祉用具を使う理由を記載し、具体的な種目は、この欄に書きます

保険外サービスについても、ケアプランに位置づけます

第5表

居宅介護支援経過(抜粋)

作成年月日　令和○年４月10日

利用者名　福岡　博子　殿

居宅サービス計画作成者氏名　奈良　京子

年月日	内容
R○. 4. 10(火) 16:00 ～ 17:00 自宅訪問 本人、夫と面談	目的：状況確認 昨日(４月９日)に夫、長女に付き添われ退院した。 「病院と違い食欲もあるし、ヘルパーとの作業はやりがいがある。夫や子どもたちにも内緒で頑張る」と時間をかけて話す。 夫の腰痛は我慢できる程度の痛み。長女が同居してくれたため、介護者の夫も心身ともに負担が少ない様子。（奈良）
R○. 4. 18(水) 17:00 ～ 電話受信	目的：連絡調整(訪問看護ステーション管理者W氏) 体調は小康状態だが、尿量が少なくなってきており、意識レベルの低下もみられる。５月上旬の次女の帰国予定を、今のうちに繰り上げられないか。 介護支援専門員から長女に連絡し、意向を確認する。（奈良）
18:00 ～ 電話発信 (長女携帯)	目的：家族の意向の確認と調整の依頼(長女と話す) 本人の状態と訪問看護師の見解を伝え、長女の意向を確認。「次女は今こそ会いたいと思う。また、九州の伯父たちにも連絡したい」とのこと。長女が家族間の調整を行う。（奈良）
R○. 4. 26(木) 16:00 ～ 17:00 自宅訪問 本人、夫、主治医と面談	目的：モニタリング(訪問診療の時間にあわせて訪問) 夫より「先週末に、次女と義理の兄たちが家に来た。本人は呼吸が苦しく、少ししか話せなかったけど、涙を流し喜んだ。義理の兄たちから子どもたちと仲良くするよう怒られたよ」と報告を受ける。本人は目を閉じたまま夫の話にうなずく。本人の発言はない。 るい瘦が進んだため、訪問看護師からの褥瘡予防具(減圧マットレス)の追加の提案を伝え、本人、家族、主治医ともに賛成する。帰り際に主治医より、１か月以内に状態が急変する可能性が高いと助言を受ける。（奈良）
18:00 ～ 電話発信	福祉用具の種目変更について、訪問看護師と主治医の意見および再アセスメントの結果、ケアプランは軽微な変更とし、担当者にも軽微な変更とする旨を電話連絡。 詳細はモニタリングシート・再アセスメントシート参照。（奈良）
R○. 5. 1(火) 15:00 ～ 16:00 自宅訪問 本人、夫と面談	目的：モニタリング(状況把握と褥瘡予防具の評価) 本人は傾眠傾向で会話には参加せず、夫と話す。 呼吸音が大きくなっていることは、昨日訪問看護師から通常経過と教わった。体位変換を増やし、IVHの点滴量を減らして対応している。早めに褥瘡予防具に変更できて助かっている。 詳細はモニタリングシート参照。（奈良）
R○. 5. 2(水) 13:15 ～ 電話受信	緊急連絡(訪問看護ステーション管理者W氏) 訪問看護時に本人の状態が急変。救急車は呼ばず自宅で看取る。現在、訪問看護師が複数で心臓マッサージ中。主治医には連絡済。もうすぐ到着予定。介護支援専門員から長女に連絡。状況を伝え、帰宅の意思を確認する。（奈良）
13:30 ～ 自宅訪問	13:40　主治医が到着。13:50　長女が帰宅。 14:00　夫、長女に見守られ、永眠。（奈良）
	以下略

※モニタリングシート、再アセスメントシートなどは本書では割愛しています。

評価表

利用者名　福岡　博子　殿　　　　作成日　令和○年５月10日

短期目標	(期間)	援助内容			結果 ※2	コメント (効果が認められたもの/見直しを要するもの)
		サービス内容	サービス種別	※1		
1a1 痛みの管理ができる	R○. 4. 9 ～ R○. 5. 31	・療養生活の管理、助言、痛み止めの調整	訪問診療 居宅療養管理指導	Xクリニック (主治医)	(△)	痛みへの対応・管理を行ったが、痛みを取り切れることはなかった。 途中経過にて作成(令和○年５月２日　本人死亡による支援終了のため、評価不能。以下同じ)。
		・痛みの管理、痛み止めの調整支援	居宅療養管理指導	U薬局	(△)	
		・痛みの緩和支援	訪問看護	W訪問看護	(△)	
		・痛み止めの確実な服用と管理 ・痛みスケールと睡眠表の記録	本人、夫、長女		(△)	
		・特殊寝台を利用して安楽な姿勢を保持する	福祉用具貸与	Tレンタル	(△)	
1a2 日中の運動量を維持できる	R○. 4. 9 ～ R○. 5. 31	・自分の体調を言葉で伝える ・介護に協力的な動きをする	本人		(○)	他動運動を中心とした運動を行った。家族の体位変換を運動として位置づけたことにより、褥瘡予防に最後まで効果が得られていた。
		・リハビリテーション(上下肢の自他動運動)	訪問看護	W訪問看護	(△)	
		・２時間ごとの体位変換	夫、長女		(○)	
1a3 少しでも楽に呼吸し、体力を維持できる	R○. 4. 9 ～ R○. 5. 31	・リハビリテーション(呼吸器リハビリ)	訪問看護	W訪問看護	(△)	家族によるマッサージは、本人と家族のコミュニケーションを深め、本人の心休まる時間として効果的だった。
		・安楽な姿勢の保持	訪問介護	Y訪問介護	(△)	
		・肩、背中の温感マッサージ	夫、長女		(○)	
1a4 不安や悩みを相談できる	R○. 4. 9 ～ R○. 5. 31	・生活全般の支援	夫、長女		(○)	本人の体調が悪化するなかで、皆が協力して目標達成に向けて努めることができた。
		・電話による精神的な支援	次女		(○)	
		・本人、夫からの相談にのる	全サービス		(△)	

※１「当該サービスを行う事業所」について記入する。※２ 短期目標の実現度合いを５段階で記入する(◎：短期目標は予想を上回って達せられた、○：短期目標は達せられた(再度アセスメントして新たに短期目標を設定する)、△：短期目標は達成可能だが期間延長を要する、×１：短期目標の達成は困難であり見直しを要する、×２：短期目標だけでなく長期目標の達成も困難であり見直しを要する)

評価表

利用者名　福岡　博子　殿　　　　作成日　令和○年５月10日

短期目標	（期間）	援助内容			結果 ※２	コメント（効果が認められたもの/見直しを要するもの）
		サービス内容	サービス種別	※１		
2a1 食べることを楽しむことができる	R○. 4. 9 ～ R○. 5. 31	・本人の好む食事づくり、食事量の記録	長女		（△）	計画当初よりも体調が悪化し、食欲も低下したため、４月後半以降、食事を楽しむことは難しくなっていた。
		・嚥下機能の評価と食べやすい食材の提案	訪問看護	W訪問看護	（△）	
		・おやつの摂取介助	訪問介護	Y訪問介護	（△）	
3a1 支援を受け、感染症を予防できる	R○. 4. 9 ～ R○. 5. 31	・口腔ケア（誤嚥性肺炎の予防）	夫、長女		（△）	誤嚥性肺炎を含む呼吸器感染症、尿路感染症、褥瘡感染症等の感染症の予防ができた。
		・IVHの管理と口腔ケア（誤嚥性肺炎の予防）、バルーンカテーテルと人工肛門の管理（陰部洗浄）と下着の交換	訪問看護	W訪問看護	（△）	
		・体調にあわせた清潔の支援（清拭、手浴、足浴、口腔ケア）	訪問介護	Y訪問介護	（△）	
		・全身浴の介助、更衣、全身状態・皮膚の観察	訪問入浴介護	Vサービス	（△）	
		・輸液の管理と工夫	居宅療養管理指導	U薬局	（△）	
		・居室の清掃、身の回りの整理、洗濯、排泄物の状態確認と廃棄	夫、長女		（△）	
		・本人との会話（呼吸機能維持のリハビリ）	全サービス		（△）	
3a2 家族との時間を大切にする	R○. 4. 9 ～ R○. 5. 31	・居室外と猫のトイレの掃除 ・家族のアルバムや手紙の整理	訪問介護（保険外）	Y訪問介護	（△）	整理は進んでいたが、短期目標終了前の急変により、評価不能。
		・作業の優先順位づけと指示	本人		（△）	
		・本人の希望を確認・支援する	夫、子どもたち		（△）	

※１「当該サービスを行う事業所」について記入する。※２　短期目標の実現度合いを５段階で記入する（◎：短期目標は予想を上回って達せられた、○：短期目標は達せられた（再度アセスメントして新たに短期目標を設定する）、△：短期目標は達成可能だが期間延長を要する、×１：短期目標の達成は困難であり見直しを要する、×２：短期目標だけでなく長期目標の達成も困難であり見直しを要する）

5 まとめ

本事例の場合、夫と子どもたち、猫の今後の道筋を自分が整理したい、そのためにも書類や貯金などの取捨選択を自分の手でしておきたいという思いが、「家に帰りたい」という言葉で表現されていた。

退院から約１か月という短い時間しか自宅で過ごすことができなかったが、支援終了後に面談した長女からは、「家に帰してあげられてよかった」という、本人を支えた側の感想だけではなく、「家に帰ってきてくれてよかった」という、本人に支えられた側の感想も聞くことができた。短い期間ではあったが、本人が家に帰ることができた意味は大きかったと評価している。

また、家に帰ることができた背景には、医療と介護の連携があった。本人の気持ちを汲み取り、家族も含めた環境をアセスメントしたうえで、病院内の連携看護師等のスタッフと在宅の担当者が連携・協力し、カンファレンスを繰り返しながら、入院中の病院の主治医を説得する形で退院にこぎつけることができた。

具体的には、病院では、“説明を理解しない不適切な介護者”との評価しか受けていなかった夫だが、夫の現実見当の悪さ（おおらかな性格）は、在宅で介護をする際には資源になること、頼りにならない夫を支えなければという本人の強い意志があること、夫だけに任せていることを不安に思っている子どもたちの積極的な支援が得られること、24 時間 365 日訪問診療に対応してくれる診療所や看取りに強い訪問看護ステーションの存在など、自宅での生活を支える多くの社会資源があることを繰り返し伝え、調整・整備したうえで在宅復帰につなげることができた。

本人の望む生活を達成させるためには、ジェノグラムなども積極的に活用し、家族の関係や介護力等を多角的にとらえ、変化する生活機能にあわせて柔軟に対応すること、そして、医療と介護の得意分野を互いに尊重し、役割分担をしながら支援することなどについて、改めて学ばせていただけた事例である。

1

居宅⑨

参考文献

- 小澤竹俊・相田里香『死を前にした人に向き合う心を育てる本――ケアマネジャー・福祉職・すべての援助者に届けたい視点と看取りケア』中央法規出版、2019.

10 状態が急激に低下した利用者への入退院の支援 ～母親としての役割の復活を目指して～

1 事例の概要

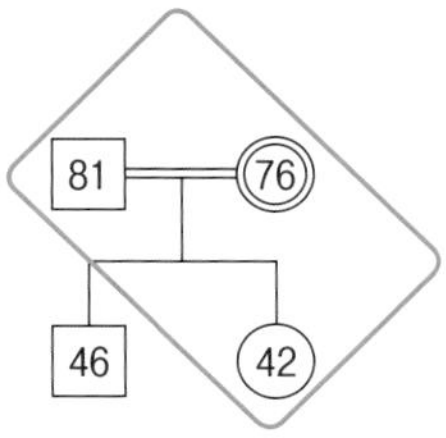

氏　　名：千葉　好子（女性）
年　　齢：76 歳
要介護度：要介護 5
家族構成：夫・長女と 3 人暮らし。
長女は就労しており不規則勤務。
長男は障害があり、施設に入所しながら作業所に通い、金～日のみ自宅で過ごす。

生活歴

東京都出身。4 人姉妹の長女として育つ。
26 歳で結婚し、1 男 1 女をもうける。
実家は鉄鋼業を営んでおり、長年事務手伝いをしていたが、鉄工所閉鎖とともに退職する。
夫は百貨店の卸売業をしており仕事一筋だったため、「家庭のことは何も手伝ってもらった記憶がない」と本人は話す。

主な病名と経過

令和○－3 年 6 月　パーキンソン病（ホーエン・ヤールの重症度分類ステージⅣ）。
令和○年 6 月　症候性てんかん・排尿障害。入院中の検査により、脳動脈瘤・脳底動脈閉塞・大脳根元高度狭窄症等が見つかる。

2 介護支援専門員からみた事例の特徴

令和○－2 年 4 月に担当した当初は、要支援 1 の状態で、調理や夫と買い物に行くことなどもできていた。その後、パーキンソン症状の影響により徐々に家事が実施困難となり、訪問によるリハビリテーションを受けながら母親としての役割を続けていた。

しかし、令和○年 6 月、高熱が続いたことをきっかけに症候性てんかんを発症し、緊急入院となる。当該入院中にたびたび発作を起こし入院が長引き、介護量が増え、要介護 5 の認定を受けての退院となった。

家族の不安を取り除くことができるようサポートしつつ、「リハビリをして元気になりたい。母親として家族のご飯をつくりたい」という本人の思い、「少しずつでもいいので以前の状態に戻ってほしい」という家族の思いの両方を叶えることができるように支援した事例である。

3 アセスメント

基本情報に関する項目　　令和○年８月19日（自宅）

標準項目名	項目の主な内容	
1 基本情報	初回受付日	令和○－２年４月12日
	受付者	介護支援専門員　A
	氏名(性別) 生年月日(年齢)	千葉　好子(女性) 昭和○○年○○月○○日(76歳)
	住所	○○県○○市○○
	その他	自宅：○○○－○○○－○○○○
2 生活状況	生活歴	東京都出身。４人姉妹の長女として育つ。26歳で結婚し、１男１女をもうける。実家は鉄鋼業を営んでおり、長年事務手伝いをしていたが、鉄工所閉鎖とともに退職する。夫は百貨店の卸売業をしており仕事一筋だったため、「家庭のことは何も手伝ってもらった記憶がない」と本人は話す。
	家族状況	夫・長女と３人暮らし。 長女は就労しており不規則勤務。 長男は障害があり、施設に入所しながら作業所に通い、金～日のみ自宅で過ごす。 少し離れたところに仲のよい妹が住んでいる。妹はこれまで介護にかかわることはなかった。今回の本人の入退院・状態の変化をきっかけに、調理などの協力を得られるようになった。 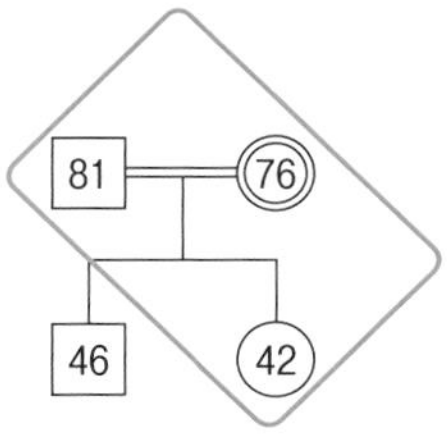
3 利用者の被保険者情報	介護保険(要支援１→要介護５。令和○年７月に区分変更) 難病による特定医療費受給者証あり	
4 現在利用しているサービスの状況	なし(現在入院中)	
5 障害高齢者の日常生活自立度	A２	
6 認知症である高齢者の日常生活自立度	Ⅱa	
7 主訴	初回相談者等	夫 地域包括支援センターより依頼を受ける。
	相談内容	段々と身体の動きが悪くなってきたので、リハビリをして悪くならないようにしたい。
	本人・家族の要望	本人：段々と歩けなくなってきて、転ぶことも増えた。子どもたちも仕事をしているし、今はまだ家事を続けて家族の食事も準備してあげたい。 家族：とにかく足元が不安定で心配。一人で外出はさせられないし、医師からもそろそろリハビリを始めたほうがよいと言われた。

⑧ **認定情報**	要介護５ 認定の有効期間：令和○年７月１日～令和○＋１年６月30日	
⑨ **課題分析（アセスメント）理由**	新規申請後、要介護度確定。退院支援（令和○年８月19日）	入院中もてんかん発作を繰り返した結果、身体機能・認知機能ともに低下し、要支援１からの新規申請により要介護５となる。退院後、自宅での生活を再開するにあたり、これまでの介護支援専門員にお願いしたいとの依頼を受け、新規アセスメントを実施する。

課題分析（アセスメント）に関する項目　　令和○年８月19日（自宅）

標準項目名	項目の主な内容	
⑩ **健康状態**	病名	令和○－３年６月　パーキンソン病（ホーエン・ヤールの重症度分類ステージⅣ） 令和○年６月　症候性てんかん・排尿障害　1a1　1a2　2a1
	既往・病歴等	脳動脈瘤・脳底動脈閉塞・大脳根元高度狭窄症
	主治医	○○クリニック○○医師 通院困難となり、訪問診療により診察を行う。
⑪ **ADL**	寝返り：できない。 2a1 起き上がり：できない。 2a1 座位：背もたれがあれば座位保持可能だが、血圧が下がることがあるため、15分程度が限界。 1a1　2a1　3a1 移乗：できない。 2a1 歩行：できない。 2a1 着衣：衣類を準備すれば、腕を通す程度の協力動作あり。 入浴：入院中は機械浴により入浴。退院後は、訪問入浴介護で入浴予定。 1a2 食事：手を口までもっていくことが思うようにできず、全介助。 3a1 排泄：バルーンカテーテルを使用。排便もベッド上で全介助（おむつ交換）。 1a1　1a2	
⑫ **IADL**	調理：妹・長女が行う。 3a1 掃除：夫・長女が行う。 洗濯：夫・長女が行う。 買い物：夫・長女が行う。 金銭管理：夫が行う。 服薬管理：夫が管理。錠剤を口までもっていくことができず、介助者が口の中に入れる必要がある。 1a1　3a1	
⑬ **認知**	入院中はせん妄がみられた。発言も少なく、どの程度物事を理解できているかは不明。自宅に帰ってきたことは認識できている。	
⑭ **コミュニケーション能力**	入院中は会話が難しく、あいさつをする程度。意識がはっきりしていれば簡単な会話は可能。自ら意思表示することは少ない。	
⑮ **社会との関わり**	もともと近所に家族以外の知り合いは少ない。	
⑯ **排尿・排便**	バルーンカテーテルを使用。退院前に抜去を試みたが、排尿障害がみられたため、つけたまま退院となる。 緩下剤を使用し、排便は２日に１回ある。 1a1　1a2	
⑰ **じょく瘡・皮膚の問題**	時々皮膚に赤みがみられる。入院中はエアマットを使用。横になる時間が長いため、褥瘡発生のリスクがある。 1a1　2a1	

⑱ **口腔衛生**	部分義歯。口をゆすぐことはできる。食後は食物残渣があるため、歯みがきに関する一連の介助が必要。 1a2
⑲ **食事摂取**	入院中は、経口摂取が難しく点滴をしていた。退院に向け経口摂取を始めたばかり。一度に食べられる量は少量。嚥下機能に支障があるため、食事形態に注意が必要。退院後はとろみをつけ、こまめな水分補給が必要。 1a1 3a1 身長150cm、体重45kg（BMI：20.0）。入院前の体重は56kg（BMI：24.9）。入院中に体重が大幅に減少している。
⑳ **問題行動**	入院中はせん妄がみられた。退院し、症状が落ち着くかどうか観察が必要。 1a1
㉑ **介護力**	夫も高齢で腰痛がある。台所仕事は慣れていない。長女は就労しており不規則勤務のため、長女による定期的な支援は難しい。少し離れたところに仲のよい妹が住んでおり、退院後は食事づくりに来てくれることになっている。 3a1
㉒ **居住環境**	県営住宅の３階。エレベーターなし。新築募集時に転居し現在に至る。40年以上住んでいる。共有の階段の幅は広い。トイレは手すりがなく狭い。車いすでトイレに行くことができる広さではない。浴室には段差があり、また手すりがなく浴槽は深い。 【自宅の見取り図】 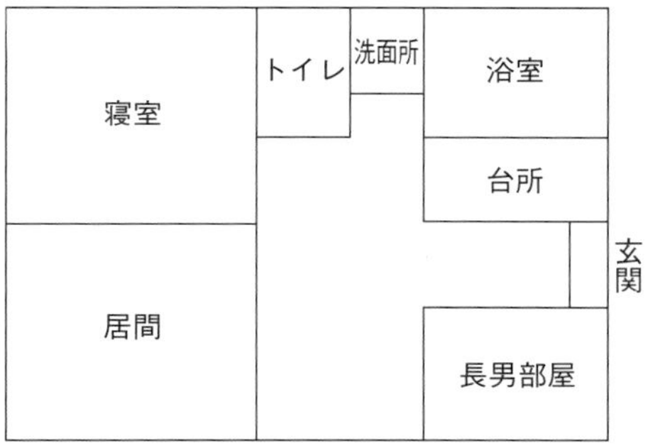
㉓ **特別な状況**	施設に入所中の障害のある長男が毎週末（金～日）に帰宅するため、夫と長女は週末の介護負担が若干増してしまう。

4 アセスメントのまとめ（情報収集と分析）

総括

・リハビリテーションを頑張り、要支援１で長く経過していた本人が、高熱が続いたことをきっかけに症候性てんかんを発症し、２か月間の入院となった。それにより大きくADLが低下してしまったことで、今後の在宅生活に対する家族の不安が大きい。

・本人の意思確認が難しい状況ではあるが、これまで担当の介護支援専門員としてかかわってきた間、本人には「母親としての役割を務めたい。リハビリを頑張りたい」という思いが強くあったため、「少しでも家族に迷惑をかけないように」との思いをもっているのではないか、と考えられる。

・入院によるADLの低下と、パーキンソン病の進行によるADLの低下を見極めつつ、支援していく必要がある。

身体面

・生活全般において介助を要する。

・起立性低血圧もみられ、リハビリテーションのときや食事中においても注意が必要な状態である。

・食事については、経口摂取を始めたばかりであり、食事形態や食事量等に十分留意していく必要がある。併せて、誤嚥性肺炎の予防のため、口腔ケアの徹底が求められる。

・バルーンカテーテルを使用しており、感染症のリスクがある。いずれはカテーテルを抜去したい、というのが家族の希望だが、可能かどうか、身体機能の評価とともに環境整備も含めて観察していく必要がある。

精神面・社会面

・自宅はエレベーターなしの集合住宅の３階。階段の幅は広いが、歩行できず、また階段昇降もできないため、外出困難な状況にある。今後、体力がついてきた頃に、外出についてどのように考えていくか確認する必要がある。

・入院中はせん妄がみられた。安定剤を服用していたことも、意識がはっきりしない要因の一つになっている。今後、在宅生活を送るにあたり、症状が改善されていくかどうか、せん妄の再発を避けることと併せて、様子をみていく必要がある。

環境面

・自宅内に物が多く、ベッドを置くスペースがなかったため、入院中に家族に処分を依頼した。ベッドを置くスペースは確保できている。

・トイレ、浴室ともに、身体機能が大きく回復しないことには使用が困難である。

課題整理総括表

利用者名　千葉　好子　殿

作成日　令和○年８月19日

自立した日常生活の阻害要因(心身の状態、環境等)	①心身機能低下・体力低下が著しい	②パーキンソン病(起立性低血圧を含む)	③感染症のリスク
	④高齢で腰痛のある主介護者	⑤容易に外出できない住環境	⑥経口摂取を再開したばかり

利用者及び家族の生活に対する意向	本人：ようやく退院できほっとしている。 家族：様子が急変し一時はどうなるかと思った。少しでも元気になるよう、家族全体でサポートしていきたい。

状況の事実※1		現在※2	要因※3	改善/維持の可能性※4	備考(状況・支援内容等)
移動	室内移動	自立　見守り　一部介助　**全介助**	①②	**改善**　維持　悪化	・起居動作等、あらゆる場面に介助を要する。
	屋外移動	自立　見守り　一部介助　**全介助**	①②	改善　**維持**　悪化	・車いすで帰宅。退院後しばらくは屋外には出ない予定。
食事	食事内容	支障なし　**支障あり**	⑥	**改善**　維持　悪化	・とろみのついた食べやすい形態で提供するよう、病院からの指示がある。
	食事摂取	自立　見守り　一部介助　**全介助**	①②⑥	**改善**　維持　悪化	・摂取量にむらがある。
	調理	自立　見守り　一部介助　**全介助**	①	改善　**維持**　悪化	・食事介助が必要。調理は妹・長女が行う。
排泄	排尿・排便	支障なし　**支障あり**	①③	**改善**　維持　悪化	・排尿困難となり、バルーンカテーテルを使用。
	排泄動作	自立　見守り　一部介助　**全介助**	①②	**改善**　維持　悪化	・ベッド上でのおむつ交換。
口腔	口腔衛生	支障なし　**支障あり**	①③⑥	**改善**　維持　悪化	・嚥下機能低下により、食物残渣あり。
	口腔ケア	自立　見守り　**一部介助**　全介助	①③	**改善**　維持　悪化	・口をゆすぐことはできる。
服薬		自立　見守り　一部介助　**全介助**	①②	改善　**維持**　悪化	・薬は介助者が口の中に入れれば飲み込める。
入浴		自立　見守り　一部介助　**全介助**	①②③④	**改善**　維持　悪化	・自宅の浴室は使用できない。低血圧を起こす可能性がある。
更衣		自立　見守り　一部介助　**全介助**	①②	**改善**　維持　悪化	・更衣もほぼ全介助にて行う。
掃除		自立　見守り　一部介助　**全介助**	①	改善　**維持**　悪化	・家事全般は家族が行う。
洗濯		自立　見守り　一部介助　**全介助**	①	改善　**維持**　悪化	
整理・物品の管理		自立　見守り　一部介助　**全介助**	①	改善　**維持**　悪化	
金銭管理		自立　見守り　一部介助　**全介助**	①	改善　**維持**　悪化	
買物		自立　見守り　一部介助　**全介助**	①	改善　**維持**　悪化	
コミュニケーション能力		支障なし　**支障あり**	①②	**改善**　維持　悪化	・発語が少なく、会話がかみ合わないときもある。
認知		支障なし　**支障あり**	①②	**改善**　維持　悪化	・せん妄がみられる。退院後改善されるかどうか観察が必要。
社会との関わり		支障なし　**支障あり**	①②③④⑤	**改善**　維持　悪化	
褥瘡・皮膚の問題		支障なし　**支障あり**	①⑥	改善　**維持**　悪化	・寝ている時間が長く、栄養状態が低下する可能性あり。現在は時々皮膚に赤味あり。
行動・心理症状(BPSD)		支障なし　**支障あり**	①②	**改善**　維持　悪化	・入院中にせん妄の既往あり。
介護力(家族関係含む)		支障なし　**支障あり**	④	改善　**維持**　悪化	・主介護者は高齢で腰痛あり。同居する長女は就労中で不規則勤務。
居住環境		支障なし　**支障あり**	⑤	改善　**維持**　悪化	・トイレ等は車いすで利用できない。 ・エレベーターのない３階に居住しているため、外出にも支障あり。
				改善　維持　悪化	

見通し※5	生活全般の解決すべき課題(ニーズ)【案】	※6
<身体機能> ・リハビリの実施や、生活スタイルを日常生活に戻していくことで、改善が見込まれる。 <パーキンソン病> ・リハビリの実施により、現状を把握し、今後の目標を立てることができる。	リハビリをして、少しずつ自分で身体を動かせるようになりたい。	2
<感染症のリスク> ・医療のかかわりにより予防できる。 カテーテル抜去も試みることができる。	また家族のために家事をしたり、楽しみをもてるようになりたい。	—
<起立性低血圧> ・身体を起こして過ごす時間を増やしていくことで、症状が軽減される可能性がある。	てんかん発作を繰り返したり、感染症を起こしたりせずに、自宅で生活したい。	1
<食事摂取> ・経口摂取を続けることで、咀嚼や嚥下機能が回復する可能性がある。 ・栄養状態の低下や脱水を予防できる。	しっかり食事をして、元気になりたい。	3

※１～※６の詳細については、p.11～p.13を参照のこと。

第1表

居宅サービス計画書(1)

作成年月日　令和○年８月19日

(初回)・紹介・継続　　(認定済)・申請中

利用者名　千葉　好子　殿　　生年月日　昭和○○年○○月○○日(76歳)　　住所　○○県○○市○○

居宅サービス計画作成者氏名　A

居宅介護支援事業者・事業所名及び所在地　B居宅介護支援事業所　○○県○○市○○

居宅サービス計画作成(変更)日　令和○ 年　8 月　19 日　　初回居宅サービス計画作成日　令和○ 年　8 月　19 日

認定日　令和○ 年　8 月　14 日　　認定の有効期間　令和○ 年　7 月　1 日　～　令和○＋1 年　6 月　30 日

要介護状態区分	要介護1　・　要介護2　・　要介護3　・　要介護4　・　(要介護5)
利用者及び家族の生活に対する意向を踏まえた課題分析の結果	本人：ようやく退院できほっとしている。家でゆっくりしたい。 家族：様子が急変し一時はどうなるかと心配したが、退院できるまでに回復できたことをうれしく思う。 まだまだ様子が不安定であり心配な点も多くあるが、少しずつ元気になれるよう、家族全体でサポートしていきたい。
介護認定審査会の意見及びサービスの種類の指定	特になし。
総合的な援助の方針	退院となりましたが、様子が不安定な部分もあり、今後も体調管理が必要な状態にあります。 状態変化がみられたときには適宜対応できるよう、ご自宅でも医療との連携を図っていくとともに、食事や保清に関する部分をサポート しながらリハビリも行っていくことで、身体を動かす元気を取り戻していけるよう支援していきます。 緊急連絡先：夫　○○○－○○○○－○○○○　主治医　○○○－○○○○－○○○○
生活援助中心型の算定理由	1.　一人暮らし　　2.　家族等が障害、疾病等　　3.　その他　(　　　)

退院直後であり、医療連携が重要であるため、先に記載しました

居宅サービス計画の説明を受け、同意し、受領しました。　　年　　月　　日（利用者氏名）　　印

第2表

居宅サービス計画書（2）

作成年月日　令和○年８月19日

利用者名　千葉　好子　殿

生活全般の解決すべき課題（ニーズ）	目標：長期目標	（期間）	目標：短期目標	（期間）	援助内容：サービス内容	※1	サービス種別	※2	頻度	期間
1 てんかん発作を繰り返したり、感染症を起こしたりせずに、自宅で生活したい	1a 安定した体調で、自宅で生活することができる	R○.8.19 ～ R○+1.6.30	1a1 体調の変化がみられた際、すぐに医療職に連絡・報告することができる	R○.8.19 ～ R○+1.1.31	・体調管理、服薬管理、医師への報告等		本人、家族	本人、夫、長女	毎日	R○.8.19 ～ R○+1.1.31
					・定期診察、薬の処方、生活上の指導・助言、緊急時対応	○	居宅療養管理指導	○○クリニック	月２回	
					・体調観察・療養指導、カテーテル管理・尿量確認、必要に応じておむつ交換等、緊急時対応	医	訪問看護	B訪問看護ステーション	週２回	
			1a2 身体や口の中を清潔にし、感染症を予防する	R○.8.19 ～ R○+1.1.31	・おむつ交換・尿廃棄、清拭、更衣介助、口腔ケア等	○	訪問介護	D訪問介護センター	毎日	R○.8.19 ～ R○+1.1.31
					・体調確認、入浴介助（状況により全身清拭）	○	訪問入浴介護	E事業所	週１回	
					・食後の歯みがき介助（誤嚥性肺炎の予防）		家族	夫	毎食後	
2 リハビリをして、少しずつ自分で身体を動かせるようになりたい	2a ベッドで端座位がとれるようになる	R○.8.19 ～ R○+1.6.30	2a1 ベッド上で座って食事を摂ることができる	R○.8.19 ～ R○+1.1.31	・体調確認、拘縮予防・身体状況にあわせた機能訓練の実施	医	訪問看護	B訪問看護ステーション	週２回	R○.8.19 ～ R○+1.1.31
					・寝返り、起き上がり動作補助のための特殊寝台・特殊寝台付属品の貸与	○	福祉用具貸与	C事業所	毎日	
					・正しい姿勢で食事を摂るためのサイドテーブル貸与	○	福祉用具貸与	C事業所	毎日	
					・褥瘡発生予防のための床ずれ防止用具の貸与	○	福祉用具貸与	C事業所	毎日	
3 しっかり食事をして、元気になりたい	3a 健康に必要な食事・水分摂取量を維持できる	R○.8.19 ～ R○+1.6.30	3a1 介助を受けて、むせることなく食事や水分を摂ることができる	R○.8.19 ～ R○+1.1.31	・本人にあわせた食事形態での食事準備		家族	妹、長女	毎日	R○.8.19 ～ R○+1.1.31
					・水分補給、状況に応じた食事介助・見守り、服薬介助	○	訪問介護	D訪問介護センター	毎日	
					・定期的な水分摂取の介助、昼食の介助（長女在宅時は長女にて）		家族	夫、長女	日４回	

具体的な活動の目標を本人や家族と共有できるよう設定しました

※１「保険給付の対象となるかどうかの区分」について、保険給付対象内サービスについては○印を付す。
※２「当該サービス提供を行う事業所」について記入する。

第3表

週間サービス計画表

作成年月日　令和○年８月19日

利用者名　千葉　好子　殿

令和○年８月分より

		月	火	水	木	金	土	日	主な日常生活上の活動
深夜	4：00								
早朝	6：00								
									起床。食事づくり(妹または長女)
午前	8：00	訪問介護	訪問介護	訪問介護	訪問介護	訪問介護	訪問介護	訪問介護	モーニングケア・朝食・服薬
	10：00								水分摂取
							訪問入浴		入浴
午後	12：00								昼食
		訪問看護(医)			訪問看護(医)				水分摂取
	14：00		訪問看護(リハビリ)			訪問看護(リハビリ)			リハビリ
									水分摂取
	16：00								食事づくり(妹)
		訪問介護	訪問介護	訪問介護	訪問介護	訪問介護	訪問介護	訪問介護	夕食・服薬
夜間	18：00								
									水分摂取
	20：00								就寝
深夜	22：00								
	24：00								
	2：00								
	4：00								

昼間の時間帯は、訪問看護と訪問介護を利用すると人の出入りが多くて疲れるとの意向から、昼食介助は家族対応としました

家族は、障害のある長男の週末の外泊への対応が必要なため、土日に平日と同様の福祉サービスを利用して本人を支援します

週単位以外のサービス	特殊寝台貸与・特殊寝台付属品貸与・床ずれ防止用具貸与 居宅療養管理指導(水曜日、月２回)

第5表

居宅介護支援経過(抜粋)

作成年月日　令和○年11月22日

利用者名　千葉　好子　殿

居宅サービス計画作成者氏名　A

年月日	内容
R○. 11. 22(金) 14:00 ～ 自宅訪問 本人・家族(夫)と面談	モニタリングを実施する。詳細はモニタリングシート参照。 12月分利用票・別表について説明し、同意のうえ、捺印いただき交付する。現在の支援継続を希望される。 リハビリの時間にあわせ訪問。身体機能がかなり回復しており、ベッドで端座位がとれるようになってきた。立ち上がり練習もしている。パーキンソン症状の出方により水分摂取量も異なるようで、尿量が減り、若干脱水気味。反応が鈍いときの水分の摂り方について、ご家族に対し理学療法士よりアドバイスあり。(A)
	中略
R○. 12. 19(木) 13:00 ～ 自宅訪問 本人・家族(夫)と面談	モニタリングを実施する。詳細はモニタリングシート参照。 １月分利用票・別表について説明し、同意のうえ、捺印いただき交付する。現在の支援継続を希望される。 訪問看護にあわせ訪問。３週間くらい前からカテーテルを抜く練習を開始。膀胱に尿をため、尿意を感じる練習をしているが、夜間のほうが尿量が多く、思うように行えていないとのこと。(A)
	中略
R○+1. 1. 8(水) 10:00 ～ 自宅訪問 本人・家族(夫)と面談	モニタリングを実施する。詳細はモニタリングシート参照。 退院後、夫がつきっきりで介護していることもあり、夫の疲労が増している様子である。本人には体力もついてきているため、デイケア利用を提案。同意される。医師にも確認をとると、「現状であれば大丈夫でしょう」との回答。 介護支援専門員からＣ事業所に、電話にて福祉用具使用について相談する。 １階から３階の間の階段昇降のために階段昇降機を使用したい旨を伝え、環境的に可能かどうかを確認。夫は使用対象年齢の上限を超えるため、該当しない。担当ヘルパーに使用方法を指導し、業者より使用許可が下りれば使用可能とのこと。 その旨、Ｄ訪問介護センターに伝え、指導を受けてもらえるか相談する。(A)
	以下略

※モニタリングシート、再アセスメントシートなどは本書では割愛しています。

評価表

利用者名　千葉　好子　殿　　　　作成日　令和○＋1年1月25日

短期目標	（期間）	援助内容：サービス内容	援助内容：サービス種別	援助内容：※1	結果 ※2	コメント（効果が認められたもの/見直しを要するもの）
1a1 体調の変化がみられた際、すぐに医療職に連絡・報告することができる	R○.8.19 ～ R○+1.1.31	・体調管理、服薬管理、医師への報告等	本人、家族	本人、夫、長女	△	
		・定期診察、薬の処方、生活上の指導・助言、緊急時対応	居宅療養管理指導	○○クリニック	△	
		・体調観察・療養指導、カテーテル管理・尿量確認、必要に応じておむつ交換等、緊急時対応	訪問看護	B訪問看護ステーション	△	何度かカテーテルが抜けたり発熱もみられたが、早期対応できている。
1a2 身体や口の中を清潔にし、感染症を予防する	R○.8.19 ～ R○+1.1.31	・おむつ交換・尿廃棄、清拭、更衣介助、口腔ケア等	訪問介護	D訪問介護センター	△	
		・体調確認、入浴介助（状況により全身清拭）	訪問入浴介護	E事業所	○	デイケアでの入浴に切り替えるため、今回にて終了とする。
		・食後の歯みがき介助（誤嚥性肺炎の予防）	家族	夫	△	
2a1 ベッド上で座って食事を摂ることができる	R○.8.19 ～ R○+1.1.31	・体調確認、拘縮予防・身体状況にあわせた機能訓練の実施	訪問看護	B訪問看護ステーション	◎	予想を上回り、立ち上がり・手引き歩行練習まで取り組めている。
		・寝返り、起き上がり動作補助のための特殊寝台・特殊寝台付属品の貸与	福祉用具貸与	C事業所	○	パーキンソン症状の出方にもよるが、手すりにつかまり起居動作ができるようになっている。
		・正しい姿勢で食事を摂るためのサイドテーブル貸与	福祉用具貸与	C事業所	◎	起立性低血圧を起こすことなく、ベッドで端座位をとり食事摂取できている。
		・褥瘡発生予防のための床ずれ防止用具の貸与	福祉用具貸与	C事業所	○	時々皮膚に赤みがみられたが、悪化せずに経過している。
3a1 介助を受けて、むせることなく食事や水分を摂ることができる	R○.8.19 ～ R○+1.1.31	・本人にあわせた食事形態での食事準備	家族	妹、長女	◎	退院当初はおかゆやとろみのあるものを食べていたが、現在は常食になっている。
		・水分補給、状況に応じた食事介助・見守り、服薬介助	訪問介護	D訪問介護センター	◎	しっかり端座位をとれるときは、介助せずに食べることができている。途中から介助を要するときもある。
		・定期的な水分摂取の介助、昼食の介助（長女在宅時は長女にて）	家族	夫、長女	△	むせる回数も減り、適切に介助できている。

※1「当該サービスを行う事業所」について記入する。※2 短期目標の実現度合いを5段階で記入する（◎：短期目標は予想を上回って達せられた、○：短期目標は達せられた（再度アセスメントして新たに短期目標を設定する）、△：短期目標は達成可能だが期間延長を要する、×1：短期目標の達成は困難であり見直しを要する、×2：短期目標だけでなく長期目標の達成も困難であり見直しを要する）

5 まとめ

要支援 1 でリハビリテーションに前向きに取り組んでいた本人が、高熱が続いたことにより症候性てんかんを発症し、入院したことをきっかけに短期間で要介護 5 となった事例である。

予想もしていなかった展開に家族の動揺は大きく、特に夫の落胆は大きかった。病院から施設への入所が適当との意見もあったが、家族の「自宅で生活させてあげたい」との強い思いから在宅復帰を試みた。

ほぼ寝たきりの状態からどこまで機能回復できるか、医療との連携とリハビリテーション重視でのケアプラン作成を心がけた。その際、本人は、パーキンソン病のホーエン・ヤールの重症度分類がステージⅢ以上（ステージⅣ）のため、リハビリテーションを含む訪問看護が医療保険の適用となり、加えて、バルーンカテーテルを使用しているため、訪問看護（週 4 回）の利用が可能だった。医療保険でのサービスが必要なだけ利用できたことで、介護保険の区分支給限度基準額に縛られず、単位数に余裕をもって支援の内容を検討し、組み立てることができたのは幸いだった。

また、このような対応をすることができたのは、介護支援専門員と本人および家族との間に、信頼関係に基づいた援助関係が構築されていたことも大きいと考えられる。疾病等により本人の状態は大きく変化したが、家族が 2 年以上本人を担当している介護支援専門員を信頼し、心境を打ち明けてもらえたこと、また、本人の意向を直接確認することが困難な状況において、これまでのかかわりのなかで利用者が口にしていた言葉を参考とすることで、ケアプラン作成に活かすこともできた。

退院後は、予想以上に回復し、わずか半年足らずで福祉用具を活用し、外出の機会をもつことができたのは、家族の介護負担軽減の観点からもほっとできる場面だった。

入退院をきっかけに本人の状態が大きく変化したとしても、どのようにすれば在宅生活を継続していくことができるか、あらゆる制度やサービスを活用することで、可能性の幅は広がると改めて認識できた事例である。

2

入所（入居）系

事例 1　認知症の進行によるADL等の低下に伴う施設生活の支援

事例 2　家族にかかる介護負担を心配している人への在宅復帰支援

事例 3　認知症の進行により在宅での生活が困難となり、グループホームに入居した人への支援

事例 4　本人のセルフイメージと現状のギャップを埋め、穏やかな精神状態を保つための支援

2 入所(入居)系 1 認知症の進行によるADL等の低下に伴う施設生活の支援～家族を含めたチームの連携で暮らしを支える～

1 事例の概要

氏　　名：鈴木　花子（女性）
年　　齢：85 歳
要介護度：要介護 3
家族構成：介護老人福祉施設に入所中。入所前は、長男夫婦との 3 人暮らし。

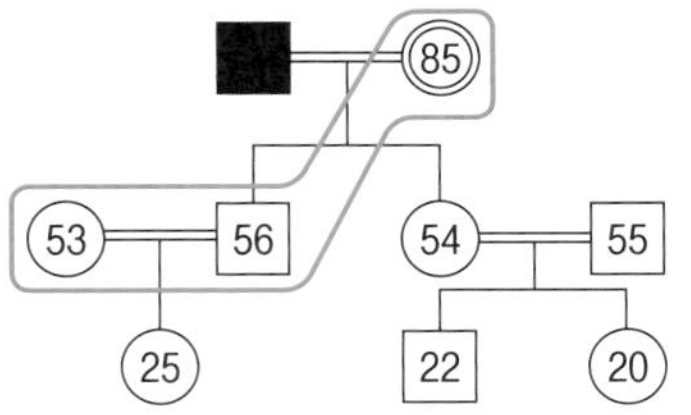

生活歴

〇〇県で生まれ、中学卒業後、地元の会社に勤める。 2 歳年上の会社員の夫と 26 歳で結婚。長男と長女の二人の子どもを育て、専業主婦として暮らす。近所との人付き合いはあまり好まず、子どもの関係の人付き合いのみで親しく話す人も限られていたようである。自宅で家庭菜園をする以外は趣味も特にない。子どもたちが独立後は夫婦で二人暮らしをしていた。77 歳のときに夫が他界した後は一人暮らしとなる。

65 歳頃から高血圧の治療のため、服薬のみの通院をしていた。夫が他界した数年後に認知症の症状が現れ、生活面に多くの介助を要する状態となり、同市内に住む長男と近県に嫁いだ長女が定期的に通って面倒をみていた。

そのような状況で、出かけて自宅に戻れなくなり、警察に保護されることが数回起きた。認知症の症状を心配した長男とともに受診し、79 歳のときにアルツハイマー型認知症の診断を受け、服薬治療を開始する。その頃より長男が今後の生活に不安を感じ、81 歳のときに長男夫婦との同居が始まる。同居後、要介護 2 の認定を受け、通所介護と短期入所生活介護の利用を開始する。認知症の進行に伴い、家族への不信感や介護抵抗などが頻繁となり、長男夫婦が同居にも限界を感じて、短期入所生活介護を利用している介護老人福祉施設に入所について相談する。その後、要介護 3 の認定を受け、 3 か月後の令和〇－ 1 年 2 月に入所に至る。

主な病名と経過

65 歳　高血圧
79 歳　便秘症、アルツハイマー型認知症

2 介護支援専門員からみた事例の特徴

介護老人福祉施設に入所後 1 年半が経過し、ある程度落ち着いて過ごせることもあるが、認知症の進行に伴い、以前できていたことについても、声かけや見守りなどの介助を要することが少しずつ増えてきている。このところ他者とのトラブルや不穏になることも徐々に多くなってきているので、穏やかな過ごし方ができるよう支援していく必要がある。

また、家族の理解も得てより多くの面会や外出などの交流の機会をもてるよう促し、認知症の進行を少しでも遅らせて、落ち着いた生活を続けることができるよう、多職種との連携が必要となる事例である。

3 アセスメント

基本情報に関する項目

令和○年１月18日（施設）

<table>
<tr><th>標準項目名</th><th colspan="2">項目の主な内容</th></tr>
<tr><td rowspan="5">1 基本情報</td><td>初回受付日</td><td>令和○－２年10月24日</td></tr>
<tr><td>受付者</td><td>介護支援専門員　山本　一雄</td></tr>
<tr><td>氏名（性別）
生年月日（年齢）</td><td>鈴木　花子（女性）
昭和○○年○○月○○日（85歳）</td></tr>
<tr><td>住所</td><td>○○県○○市○○</td></tr>
<tr><td>その他</td><td>長男：○○○－○○○－○○○○</td></tr>
<tr><td rowspan="2">2 生活状況</td><td>生活歴</td><td>○○県で生まれ、中学卒業後、地元の会社に勤める。26歳で結婚し、専業主婦として長男と長女を育て、子どもたちが独立後は夫婦で二人暮らしをしていた。77歳のときに夫が他界した後は、一人暮らしを続けていたが、認知症の症状が現れ、81歳のときから同市内に住む長男夫婦と同居を開始した。認知症の進行に伴い、介護保険サービスを利用しながらの同居生活にも長男夫婦が限界を感じ、令和○－１年２月に施設入所に至る。</td></tr>
<tr><td>家族状況</td><td>入所前は、長男夫婦との３人暮らし。
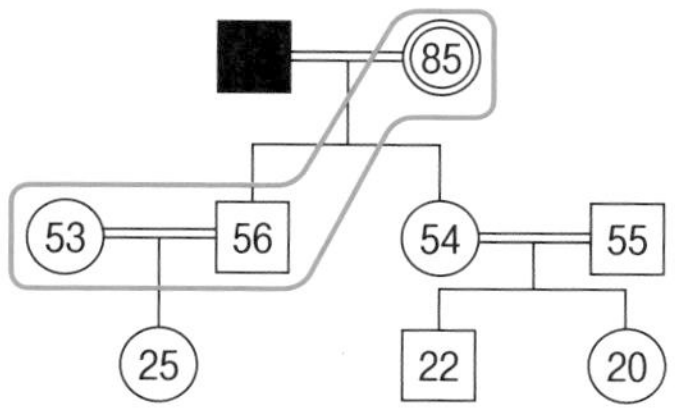
</td></tr>
<tr><td>3 利用者の被保険者情報</td><td colspan="2">介護保険（要介護３）
後期高齢者医療制度
国民年金（85万/年）</td></tr>
<tr><td>4 現在利用しているサービスの状況</td><td colspan="2">介護老人福祉施設入所中
（主な加算：日常生活継続支援加算（Ⅱ）、看護体制加算（Ⅰ）ロ、夜勤職員配置加算（Ⅱ）ロ、個別機能訓練加算、栄養マネジメント加算、看取り介護加算（Ⅰ）、介護職員処遇改善加算（Ⅰ）、介護職員等特定処遇改善加算（Ⅰ）</td></tr>
<tr><td>5 障害高齢者の日常生活自立度</td><td colspan="2">A１</td></tr>
<tr><td>6 認知症である高齢者の日常生活自立度</td><td colspan="2">Ⅲa</td></tr>
<tr><td rowspan="3">7 主訴</td><td>初回相談者等</td><td>長男夫婦が来所し、施設入所について相談する。</td></tr>
<tr><td>相談内容</td><td>現在の介護保険サービスの利用だけでは介護に限界を感じて、施設入所申込の手続きを行う。</td></tr>
<tr><td>本人・家族の要望</td><td>本人：意思の確認はできないが、短期入所生活介護は拒むことなく利用していた。
家族：同居後、認知症がさらに進んで、今は家族での介護も限界と感じている。施設入所を考えるのであれば、本人がなじんでいる施設がよいのでお願いしたい。</td></tr>
<tr><td>8 認定情報</td><td colspan="2">要介護３
認定の有効期間：令和○－１年７月１日～令和○＋１年６月30日</td></tr>
</table>

⑨ 課題分析（アセスメント）理由	更新認定（令和○年１月18日）	長期目標の終了に伴う、入所継続中でのアセスメント。現状の支援内容を見直し、本人の望む暮らしにあわせたケアプランを作成する。

課題分析（アセスメント）に関する項目　　令和○年１月18日（施設）

標準項目名	項目の主な内容	
⑩ 健康状態	病名	高血圧、便秘症、アルツハイマー型認知症
	既往・病歴等	65歳　高血圧（アムロジン服薬治療） 79歳　便秘症（酸化マグネシウム服薬治療） 79歳　アルツハイマー型認知症（アリセプト服薬治療）１a１　３a１
	主治医	介護老人福祉施設　嘱託医
⑪ ADL	寝返り・起き上がり・座位：すべて自立。 移乗：ベッドの手すりにつかまりながら自立。２a１ 歩行：ふらつくこともあるが自立。２a１ 着衣：指示をすれば整容等おおむね自立。 入浴：週２回介助により入浴。タオルを使って手の届く範囲は洗身を行うことができる。 食事：配膳すれば自力摂取可能。早食いの傾向がある。 排泄：定時の声かけにより、トイレで排泄動作をとることができる。３a１	
⑫ IADL	調理：今は一切行っていない。 掃除：掃除等の意識がなく、促してもできない。 洗濯：全介助。 買い物：全介助。 金銭管理：年金や現金等はすべて家族が管理している。 服薬管理：施設で管理し全介助。	
⑬ 認知	認知能力は少しずつ低下しており、このところ会話が成立しない場面も増えている。生活面での自らの意思決定なども難しくなってきている。１a１	
⑭ コミュニケーション能力	簡単な返事程度は交わすことができるが、理解の程度は不明。入所者同士の会話は何とか成立することもあるが、トラブルも多く、長く一緒に過ごすことはできない。１a１	
⑮ 社会との関わり	近所との付き合いなど対人的な交流は少なかった。親しい友人・知人もほとんどいなかったようである。 入所前は同一事業所内の通所介護と短期入所生活介護を定期的に利用していた。入所後も活動プログラムのなかで交流があるが忘れてしまっており、会って会話を交わすことは少ない。	
⑯ 排尿・排便	尿失禁があり、尿取りパッドを使用している。夜間帯は便失禁もあるので、本人の様子をみて定時のトイレ誘導を行っている。多少尿意や便意もあるので、排泄パターンを把握し、夜間だけでなく日中も様子をみて声かけを行っている。３a１	
⑰ じょく瘡・皮膚の問題	皮膚については特に問題なし。	
⑱ 口腔衛生	義歯を使用。口腔ケアなどの促しや見守りが必要。	
⑲ 食事摂取	主食はご飯、副食も常食で自力摂取可能。他者のものに間違えて手を出すことなどもあり、時には声かけ等も必要。 身長155cm、体重48kg（BMI：20.0）。	

⑳ **問題行動**	その日の気分にもよるが、介護拒否がある。 3a1 尿取りパッドをいじってしまう不潔行為もある。また、本人からの申し出がないので、職員が1日1回は下着チェックを行っている。 3a1 時々夕食前に帰宅願望を訴えることがある。 1a1
㉑ **介護力**	施設入所のため特に問題ない。家族の状況は入所前と変わらず、長男家族と長女が月2回程度の面会に訪れ、短時間ではあるが、仲睦まじく過ごしている。 4a1
㉒ **居住環境**	居室の住環境は、ユニット型個室でトイレと洗面所がついている。部屋から出ると、入所者が過ごすテーブルやソファが目の前の場所となる。室内はタンスや荷物をいじって乱雑にしてしまう。時には失禁した衣類をしまってしまうことなどもあり、雑然とした空間となっている。 1a1 4a1
㉓ **特別な状況**	落ち着きがなく、一定時間継続した活動は難しいが、無理のない範囲での簡単な役割（タオルたたみ等）をしているときには、少数の入所者と穏やかに過ごせることもある。現在の生活環境において、本人にとって居心地よい過ごし方をより工夫することができるとよい。 1a1

4 アセスメントのまとめ（情報収集と分析）

総括

・認知症の進行に伴い、長男夫婦による在宅介護が困難となって、短期入所生活介護を利用していた介護老人福祉施設に入所して約1年半が経過した。入所当初から落ち着かず、他者とのトラブルや感情の起伏が激しい面があり、親しく話す相手もあまりできない状態が続いている。

・施設での生活リズムにまだなじめず、時間をもて余している。会話も減ってきているので、その都度職員が声かけを行い、日中はできるだけリビングで過ごせるよう促すなどのアプローチを行っている。

身体面

・起居動作時や室内の移動時にふらつくことがあり、転倒を心配して移動時の見守りを行っている。

・失禁などがあるので尿取りパッドを使い、かつ定時のトイレ誘導も実施している。特に夜間帯のトイレ誘導時に不穏になることがあるので、覚醒に時間をかけ、本人の動作にあわせた介助を行っている。

精神面・社会面

・本人は話し相手を求めているが、どうすればよいのかわからず戸惑っている。話し相手を求めてかかわってみるが、一方的な会話になってしまうので、今も親しく話す相手はできていない状態である。

環境面

・日中はリビングで過ごし、テーブルを囲んで少人数でテレビなどを見て過ごしている。役割としてタオルたたみは嫌がることなく続いており、短時間であれば集中して続けることができる。
・レクリエーション活動はそのときの気分による。飽きずに参加できることもあるが、途中で戻ってしまうこともある。

その他

・長男家族と長女は定期的に訪れているが、長く過ごすことができず、交流場面が単調になってしまっている。認知症の進行に伴い、家族も面会時の過ごし方に少し悩んでいる。

課題整理総括表

利用者名　鈴木　花子　殿

作成日　令和○年１月19日

自立した日常生活の阻害要因（心身の状態、環境等）			
	①認知症の進行に伴う認知機能とADLの低下	②夜間帯に不穏になることがある	③介護老人福祉施設入所中
	④レク等の活動に集中できない	⑤話し相手が少ない	⑥口調が強く、もめることがある

利用者及び家族の生活に対する意向	
	本人：特にありませんが穏やかに過ごしたい。 家族：落ち着いて過ごしてほしい。

状況の事実※1		現在※2	要因※3	改善/維持の可能性※4	備考（状況・支援内容等）
移動	室内移動	自立　**見守り**　一部介助　全介助	①	改善　**維持**　悪化	・いす等からの立ち上がりが不安定でふらつく。歩行時のバランスもよくなく、ちょっとしたところでつまずくことも多い。
	屋外移動	自立　見守り　**一部介助**　全介助	①	改善　**維持**　悪化	
食事	食事内容	**支障なし**　支障あり		改善　維持　悪化	
	食事摂取	自立　見守り　**一部介助**　全介助	①	改善　**維持**　悪化	・食事の途中でも食べることを止めてしまうので、その都度促しが必要。
	調理	自立　見守り　一部介助　**全介助**	①③	改善　**維持**　悪化	
排泄	排尿・排便	支障なし　**支障あり**	①②	改善　**維持**　悪化	・夜間帯は失禁が多いので定時で声かけを行い、トイレ誘導が必要。
	排泄動作	自立　**見守り**　一部介助　全介助	①②	改善　**維持**　悪化	
口腔	口腔衛生	支障なし　**支障あり**	①	改善　**維持**　悪化	
	口腔ケア	自立　**見守り**　一部介助　全介助	①	改善　**維持**　悪化	・声かけなどの促しがあれば、部分的に口腔ケアは自力で行える。
服薬		自立　見守り　一部介助　**全介助**	①	改善　**維持**　悪化	・日常の生活動作はその都度声かけを行い、ほぼ一部介助を要する状態である。
入浴		自立　見守り　**一部介助**　全介助	①③	改善　**維持**　悪化	
更衣		自立　見守り　**一部介助**　全介助	①	改善　**維持**　悪化	
掃除		自立　見守り　**一部介助**　全介助	①③	改善　**維持**　悪化	
洗濯		自立　見守り　一部介助　**全介助**	①③	改善　**維持**　悪化	
整理・物品の管理		自立　見守り　**一部介助**　全介助	①③	改善　**維持**　悪化	
金銭管理		自立　見守り　一部介助　**全介助**	①③	改善　**維持**　悪化	・お金は家族管理（他者にあげようとしてもめてしまうため）。
買物		自立　見守り　一部介助　**全介助**	①③	改善　**維持**　悪化	
コミュニケーション能力		支障なし　**支障あり**	①②⑤	改善　**維持**　悪化	・話し相手を求めて話しかけるが、一方的な会話になりもめてしまう。
認知		支障なし　**支障あり**	①②⑥	改善　**維持**　悪化	
社会との関わり		支障なし　**支障あり**	③④⑤⑥	改善　**維持**　悪化	・そのときの気分も影響し、時に口調がきつく言い合いになってしまう。
褥瘡・皮膚の問題		**支障なし**　支障あり		改善　維持　悪化	
行動・心理症状（BPSD）		支障なし　**支障あり**	②⑥	改善　**維持**　悪化	・トイレ誘導の影響か、夜間に不穏になるなることがある。
介護力（家族関係含む）		**支障なし**　支障あり		改善　維持　悪化	
居住環境		**支障なし**　支障あり		改善　維持　悪化	
レク等の諸活動への参加		支障なし　**支障あり**	④	改善　**維持**　悪化	・レク等に集中して参加することができず、その都度職員がかかわっている。

見通し※5	生活全般の解決すべき課題（ニーズ）【案】	※6
・以前は少なかった入所者間のトラブルが増えてきているので、交流の際には職員も加わり、穏やかな場の会話を楽しむことができる。	入所者ともめることなく、穏やかに生活していきたい。	1
・移動時の見守りを強化することで、転倒によるけが・骨折を防ぐことができる。	施設内を転ぶことなく歩きたい。	2
・夜間の排泄介助の際は覚醒に時間をかけ、本人の動作にあわせると介助時の協力動作ができる。	トイレで排泄できるようになりたい。	3
・家族も定期的に面会に来ているが、少しずつ面会時間が短くなっているので、より多く一緒の時間を楽しむことができる。	家族との関係をこれからも大切にしていきたい。	4
・本人ができることとできないことを整理し、見守りや声かけで対応できるタオルたたみなどの役割を継続し、気分も落ち着くことができる。		

※１～※６の詳細については、p.11～p.13を参照のこと。

第1表

施設サービス計画書（１）

作成年月日　令和○年１月20日

初回・紹介・継続（○）　認定済（○）・申請中

利用者名　鈴木　花子　殿　生年月日　昭和○○年○○月○○日（85歳）　住所　○○県○○市○○

施設サービス計画作成者氏名及び職種　介護支援専門員　山本　一雄

施設サービス計画作成介護保険施設名及び所在地　個室・ユニット型　B介護老人福祉施設　○○県○○市○○

施設サービス計画作成（変更）日　令和○年　１月　20日　初回施設サービス計画作成日　令和○－１年　２月　１日

認定日　令和○－１年　６月　20日　認定の有効期間　令和○－１年　７月　１日　～　令和○＋１年　６月　30日

要介護状態区分	要介護１　・　要介護２　・　（要介護３）　・　要介護４　・　要介護５
利用者及び家族の生活に対する意向	本人：特にありませんが穏やかに過ごしたい。 家族：家族での介護が難しいので、施設で穏やかに過ごしてもらいたい。人との付き合いがあまりうまくないので、トラブルを起こさないようにしてほしい。
介護認定審査会の意見及びサービスの種類の指定	特になし。
総合的な援助の方針	施設での日常を落ち着いて過ごせるよう、以下の点に配慮して支援いたします。 ①他者とのトラブル等を避け、お話しできる相手と楽しく過ごせるよう見守ります。 ②生活のメリハリをつけ、レクリエーション活動や日常場面での手伝いなどが集中して行えるようかかわります。 ③これからも家族との面会・行事への参加を促し、より多く家族との交流をもてるよう取り組みます。

施設サービス計画の説明を受け、同意し、受領しました。　年　月　日（利用者氏名）　印

第2表

施設サービス計画書(2)

作成年月日　令和○年1月20日

利用者名　鈴木　花子　殿

生活全般の解決すべき課題(ニーズ)	目標				援助内容			
	長期目標	(期間)	短期目標	(期間)	サービス内容	担当者	頻度	期間
① 入所者ともめることなく、穏やかに生活していきたい	1a 話が合う人と会話を楽しむ	R○.2.1 ～ R○+1.1.31	1a1 隣の席の人とおしゃべりができる	R○.2.1 ～ R○.8.31	・おやつの前後や役割を行う場面での会話を楽しめる環境を整える ・長く過ごす会話は難しいので、相手を選び、場も配慮する	介護職員・看護職員 介護支援専門員 生活相談員	毎日	R○.2.1 ～ R○.8.31
② 施設内を転ぶことなく歩きたい	2a 施設内を安心して歩く	R○.2.1 ～ R○+1.1.31	2a1 介助を受け、立ち上がりや移動時のふらつきを防ぐ	R○.2.1 ～ R○.8.31	・起居動作・歩行時の見守りの実施 ・立ち上がりや移動時のふらつきに注意する	介護職員	毎日	R○.2.1 ～ R○.8.31
					・立位動作や少人数でのリハビリ活動の実施	機能訓練指導員	週2回	
③ トイレで排泄できるようになりたい	3a トイレで排泄ができる	R○.2.1 ～ R○+1.1.31	3a1 トイレ誘導時の声かけと促しに応じることができる	R○.2.1 ～ R○.8.31	・その都度トイレの場所を伝えて誘導する ・誘導時の声かけと手引き介助 ・尿取りパッド交換時の不安解消	介護職員	毎日	R○.2.1 ～ R○.8.31
④ 家族との関係をこれからも大切にしていきたい	4a 家族との面会時は部屋でのんびり過ごす	R○.2.1 ～ R○+1.1.31	4a1 面会時の写真を部屋に飾る	R○.2.1 ～ R○.8.31	・家族が部屋で過ごせる環境を整える ・家族と過ごす時間を大切にし、部屋には写真などを飾り彩る	家族 生活相談員 介護支援専門員	来所時	R○.2.1 ～ R○.8.31

認知症の行動・心理症状への対応や、アプローチを示した内容を設定しました

転倒による骨折予防と、ADL低下へのアプローチとして設定しました

特に認知症の入所者への支援において重要な課題として、家族と継続した関係維持を設定しました

入所者と家族をつなぐアプローチは、家族と職員が理解しあって実現できる課題であり、具体的な支援内容を明示することが重要です

第4表

日課計画表

作成年月日	令和○年１月20日
作成者	山本　一雄

利用者名　鈴木　花子　殿　　要介護３

		共通サービス	担当者	個別サービス	担当者	主な日常生活上の活動
深夜	4：00					
	5：00					
早朝	6：00	起床	夜勤介護職員	起床準備・更衣介助	夜勤介護職員	ベッド周りの片づけ
	7：00			洗面介助・定時トイレ誘導	介護職員	
午前	8：00	朝食の準備・配膳・下膳など	介護職員	服薬介助・バイタルチェック	看護職員	
	9：00	口腔ケア	介護職員	生活状況の観察	介護支援専門員	リビングでの談話・テレビ視聴
	10：00	おやつ(飲み物)	介護職員	定時トイレ誘導	介護職員	
	11：00			個別リハビリ(月・木)	機能訓練指導員	リビングでのテレビ視聴
午後	12：00	昼食の準備・配膳・下膳など	介護職員	食事状況の確認	管理栄養士	
	13：00	口腔ケア	介護職員	定時トイレ誘導	介護職員	リビングでの談話
	14：00	個浴	介護職員	役割状況などの観察	生活相談員	リビングでの役割
	15：00	おやつ(飲み物・デザート)	介護職員	生活状況の観察	介護支援専門員	リビングでの談話・テレビ視聴
	16：00			定時トイレ誘導	介護職員	
	17：00					リビングでのテレビ視聴
夜間	18：00	夕食の準備・配膳・下膳など	介護職員	服薬介助	看護職員	
	19：00	口腔ケア	介護職員			リビングでのテレビ視聴
	20：00			定時トイレ誘導	介護職員	
	21：00	就寝	介護職員	就寝準備・更衣介助	介護職員	ベッド周りの準備
深夜	22：00					
	23：00	個室巡視	夜勤介護職員	定時トイレ誘導	夜勤介護職員	
	0：00					
	1：00	個室巡視	夜勤介護職員			
	2：00					
	3：00	個室巡視	夜勤介護職員	定時トイレ誘導	夜勤介護職員	
随時実施するサービス				歩行時の見守り 声かけ	介護職員	

その他のサービス	医師の回診(週１回)

(注)「週間サービス計画表」との選定による使用可。

第6表

施設介護支援経過(抜粋)

作成年月日　令和○年２月12日

利用者名　鈴木　花子　殿

施設サービス計画作成者氏名　山本　一雄

年月日	内容
R○. 2. 12(水) 計画作成	ケアプランの短期目標の見直しを行う。 ８月末に再評価の予定。（山本）
	中略
R○. 3. 5 (木) 生活状況	おやつの場面での会話はもめることなく続いている。同席となるメンバーも固定しつつある。（山本）
	中略
R○. 4. 7 (火) 生活状況	週２回のリビングでのリハビリは嫌がることもなく実施できている。歩行時のふらつきがあるので、目を離せない状態である。（山本）
R○. 4. 23(木) 電話受信	長男より様子確認の連絡。特に変わりなく過ごしている現状を報告。（山本）
	中略
R○. 5. 15(金) 生活状況	夜間帯のトイレ介助では軽度の拒否や不穏もみられる。場合によっては睡眠を優先するなど、時間帯や方法などの検討も必要である。（山本）
	中略
R○. 6. 4 (木) 電話受信	長女からも様子を教えてほしいと電話連絡が入り、体調や生活の様子について報告する。（山本）

年月日	内容
R○. 6. 16(火) 生活状況	リハビリ活動に参加。１時間程度は飽きることなく楽しむことができていた。（山本）
R○. 6. 24(水) 生活状況	午後から機嫌が悪く落ち着かない様子で、部屋の出入りも多い。レクリエーションの手伝いを促すが、本人は気がのらない様子で、実施しない。（山本）
	中略
R○. 7. 13(月) 生活状況	昼食後の口腔ケアを促した際、立ち上がるときにふらついて尻もちをついてしまう。痛みなどの訴えはない。繰り返すことがないよう、介護職員と確認する。（山本）
	中略
R○. 8. 7 (金) 面会	長男と孫家族の面会。小さなお子さんもいたので部屋でゆったり過ごすことができていた。（山本）
	以下略

※モニタリングシート、再アセスメントシートなどは本書では割愛しています。

評価表

利用者名　鈴木　花子　殿

作成日　令和○年８月20日

短期目標	（期間）	援助内容			結果 ※２	コメント（効果が認められたもの/見直しを要するもの）
		サービス内容	サービス種別	※１		
1a1 隣の席の人とおしゃべりができる	R○. 2. 1 ～ R○. 8. 31	・おやつの前後や役割を行う場面での会話を楽しめる環境を整える ・長く過ごす会話は難しいので、相手を選び、場も配慮する	介護職員・看護職員 介護支援専門員 生活相談員	毎日	○	特定のメンバーになるが、30分～１時間程度は穏やかに過ごすことができている。 次回も現在の目標と支援を継続する。
2a1 介助を受け、立ち上がりや移動時のふらつきを防ぐ	R○. 2. 1 ～ R○. 8. 31	・起居動作・歩行時の見守りの実施 ・立ち上がりや移動時のふらつきに注意する	介護職員	毎日	△	ちょっとした場面ではふらつくこともあり、今後も見守りを継続していく。
		・立位動作や少人数でのリハビリ活動の実施	機能訓練指導員	週２回	△	少人数でのリハビリ活動は参加でき、楽しむことができているが、時には途中で飽きてしまう。
3a1 トイレ誘導時の声かけと促しに応じることができる	R○. 2. 1 ～ R○. 8. 31	・その都度トイレの場所を伝えて誘導する ・誘導時の声かけと手引き介助 ・尿取りパッド交換時の不安解消	介護職員	毎日	△	声かけと手引き介助は実施できている。 尿取りパッドの交換時は時々拒否などもあり、落ち着かなくなってしまうことがある。
4a1 面会時の写真を部屋に飾る	R○. 2. 1 ～ R○. 8. 31	・家族が部屋で過ごせる環境を整える ・家族と過ごす時間を大切にし、部屋には写真などを飾り彩る	家族 生活相談員 介護支援専門員	来所時	△	感染予防の関係で面会が制限されており、一緒に過ごすことがなかなかできない状態である。

※１「頻度」について記入する。※２　短期目標の実現度合いを５段階で記入する（◎：短期目標は予想を上回って達せられた、○：短期目標は達せられた（再度アセスメントして新たに短期目標を設定する）、△：短期目標は達成可能だが期間延長を要する、×１：短期目標の達成は困難であり見直しを要する、×２：短期目標だけでなく長期目標の達成も困難であり見直しを要する）

5 まとめ

介護老人福祉施設において認知症の症状を有している入所者は多い。その認知症の症状からのさまざまな生活行動は、認知症の行動・心理症状としてだけでなく、個人の特徴や個性として施設職員には受け止められてしまう。そのような傾向は施設の集団的生活の環境のもとではプラスにはたらくところもあるが、生活になじんでいることで個々に問われなければならない「その人らしさ」「自立支援」などの点においては課題も多い。施設における日常生活は、高齢者の人生を完結する重要な場となるもので、どのような理由があっても個人の尊厳や人格の尊重といったことがおろそかになることがあってはならない。援助にかかわる専門職はそのことを絶えず自覚し、入所者の居場所をきちんと築いていくチームケアに取り組まなければならない。

また、施設におけるケアは 24 時間の継続した生活支援であるが、日中と夜間帯の入所者の行動にはかなり変化が起こりやすい。日中の行動が影響して、夜間の認知症の行動・心理症状として徘徊や不穏などとして現れ、ケアに携わる専門職にとってもチームとしてその行動は共有されなければならない。日中には見せることがない表情を、夜間帯に別の顔として見せる事例も珍しくない。施設職員との関係においても、在宅の家族介護者が認知症の症状の行動に疲弊し悩む課題と似た構造が、施設の生活場面においても繰り広げられることは珍しくない。

認知症の高齢者の生活支援において、在宅や施設にかかわらず、疾患としての側面を重視しながら、個人の行動の意味を深く理解することが基本である。これまでどのような生き方をしてきたのか、家族との関係、友人・知人との関係、仕事や趣味といった個人史などを大切にしなければならない。そのためにも家族の存在は重要であるが、入所後、家族のなかには入所期間が長期になるに従って徐々に疎遠になってしまうことがある。家族との関係を維持し、深める支援は、施設ケアにとって見逃されやすく、その支援は専門職の連携に基づくものでなければならない。関係する人たちをチームとしてまとめ、マネジメントを担うためのハブ機能を行うことが、施設介護支援専門員の役割である（図参照）。施設職員だけの専門職チームでは偏ったものになってしまう。家族の理解があっての施設ケアであり、支援チームの中心に家族も位置づけられなければならない。さらに家族や施設職員だけでなく、時にはボランティアも加わり、関係する人たちを含めたケアチームをマネジメントすることが、施設介護支援専門員に求められている重要な課題と考える。

図　施設における介護支援専門員のハブ機能のイメージ

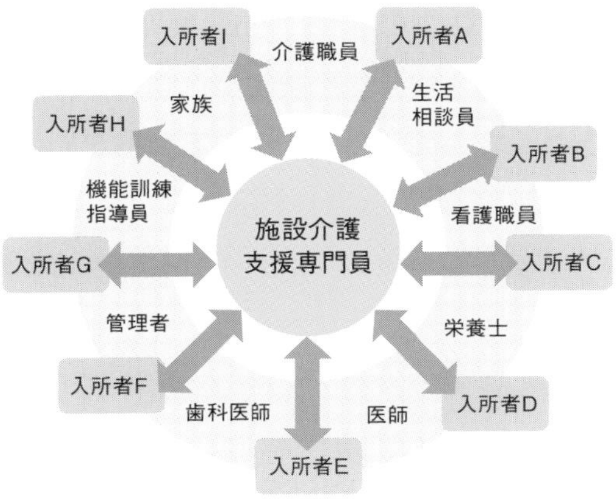

出典：千葉県高齢者福祉施設協会主催「施設介護支援専門員研修会」（2016 年 12 月 8 日付）林房吉氏講義資料を一部改変

2 入所(入居)系 2 家族にかかる介護負担を心配している人への在宅復帰支援

1 事例の概要

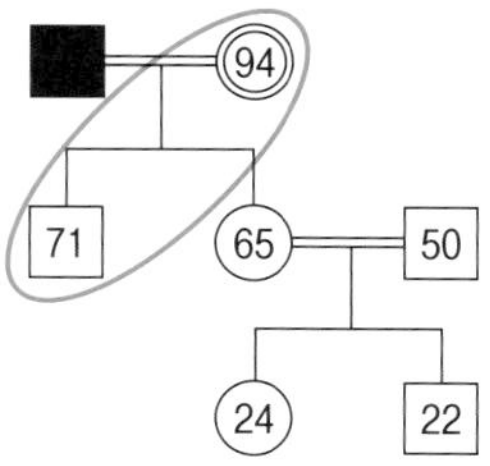

氏　　名：田島　ハル（女性）
年　　齢：94 歳
要介護度：要介護 4
家族構成：長男（71 歳）との二人暮らし。
長男には胃がんがあり、定期的に数日入院して化学療法を受けている。
長男の体調不良時は長女の自宅（同県他市在住）に本人が泊まりに行き、支援を受けていた。

生活歴

現住所地で 7 人きょうだいの長女として生まれ、ほかのきょうだいの母親代わりの存在として育つ。

20 歳のときに 5 歳年上の夫と結婚。教職員として 55 歳まで勤め、定年後は夫を介護して看取った。70 代のときは長女の自宅に通って孫の面倒をみていた。

主な病名と経過

令和○－1 年 9 月中旬　長女の自宅内で転倒。帰宅した孫が発見し、救急車で○○病院に救急搬送され、手術を受ける。
令和○－1 年 10 月初旬　○○病院内の地域生活期病棟へ転棟。

病院から在宅復帰する予定で、歩行器で歩行できる状態を目標としてリハビリテーションをしていた。しかし、食欲不振があり疲れやすく、歩行器で歩行できなかったため、もう少しリハビリテーションをしてから在宅復帰させてあげたいとの長男の希望があり、令和○年 1 月、介護老人保健施設へ入所する。

2 介護支援専門員からみた事例の特徴

大腿骨頸部骨折手術後の女性（94 歳）。主介護者である長男には胃がんがあり、抗がん剤治療を受けている。長男は、本人が 3 か月後に歩行器で歩行できる状態を目標としているが、車いす移乗も全介助であり、本人は、長男にかかる負担を心配して自宅には帰れないと考えているのではないかと介護支援専門員は判断している。

ほかの専門職の助言を得て、在宅復帰後の生活のイメージを具体的に考えることを本人・家族とともに行い、歩行器で歩行できなかった場合も含めて、本人・家族の希望を確認する必要がある。併せて、主介護者である長男の体調不良時の支援体制の確認や整備などへの支援も必要となる事例である。

3 アセスメント

基本情報に関する項目　　　　令和○年１月９日（自宅）

標準項目名	項目の主な内容	
① 基本情報	初回受付日	令和○－１年11月16日
	受付者	介護支援専門員　山野　花子
	氏名（性別） 生年月日（年齢）	田島　ハル（女性） 大正○○年○○月○○日（94歳）
	住所	○○県○○市○○
	その他	長男携帯：○○○－○○○○－○○○○
② 生活状況	生活歴	現住所地で７人きょうだいの長女として生まれる。ほかのきょうだいの母親代わりの存在だった。 20歳のときに５歳年上の夫と結婚。教職員として55歳まで勤め、定年後は夫を介護して看取った。70代のときは長女の自宅に通って孫の面倒をみていた。 教え子や友達との交流が入院前まで続いていた。 5a1
	家族状況	入院前は長男（71歳）との二人暮らし。 夫は61歳（本人56歳）のときにがんで死亡。 長男には胃がんがあり、定期的に数日入院して化学療法を受けている。 長男の体調不良時は長女の自宅（同県他市在住）に本人が泊まりに行き、支援を受けていた。その際長女は仕事をしており、本人は日中一人で過ごすこととなるが、孫が補助的に支援していた。 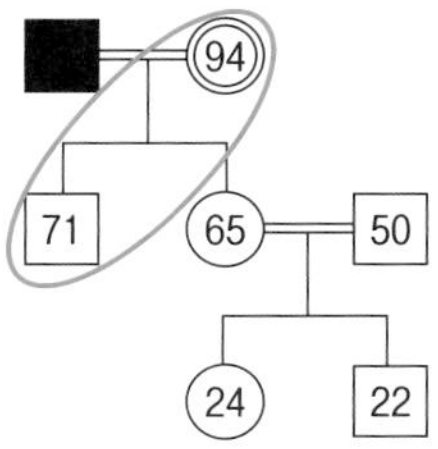
③ 利用者の被保険者情報	介護保険（要介護４） 後期高齢者医療制度 共済年金（300万円／年）	
④ 現在利用しているサービスの状況	介護老人保健施設（基本型）入所中 （主な加算：短期集中リハビリテーション実施加算、栄養マネジメント加算、口腔衛生管理体制加算、口腔衛生管理加算、排せつ支援加算、褥瘡マネジメント加算）	
⑤ 障害高齢者の日常生活自立度	Ｂ２	
⑥ 認知症である高齢者の日常生活自立度	Ⅰ	
⑦ 主訴	初回相談者等	令和○－１年11月16日、○○病院の医療ソーシャルワーカー（MSW）から紹介。同日、長男から電話で依頼。
	相談内容	歩行器で歩行できるようになれば家で介護できるので、春頃には在宅復帰させてあげたい。
	本人・家族の要望	本人：歳も歳なので、子どもたちが決めたことに従おうと思う。家には帰れないと思っていたけれど、みんなのおかげで帰ることができる気がしてきた。できる限り家族に迷惑をかけたくないので、身の回りのことは自分でできるようになりたい。 長男：病院で気を遣ってやせてしまったので、家のご飯を食べさせてあげたい。春頃には家に帰らせてあげたい。 歩行器で歩行できれば一番よいけれど、つかまって立てれば家でも生活できると思う。

⑧ **認定情報**	要介護４（入院新規） 認定の有効期間：令和○－１年11月16日～令和○年５月31日	
⑨ **課題分析（アセスメント）理由**	ケアプランの変更（令和○年１月９日）	在宅復帰に向けた介護老人保健施設入所後７日以内の自宅訪問に伴い、再アセスメントを行った。

課題分析（アセスメント）に関する項目 令和○年１月９日（自宅）

標準項目名	項目の主な内容	
⑩ **健康状態**	**病名**	令和○－１年９月　大腿骨頸部骨折（○○病院入院、髄内釘スクリュー固定術）
	既往・病歴等	50歳頃　高血圧　4a1　4a2 72歳　骨粗鬆症（内服継続）　4a2 86歳　腰椎圧迫骨折（○○病院に１か月入院） 令和○－１年９月中旬　長男の入院中、長女の自宅に泊まりに行っているときに室内で転倒。帰宅した孫が発見し、主治医であるS医師に電話し、S医師の提携病院である○○病院へ救急搬送され、手術を受ける。 令和○－１年10月初旬　○○病院内の地域生活期病棟へ転棟。 令和○年１月　介護老人保健施設へ入所。
	主治医	入院前：S診療所S医師（内科） 入院：○○病院F医師（整形外科） 介護老人保健施設医師：U医師（内科）
⑪ **ADL**	寝返り：つかまるよう促し、軽い介助があればできるが一人では十分にできない。　2a3 起き上がり：引き上げる介助を要する。 移乗：全介助。左足荷重は令和○－１年11月時点で100％可の指示が出ているが、不安を訴えて荷重をかけられない。理学療法士より、両足を後ろに引き、深くお辞儀をするように前傾して立ち上がることが習得できれば、軽い介助でも移乗できる可能性が高いとの助言あり。　2a1　2a2 移動・歩行：車いすでの自走はできるが、疲れやすく短距離しか移動できない。食堂から自室までの移動は介助を要する。介助の依頼を遠慮して廊下で止まっていることがある。歩行は、リハビリテーションのときのみ平行棒内で１、２歩の足の踏み替えができる。 着衣：上衣はおおむね自分で着替えができるが、円背のため整える介助を要する。下衣は全介助。 入浴：一部介助。円背があり洗えないところがある。手の届くところは自分で洗うことができる。　2a4 食事：円背があり、高さのあわないテーブルだと食べにくいため、低いテーブル席を利用。摂取動作は自立。　1a1 排泄：全介助。日中は紙パンツと尿取りパッドを使用し、トイレへ誘導する。夜間は紙おむつを使用し、定時と希望時に交換する。　2a2	
⑫ **IADL**	調理・買い物：施設による全介助。入院前は電子レンジでの調理を行っていた。２週に１回、長男と近所のスーパーマーケットに行って買い物をするほか、自宅前に移動販売車が来るので、家の中から縁側越しに買っていた。　3a1 掃除・洗濯：施設による全介助。入院前はペーパーモップがけ、洗濯物干し、自室と食卓の片づけをしていた。　3a1 金銭管理：家族による全介助。入院前は小遣い程度を自己管理していた。 服薬管理：看護師による全介助。入院前は基本的には自己管理していた。時々飲み忘れがあり、長男が声かけをしていた。　4a2	

⑬ **認知**	施設での見守りのもとでは、日常生活上の支障はない。遠慮する性格でがまんしてしまい、訴えが少ないが、職員から確認すれば自分の意思を伝えることができる。
⑭ **コミュニケーション能力**	視力：日常生活上の支障はない。字を書くときは眼鏡を使用する。 聴力：やや難聴。短い文章にしてゆっくり話せば聞こえる。聞こえていなくても返事をすることがあるので、わかっていない場合がある。ナースコールは押さないが、離床時は手をあげて職員を呼び自分の意思を伝えている。 5a1
⑮ **社会との関わり**	孫の面倒をみていたので、長女家族との交流がある。入院前は教え子が来訪したり、手紙の交流があった。隔週土曜日に来る移動販売車も教え子。入院後は家族との交流のみになった。書きたい手紙もあるが、それをおっくうに感じるようになった自分に対して、「無精者になった」と気落ちしている。 5a1
⑯ **排尿・排便**	尿意・便意はあるが、遠慮して訴えずトイレに間に合わないため、失禁がある。夜間は紙パンツを使用してポータブルトイレ介助の提案をしたが、「失敗が心配で眠れない」との訴えがあったため、紙おむつを使用し、定時と希望時に交換している。 2a2
⑰ **じょく瘡・皮膚の問題**	やせていて骨の突出がある。令和○－１年11月頃は仙骨部にステージⅠからⅡの褥瘡があったが、同年12月下旬より改善した。入所時は予防的にテープを使用し、発赤はない。入所時の褥瘡ケアチーム評価では、OHスケールで７点（高度）。リバーシブルウレタンマットレスの柔らかい面を使用。 1a1 2a3
⑱ **口腔衛生**	自歯。物品を手渡せば自分で歯みがきができるが、口腔内に腫れがあり、歯みがきのときに出血がある。歯科衛生士より、右利きで右上内側にみがき残しが多いので、鏡を使って歯みがきをするよう指導中。唾液の粘性が高く、口腔機能が低下しているとの報告あり。 1a2
⑲ **食事摂取**	身長147cm、体重38kg（BMI：17.6）。入院前の体重は44kg（BMI：20.4）と家族より聞き取り。入所後は１日1600kcal、塩分６g（高血圧のため）、粥・刻み食、３食に高カロリー補食をつけて提供中。食欲不振があり、半分程度しか食べないときもある。水分はむせなく摂取している。牛乳は嫌い。緑茶が好き。 1a1
⑳ **問題行動**	特に問題なし。
㉑ **介護力**	長男・長女は協力的で、介護の方針について意思疎通はできている。長男には胃がんがあり、２か月に１回数日入院して化学療法を受けている。令和○－１年12月に長男の白血球数が下がり、その後化学療法は行っていない。長男の入院中や体調不良時は、長女の自宅に本人が泊まりに行き、支援を受けていた。長女は長男の自宅での同居生活が難しければ、長女の自宅での介護を考えているが、長男に代わり主介護者となることについては、「長男の病気が進んでいることを口にすることと同じなので、それを言うのはとてもつらい。今は長男が頑張っていることを尊重したい」との意向。本人からは、「病気がある長男に負担をかけずに、親としてできることはないのかと思っている」等の意向が確認できた。 3a1
㉒ **居住環境**	トイレは内開き戸で、出入り段差が15cmある。内開き戸を引き戸に変更し、段差解消工事を行うことを希望している。浴室は寒いことと浴槽が深いことから、入院前から通所介護で入浴し、自宅の浴室は使っていなかったため、改修は希望していない。 【自宅の見取り図】 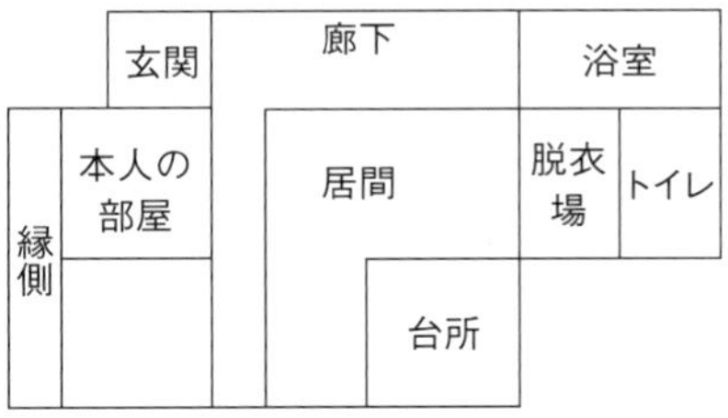
㉓ **特別な状況**	「何かあっても特別なことはしない」との本人・家族からの希望があるが、事前指示書は話し合ってから提出するとの意向で、現時点では未提出。

4 アセスメントのまとめ（情報収集と分析）

総括

・大腿骨頸部骨折手術後の女性（94歳）。在宅復帰に必要なリハビリテーションを希望し、介護老人保健施設に入所中（入所後7日目の再アセスメント）。

・本人は、自宅に帰って病気（胃がん）のある長男のために親として何かしたいという思いがあるが、介護負担が大きい状態で在宅復帰することはできないと思っているようである。長男は自分の病気が進行して動けなくなる前に、本人に住み慣れた自宅で気を遣わずに生活させてあげたいと思っている。

・介護負担を減らすことが本人の精神的負担を軽減することにもなるため、機能訓練により身体機能の向上を図り、家族のためにできることを見つけて、親としての役割をもてるように支援する。

身体面

・食欲不振があり、体重が入院前の44kgから4か月で38kgに減っている。口腔ケアを行い、口腔内の炎症が改善することにより、食事をおいしく摂取できるようになる可能性がある。食事摂取量が増えて体重が増加することにより、疲れやすさと骨の突出を改善し、褥瘡のリスクを軽減できる可能性がある。

・家族は「立位が安定すれば自宅で介護できる」と話しているが、本人は家族の負担を心配して、自分でトイレに行けるようにならないと自宅に帰るのは難しいと思っている。現在は移乗が全介助だが、機能訓練により、立ち上がりと立位保持が軽い介助でできるようになる可能性がある。

精神面・社会面

・本人は、「家に帰るというのは気休めの言葉だと思っていたけど、帰ることをみんなで本当に考えてくれるんだと思った」と話していた。

・本人は、自宅に届いていた教え子からの手紙を見て、「筆無精になって情けない。書いても字も下手になったから、『先生に何かあったんだ』と思われたら恥ずかしい」と話していた。令和○－1年9月の骨折前まで続いていた教え子や友達との手紙のやりとりを再開したいという思いがある様子である。

・字を書くことを機能訓練に取り入れることで、教え子や友達との手紙のやりとりを再開できる可能性がある。

環境面

・入院前は縁側の物干しに洗濯物を干していた。室内の低い位置にピンチハンガーを設置すれば洗濯物干しもできるのではないか、との作業療法士の提案に、本人はとても興味をもった様子である。座ったままでもできる家事を機能訓練に取り入れることで、入院前にしていた家事が再びできるようになる可能性がある。

利用者名　田島　ハル　殿

課題整理総括表

作成日　令和○年1月9日

自立した日常生活の阻害要因（心身の状態、環境等）			
	①大腿骨頸部骨折による下肢筋力低下	②円背	③食欲不振
	④難聴・遠慮がちな性格	⑤主介護者（長男）に持病がある	⑥介護老人保健施設入所中

利用者及び家族の生活に対する意向	
	本人：もう家には帰れないと思っていたけれど、みんなのおかげで帰ることができる気がしてきました。頑張ってみます。 長男：家に帰ればご飯も食べられるようになると思う。春頃には家に帰らせてあげたい。

（※丸囲みの選択肢は **太字** で示す）

状況の事実※1		現在※2	要因※3	改善/維持の可能性※4	備考（状況・支援内容等）
移動	室内移動	自立　見守り　**一部介助**　全介助	①③④	**改善**　維持　悪化	・車いす自走可。疲れやすさがあり短距離しか移動できない。食堂から自室までの移動は介助を要する。介助の依頼を遠慮して廊下で止まっていることがある。
	屋外移動	自立　見守り　一部介助　**全介助**	①	改善　**維持**　悪化	・車いす全介助で移動。
食事	食事内容	支障なし　**支障あり**	③	**改善**　維持　悪化	・摂取量が少ない。粥・刻み食を提供。高カロリー補食を3食につけて提供。
	食事摂取	**自立**　見守り　一部介助　全介助		改善　維持　悪化	・低いテーブル席で摂取動作は自立。水分摂取はむせなし。
	調理	自立　見守り　一部介助　**全介助**	⑥	改善　**維持**　悪化	・入院前は電子レンジで調理していた。
排泄	排尿・排便	支障なし　**支障あり**	①④	**改善**　維持　悪化	・日中は紙パンツを使用しトイレ誘導、夜間は紙おむつを使用し定時と希望時に交換。尿意・便意はあるが、遠慮して訴えずトイレに間に合わないことがある。
	排泄動作	自立　見守り　**一部介助**　全介助	①②	**改善**　維持　悪化	
口腔	口腔衛生	支障なし　**支障あり**	③	**改善**　維持　悪化	・歯みがき指導中。右上内側にみがき残しがある。口腔内に腫れがあり、歯みがき時に出血がある。唾液の粘性が高く、口腔機能が低下している。
	口腔ケア	自立　**見守り**　一部介助　全介助	③	**改善**　維持　悪化	
服薬		自立　見守り　一部介助　**全介助**	⑥	**改善**　維持　悪化	・施設看護師による全介助。入院前は自己管理し、飲み忘れに対し長男が声かけして補っていた。
入浴		自立　見守り　**一部介助**　全介助	①②	改善　**維持**　悪化	・円背があり、手の届かないところの洗身の介助を要する。
更衣		自立　見守り　**一部介助**　全介助	①②	改善　**維持**　悪化	・円背のため、上衣は整える介助を要する。下衣は全介助。
掃除		自立　見守り　一部介助　**全介助**	⑥	改善　**維持**　悪化	・施設による全介助。入院前はペーパーモップがけをしていた。
洗濯		自立　見守り　一部介助　**全介助**	⑥	改善　**維持**　悪化	・施設による全介助。入院前は洗濯物干しをしていた。
整理・物品の管理		自立　見守り　一部介助　**全介助**	①⑥	**改善**　維持　悪化	・家族、施設による全介助。入院前は身の回りのことは自己管理していた。
金銭管理		自立　見守り　一部介助　**全介助**	⑥	改善　**維持**　悪化	・家族による全介助。入院前は少額を自己管理していた。
買物		自立　見守り　一部介助　**全介助**	⑥	改善　**維持**　悪化	・施設による全介助。入院前は家族の介助で買い物をしていた。
コミュニケーション能力		支障なし　**支障あり**	④	改善　**維持**　悪化	・難聴。聞こえていなくても返事をしてしまうことがある。短い文章だと聞こえやすい。離床時は手をあげて訴えがある。
認知		**支障なし**　支障あり		改善　維持　悪化	・遠慮して訴えが少ないが、職員から確認すれば自分の意思を伝えることができる。
社会との関わり		支障なし　**支障あり**	⑥	**改善**　維持　悪化	・入院前は手紙の交流があった。書きたい手紙があるが、おっくうに感じている自分に対し気落ちしている。
褥瘡・皮膚の問題		支障なし　**支障あり**	①②③	改善　**維持**　悪化	・やせていて骨の突出がある。褥瘡はないが高リスク。寝返りが自力では十分にできない。
行動・心理症状（BPSD）		**支障なし**　支障あり		改善　維持　悪化	・特に問題なし。
介護力（家族関係含む）		支障なし　**支障あり**	⑤	改善　**維持**　悪化	・長男に持病があり、本人が心配している。
居住環境		支障なし　**支障あり**	①	**改善**　維持　悪化	・自宅トイレの出入りに段差がある。手すりはない。
				改善　維持　悪化	

見通し※5	生活全般の解決すべき課題（ニーズ）【案】	※6
・大腿骨頸部骨折による下肢筋力の低下はあるが、立ち上がりと立位保持は機能訓練で改善する可能性がある。 ・立ち上がりと立位が安定することにより、車いすへの移乗やトイレ介助が全介助から軽い介助になり、本人が心配している家族の負担を減らすことができる。 ・体重の増加と自力で寝返りができることにより、褥瘡の発生リスクを軽減できる。 ・尿意・便意はあるので、排泄パターンを把握し、声かけをすることでトイレに間に合うようになる可能性がある。	家族にかかる負担を少しでも減らして、一緒に暮らしたい。	2
・環境を整備することで、食事量を増やすことができる。 ・食事量が増えることで、褥瘡の発生リスクを軽減できる。 ・みがき残しがなくなると口腔内の炎症が改善し、食事をおいしく食べられるようになる可能性がある。 ・口腔体操を続けることで、唾液の分泌が増える可能性がある	ご飯をおいしく食べたい。	1
・声かけだけで内服できるようになると、入院前の健康状態に戻ることができる。	健康に気をつけて暮らしたい。	4
・座ったままでもできる家事を機能訓練に取り入れることで、入院前にしていた家事が再びできるようになる可能性がある。 ・家事が再びできるようになることで、本人が心配している家族の負担を減らすことができ、家族のために何かしたい、という思いを実現できる。	親として、家族にできることをしたい。	3
・興味をもっていることを再開することにより、楽しみをもつことができ、入院前の社会性を取り戻すことができる。	これまで続けてきた教え子や友達との手紙のやりとりを続けたい。	5
・長男の体調不良時も支援体制を整えることにより、自宅での生活を続けることができる。	長男不在時も安心して生活できる体制を整えたい。	—

長女の意向もあり保留としました

※1 ～※6の詳細については、p.11 ～ p.13を参照のこと。

第1表

施設サービス計画書(1)

作成年月日　令和○年1月10日

初回・紹介・継続　　認定済・申請中

利用者名　田島　ハル　殿　　生年月日　大正○○年○○月○○日(94歳)　　住所　○○県○○市○○

施設サービス計画作成者氏名及び職種　介護支援専門員　山野　花子

施設サービス計画作成介護保険施設名及び所在地　N介護老人保健施設　○○県○○市○○

施設サービス計画作成(変更)日　令和○年　1月　10日　　初回施設サービス計画作成日　令和○年　1月　4日

認定日　令和○－1年　11月　16日　　認定の有効期間　令和○－1年　11月　16日　～　令和○年　5月　31日

要介護状態区分	要介護1　・　要介護2　・　要介護3　・　要介護4　・　要介護5
利用者及び家族の生活に対する意向	本人：もう家には帰れないと思っていたけれど、みんなのおかげで帰ることができる気がしてきました。頑張ってみます。できる限り家族に迷惑をかけたくないので、身の回りのことは自分でできるようになりたいと思っています。 長男：家に帰ればご飯も食べられるようになると思う。春頃には家に帰らせてあげたい。歩行器で歩行できれば一番よいけれど、つかまって立てれば家でも生活できると思う。
介護認定審査会の意見及びサービスの種類の指定	特記事項はありません。
総合的な援助の方針	在宅復帰に向けて、ご本人・ご家族の意向を確認して施設サービス計画を提案し、体調管理の支援と自宅での生活を想定した機能訓練を提供します。 住み慣れた自宅での生活に不安なく移行できるように、ご本人・ご家族と情報共有を図り、心配ごとや解決したいことについて専門職と連携を図って支援します。 【緊急連絡先】①長男(○○○－○○○○－○○○○)　②長女(○○○－○○○○－○○○○)

施設サービス計画の説明を受け、同意し、受領しました。　年　月　日（利用者氏名）　印

第2表

施設サービス計画書(2)

作成年月日　令和○年1月10日

利用者名　田島　ハル　殿

生活全般の解決すべき課題(ニーズ)	目標 長期目標	(期間)	短期目標	(期間)	援助内容 サービス内容	担当者	頻度	期間
1 ご飯をおいしく食べたい	1a 食事を摂り、体重を44kgに戻し、体力を維持できる	R○. 1. 10 〜 R○. 5. 31	1a1 体重が40kgになる	R○. 1. 10 〜 R○. 3. 31	・粥・刻み食、1日1600kcal、日替わりムース(高カロリー)補食つきを提供	管理栄養士	毎日	R○. 1. 10 〜 R○. 3. 31
						調理師	毎日	
					・食べる動作がしやすい低いテーブル席に誘導する	介護職員	毎日	
			1a2 歯みがきが上手になり、口の中の炎症が改善する	R○. 1. 10 〜 R○. 3. 31	・口腔機能の評価、診察	歯科医師	月1回	R○. 1. 10 〜 R○. 3. 31
					・歯みがき指導 ・口腔体操の提供 (口腔衛生管理加算)	歯科衛生士	月2回	
					・鏡を見て歯みがきをする ・口腔体操に参加する	本人	毎食後	
					・口腔ケア ・口腔体操の提供	歯科衛生士 介護職員	毎日	
2 家族にかかる負担を少しでも減らして、一緒に暮らしたい	2a 支援を受けて、身の回りのことが自分でできる	R○. 1. 10 〜 R○. 5. 31	2a1 軽い介助を受けて、自分の力で車いすに乗り移ることができる	R○. 1. 10 〜 R○. 3. 31	・現状を評価し機能訓練を提供する	医師 理学療法士 作業療法士	週6回(月〜土)	R○. 1. 10 〜 R○. 3. 31
					・車いす移乗の支援	介護職員	毎日	
			2a2 介助を受けてトイレ動作ができる	R○. 1. 10 〜 R○. 3. 31	・自宅での介助方法を習得する	家族	面会時	R○. 1. 10 〜 R○. 3. 31
					・排泄介助、排泄パターンの把握	介護職員 看護師	毎日	
					・家族に介助方法を助言する	介護職員 理学療法士 作業療法士 看護師	面会時	
			2a3 寝返りができるようになる	R○. 1. 10 〜 R○. 3. 31	・現状を評価し機能訓練を提供する	医師 理学療法士 作業療法士	週6回(月〜土)	R○. 1. 10 〜 R○. 3. 31
					・定期的に姿勢を変えるよう声かけし、自力で寝返りするよう促す	看護師 介護職員	就寝時	
			2a4 介助を受けて自分で洗身できる	R○. 1. 10 〜 R○. 3. 31	・手の届くところは自分で洗うよう促し、手の届かないところは介助する	介護職員	週2回(火・金)	R○. 1. 10 〜 R○. 3. 31

第2表

施設サービス計画書(2)

作成年月日　令和○年１月10日

利用者名　田島　ハル　殿

生活全般の解決すべき課題(ニーズ)	目標				援助内容			
	長期目標	(期間)	短期目標	(期間)	サービス内容	担当者	頻度	期間
③ 親として、家族にできることをしたい	3a これまでしていた家事ができる	R○. 1. 10 ～ R○. 5. 31	3a1 座ったままで家事ができる	R○. 1. 10 ～ R○. 3. 31	・現状を評価し機能訓練を提供する	医師 理学療法士 作業療法士	週６回 (月～土)	R○. 1. 10 ～ R○. 3. 31
					・ペーパーモップがけ、洗濯物干しなど、入院前まで自宅で行っていた家事を取り入れた機能訓練を提供する	作業療法士	週３回 (月・水・金)	
					・ベッド周り、タンスなど身の回りを片づける	本人	毎日	
					・入院前まで行っていた電子レンジの使用、移動販売車での買い物を試みる	本人 家族	外出・外泊時	
④ 健康に気をつけて暮らしたい	4a 体調を管理し、安定した体調で過ごすことができる	R○. 1. 10 ～ R○. 5. 31	4a1 血圧を140mmHg以下に保つ	R○. 1. 10 ～ R○. 3. 31	・診療、健康管理の支援	医師	回診時(水)	R○. 1. 10 ～ R○. 3. 31
					・薬の処方	医師	月１回	
					・健康管理・服薬支援	看護師	毎日	
			4a2 支援を受けて忘れずに内服することができる	R○. 1. 10 ～ R○. 3. 31	・血圧の薬(朝食後)と、骨粗鬆症の薬(毎週水曜朝)を飲む	本人	朝食後	R○. 1. 10 ～ R○. 3. 31
⑤ これまで続けてきた教え子や友達との手紙のやりとりを続けたい	5a 楽しみをもって生活できる	R○. 1. 10 ～ R○. 5. 31	5a1 教え子や友達にはがきを出すことができる	R○. 1. 10 ～ R○. 3. 31	・家に届く手紙を届ける	家族	面会時	R○. 1. 10 ～ R○. 3. 31
					・はがきを書く	本人	機能訓練後	
					・離床時間を増やせるよう、作業やレクリエーションを提供する	介護職員	毎日	

本人が興味をもった家事の内容をそのまま記載しました

本人には、趣味的な活動をすることに対して遠慮があるので、「機能訓練であり、支援する内容としてかかわる人も認識しているから大丈夫」ということを本人にわかってもらうために記載しています

第4表

日課計画表

作成年月日	令和○年１月10日
作成者	山野　花子

利用者名　田島　ハル　殿　　要介護４

		共通サービス	担当者	個別サービス	担当者	主な日常生活上の活動
深夜	4：00	巡回見守り	看護職員			
	5：00			体位変換	介護職員	
早朝	6：00	起床介助	介護職員	排泄介助	介護職員	
	7：00	整容	介護職員			起床・整容
午前	8：00	朝食	介護職員	服薬介助	看護職員	朝食・服薬
	9：00	口腔ケア	介護職員・歯科衛生士	排泄介助	介護職員	歯みがき
	10：00	リハビリテーション	機能訓練課	集団・自主リハビリテーション	機能訓練課	運動
	11：00	口腔体操	介護職員	午睡後、口腔体操参加	介護職員	口腔体操
午後	12：00	昼食	介護職員	排泄介助後、昼食	介護職員	昼食
	13：00	口腔ケア	介護職員・歯科衛生士	口腔ケア後、午睡	介護職員	歯みがき
	14：00	口腔体操・レクリエーション	介護職員	排泄介助後、口腔体操・レクリエーション	介護職員	口腔体操
	15：00	おやつ	介護職員	個別リハビリテーション	機能訓練課	おやつ・運動
	16：00	レクリエーション	介護職員	レクリエーション・はがきを書く	介護職員	レクリエーション
	17：00			排泄介助	介護職員	
夜間	18：00	夕食	介護職員			夕食
	19：00	口腔ケア	介護職員・歯科衛生士			歯みがき
	20：00			排泄介助	介護職員	
	21：00	就寝介助	介護職員			就寝
深夜	22：00	巡回見守り	介護職員			
	23：00			排泄介助	介護職員	
	0：00	巡回見守り	看護職員			
	1：00			体位変換	介護職員	
	2：00	巡回見守り	介護職員			
	3：00			体位変換	介護職員	
随時実施するサービス		離床時は手をあげて自分の意思を伝えるほか、訪室時は声をかけて意向を確認する。ほかの利用者と会話できるよう職員が間に入る。	看護職員・介護職員	体位変換時に排泄介助と随時水分補給を行う		

その他のサービス	入浴（火曜・金曜午後）、回診（水曜午後）

（注）「週間サービス計画表」との選定による使用可。

第6表

施設介護支援経過(抜粋)

作成年月日　令和○年２月26日

利用者名　田島　ハル　殿

施設サービス計画作成者氏名　山野　花子

年月日	内容
R○. 2. 26(火) 14:00 ～ 管理栄養士より報告	本人より「ご飯を残すのが心苦しい」と話があり、あらかじめ３分の２の量で盛りつけて提供する。「これで残さず食べられます」と笑顔があり、全量摂取する。医師とも相談し、今後は３分の２の量で盛りつけて様子をみることになる。（山野）
R○. 2. 27(水) 14:00 ～ 診察室にて面談	長男と面会後、事前指示書の提出時の医師との面談に同席。「具体的に考えたこともなかった。自分のことも考えるいいきっかけになった」と長男より。（山野）
14:30 ～ 15:00 居室にて面談	長男の帰宅後、本人に話があると言われ、訪室。事前指示書について、「自分のことはいいけれど、息子の(延命措置を希望しない)話が出て、息子に『そうするといいよ』とは言ったけれど、とても悲しい気持ちでいっぱいになった」と、涙ぐむ。（山野）
R○. 3. 22(金) 15:00 ～ 居室にて面談	自宅外出から帰所後、長男から「自宅で電子レンジを使ってみたら問題なく使用できた」との報告を受ける。本人は、「ショウガ入りの甘酒をつくって飲みました。やっぱり家はいいですね」と笑顔あり。（山野）
R○. 3. 23(土) 15:00 ～ 15:20 リハビリテーションカンファレンス 長男同席	短期集中リハビリテーション後の機能訓練について、週３回にリハビリテーションが減ることについて長男からは不安の訴えがある。作業療法士から、立ち上がりが上手になり、立位が安定してきたこと、また今後の自主トレーニングのメニューの説明を受け、本人・長男ともに了承する。（山野）
15:20 ～ 15:30	長男より、「４月に外泊してみて、具体的に家に帰る話を進めたい。Bさん(以前担当していた居宅の介護支援専門員)にも相談してみます」と申し出がある。施設

年月日	内容
	側からも連絡してよいか確認し、同意を得る。（山野）
R○. 3. 25(月) 10:30 ～ 電話発信	○○介護サービスB氏(居宅の介護支援専門員)と現状の情報共有を行う。住宅改修については早めに提案がほしいとの希望あり。（山野）
R○. 3. 26(火) 17:00 ～ 17:20 モニタリング 居室にて面談 評価表作成(別紙)	口腔ケアについて、「歯みがきが上手になったとほめられた。いくつになってもほめられるのはうれしいものです」、機能訓練について、「医師に言われて初めて動けなかった自分を思い出した。人間よくなると欲張りになるものです」と本人より。 管理栄養士より「食事摂取量は３分の２の量で安定している」、歯科衛生士より「改善している」、作業療法士より「立位が安定してきた。自信がついて転倒のリスクが高まる時期であることを長男に説明した」との報告あり。（山野）
R○. 3. 28(木) 13:00 ～ 13:30 褥瘡ケア会議	仙骨部の発赤はない。寝返りができるようになったこと、食事摂取量が増えたことでリスクは軽減してきた(OHスケール７点→４点に改善)が、るい痩は著明で、今後も観察が必要。（山野）
R○. 3. 29(金) サービス担当者会議 (別紙) 長男同席	各担当者から現行のサービス実施報告と評価が伝えられる。「食事を摂りたくないのに食べなければならないというストレスがなくなってよかった」と本人、長男より。評価に伴い見直した施設サービス計画書原案を説明し、文書同意を得たものを交付する。（山野）
	以下略

※モニタリングシート、再アセスメントシートなどは本書では割愛しています。

評価表

利用者名　田島　ハル　殿

作成日　令和○年３月26日

短期目標	（期間）	援助内容 サービス内容	サービス種別	※１	結果 ※２	コメント（効果が認められたもの/見直しを要するもの）
1a1 体重が40kgになる	R○. 1. 10 ～ R○. 3. 31	・粥・刻み食、１日1600kcal、日替わりムース（高カロリー）補食つきを提供	管理栄養士	毎日	△	１月26日に粥・刻み食から軟らかめご飯、粗刻み食に変更。補食（小豆ムース）の摂取良好。本人より「残すことが心苦しいので、少なめにしてほしい」との希望があり、２月26日から３分の２の量に変更したところ、残さず食べている。体重が入所時から１kg増加した。
			調理師	毎日	△	
		・食べる動作がしやすい低いテーブル席に誘導する	介護職員	毎日	○	長男より「病院入院時はテーブルが高かったことも食べにくい原因だったとは思わなかった」とのこと。施設での低いテーブル席については、「楽な姿勢で食べられる」と本人より。
1a2 歯みがきが上手になり、口の中の炎症が改善する	R○. 1. 10 ～ R○. 3. 31	・口腔機能の評価、診察	歯科医師	月１回	○	口腔内の腫れ、出血がなくなった。「歯みがきが上手にできるようになれば維持できる。歯科治療は必要なく、今後は評価で支援する」と歯科医師より。
		・歯みがき指導 ・口腔体操の提供 （口腔衛生管理加算）	歯科衛生士	月２回	△	右利きであり、右上奥歯にみがき残しがあること、それを一生懸命みがこうとしてみがきすぎになることもあるので、今後も観察が必要。「本人はとても熱心に取り組んでいる」と歯科衛生士より。
		・鏡を見て歯みがきをする ・口腔体操に参加する	本人	毎食後	△	「これまで歯みがきのことをきちんと考えたこともなかった。口の中がすっきりして初めて口の中が荒れていたことがわかった。医師にほめられてうれしい」と本人より。
		・口腔ケア ・口腔体操の提供	歯科衛生士 介護職員	毎日	△	口腔体操について、「大口を開ける（あいうべ体操）のはちょっと恥ずかしいので部屋でやっています」と本人より。 「パタカラ体操を居室で静かに一人でもやっていることがある」と介護職員より。
2a1 軽い介助を受けて、自分の力で車いすに乗り移ることができる	R○. 1. 10 ～ R○. 3. 31	・現状を評価し機能訓練を提供する	医師 理学療法士 作業療法士	週６回（月～土）	△	短期集中リハビリ期間が終了し、週６回のリハビリが４月10日から週３回に変更になる。リハビリの回数が減ることに長男は不安を訴えていたが、立ち上がりが上手になり立位が安定してきたこと、また自主トレーニングのメニューを説明し、了承を得られた。
		・車いす移乗の支援	介護職員	毎日	△	荷重が健側に偏りがちであり、また円背のため骨盤が後傾し後方重心になりがちであり、離臀のために「深くお辞儀をして立つ」ことを繰り返し声かけしている。患側を後ろに引くことは声かけがあればできるが、まだ習得できていない。

※１「頻度」について記入する。※２　短期目標の実現度合いを５段階で記入する（◎：短期目標は予想を上回って達せられた、○：短期目標は達せられた（再度アセスメントして新たに短期目標を設定する）、△：短期目標は達成可能だが期間延長を要する、×１：短期目標の達成は困難であり見直しを要する、×２：短期目標だけでなく長期目標の達成も困難であり見直しを要する）

評価表

利用者名　田島　ハル　殿　　　　　　　　　　作成日　令和○年３月26日

短期目標	（期間）	援助内容			結果 ※2	コメント（効果が認められたもの/見直しを要するもの）
		サービス内容	サービス種別	※1		
2a2 介助を受けてトイレ動作ができる	R○. 1. 10 ～ R○. 3. 31	・自宅での介助方法を習得する	家族	面会時	○	面会時に介護職と一緒に介助を試みている。立位が安定してきたこともあり、家族だけで介助できるようになった。
		・排泄介助、排泄パターンの把握	介護職員 看護師	毎日	△	尿意・便意はあるが、遠慮して介助の依頼が遅くなり間に合わない様子がみられたため、食事前後で声かけするようにしたところ、失禁は減ってきた。
		・家族に介助方法を助言する	介護職員 理学療法士 作業療法士 看護師	面会時	○	「２月上旬に、下衣を上げる方向を、真上ではなく円背に沿った方向で上げること、立位のふらつきにあわせて支えられるよう、介助者の足で本人を支えることを長男に助言した」と作業療法士より。
2a3 寝返りができるようになる	R○. 1. 10 ～ R○. 3. 31	・現状を評価し機能訓練を提供する	医師 理学療法士 作業療法士	週６回（月～土）	○	入所時は身体の向きを傾けることはできるが、腰を引くことができず十分に寝返りができなかった。現在は自力でも寝返りできるようになった。
		・定期的に姿勢を変えるよう声かけし、自力で寝返りするよう促す	看護師 介護職員	就寝時	○	入所時は自力では十分に寝返りができなかったが、２月下旬頃から自力でできるようになった。骨の突出があるため、今後も皮膚状態の観察は必要。
2a4 介助を受けて自分で洗身できる	R○. 1. 10 ～ R○. 3. 31	・手の届くところは自分で洗うよう促し、手の届かないところは介助する	介護職員	週２回（火・金）	△	病院では全介助だったので、初めは疲れてしまったようだが、２月中旬からできるようになってきた。円背のため手の届かないところや洗い残しがあるので、今後も介助は必要（在宅復帰後は通所介護で入浴予定）。
3a1 座ったままで家事ができる	R○. 1. 10 ～ R○. 3. 31	・現状を評価し機能訓練を提供する	医師 理学療法士 作業療法士	週６回（月～土）	△	本人は「これくらいのことはやらないといけません」と意欲的。ペーパーモップがけは体重移動の訓練にもなっている。洗濯ばさみを握るのは握力低下があるので、ゆるめの洗濯ばさみで練習中。今は布巾をしっかりしぼる訓練を頑張っている。
		・ペーパーモップがけ、洗濯物干しなど、入院前まで自宅で行っていた家事を取り入れた機能訓練を提供する	作業療法士	週３回（月・水・金）	△	
		・ベッド周り、タンスなど身の回りを片づける	本人	毎日	△	口腔ケア物品も自己管理できており、入浴前の衣類準備ではスカーフ選びもしている。
		・入院前まで行っていた電子レンジの使用、移動販売車での買い物を試みる	本人 家族	外出・外泊時	△	家族より「電子レンジの使用は試みることができ、特に問題はなかった」とのこと。移動販売車での買い物は、移動販売車を外出時に見つけられなかったので試みていない。

※１「頻度」について記入する。※２　短期目標の実現度合いを５段階で記入する（◎：短期目標は予想を上回って達せられた、○：短期目標は達せられた（再度アセスメントして新たに短期目標を設定する）、△：短期目標は達成可能だが期間延長を要する、×１：短期目標の達成は困難であり見直しを要する、×２：短期目標だけでなく長期目標の達成も困難であり見直しを要する）

評価表

利用者名　田島　ハル　殿　　　　作成日　令和○年３月26日

短期目標	（期間）	援助内容			結果 ※２	コメント （効果が認められたもの/見直しを要するもの）
		サービス内容	サービス種別	※１		
4a1 血圧を140mmHg以下に保つ	R○. 1. 10 ～ R○. 3. 31	・診療、健康管理の支援	医師	回診時（水）	△	退院時連携の際、「血圧が低めで安定しているので減薬も検討する」と言われていたが、環境の変化がストレスになったのか、２月前半まで収縮期血圧が140mmHgを超えることがあり、降圧剤は変更しないで様子をみている。３月は120mmHg程度で安定しているのでこのまま継続。拡張期血圧は80～85mmHgで安定。
		・薬の処方	医師	月１回	△	
		・健康管理・服薬支援	看護師	毎日	△	
4a2 支援を受けて忘れずに内服することができる	R○. 1. 10 ～ R○. 3. 31	・血圧の薬（朝食後）と、骨粗鬆症の薬（毎週水曜朝）を飲む	本人	朝食後	△	血圧の薬については、薬袋を食事時にセッティングするのみで内服できているが、一週間に一度の骨粗鬆症内服薬については、カレンダーに書いてあっても忘れていることがある。今後も声かけや見守りが必要。
5a1 教え子や友達にはがきを出すことができる	R○. 1. 10 ～ R○. 3. 31	・家に届く手紙を届ける	家族	面会時	△	「字が下手になったと思われたくないという気持ちがあるらしい」と家族より。
		・はがきを書く	本人	機能訓練後	△	はがきを書くときはいすに座りなおし、足台を置くようにした。本人は「趣味のために座りなおすなんて申し訳ない」と介助に遠慮していたが、移乗の機会が増えたことで軽い介助になり、座りなおすことへの遠慮は減った様子。
		・離床時間を増やせるよう、作業やレクリエーションを提供する	介護職員	毎日	△	書道は好んで参加し、午睡しない。難聴のためほかの利用者と自発的に話はしないが、職員が間に入ると会話している。

※１「頻度」について記入する。※２ 短期目標の実現度合いを５段階で記入する（◎：短期目標は予想を上回って達せられた、○：短期目標は達せられた（再度アセスメントして新たに短期目標を設定する）、△：短期目標は達成可能だが期間延長を要する、×１：短期目標の達成は困難であり見直しを要する、×２：短期目標だけでなく長期目標の達成も困難であり見直しを要する）

5 まとめ

入所時は「歩くことができたら家で介護できる」という家族の希望が中心だったが、入所後まもなく自宅での再アセスメントを行い、住み慣れた自宅で生活動作を確認したことにより、本人・家族が在宅復帰後の具体的な生活イメージをもつことができ、「親として家族にできることをしたい」という本人の希望を施設サービス計画に取り入れることができた。

介護老人保健施設のケアマネジメントの長所は、機能訓練室や食堂、居室など、訪問すればいつでも情報が得られる機会がたくさんあり、専門職の意見を常に求めることができるところにある。本人・家族に対しては、気持ちに寄り添うことを中心に支援し、食事や口腔ケア・機能訓練などのサービス提供後に本人に面談し、本人がどのように思っているかを確認した。施設職員に対しては、本人の思いと専門職の見立てをすり合わせることにより、介護方針の共有と軌道修正を図り、専門職の一人ひとりが本人の目指している生活に対して共通のイメージをもって支援できるよう情報共有に努めた。

本人・家族の気持ちに寄り添って得られた情報は、本人の「病気がある長男に負担をかけたくない、親としてできることはないのか」という思いの根底には「長男は自分より先に逝ってしまうのだろうか」という予期悲嘆があり、一方、緩和ケアを受けている長男には「自分に介護する力が残っている間に自宅に帰してあげたい」という思いがあり、互いに残された時間は少ないと思って頑張っているということであった。目の前の介護という課題だけでなく、死の受容過程にも携わり、自らの死生観についても考えさせられる事例である。結果として入所当時の「歩くことができたら」という目標は達成できなかったが、見直した計画の目標である「介助を受けて、自分の力で車いすに乗り移ることができる」「親としてできることをしたい」という目標を達成し、在宅復帰することができた。

在宅復帰後の生活に対して具体的なイメージがもてるように支援すること、本人・家族の気持ちに寄り添うことという、支援の基本に立ち返ることの重要性を学ぶことのできる事例である。

2 入所（入居）系 3 認知症の進行により在宅での生活が困難となり、グループホームに入居した人への支援
～本人のやりたいこと、得意なことを家庭的な環境で支える～

1 事例の概要

氏　　名：岡田　冴子（女性）
年　　齢：80歳
要介護度：要介護3
家族構成：心臓病があり、治療を続けている夫（82歳）との二人暮らし。

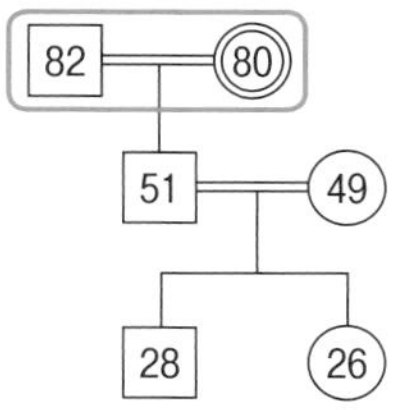

長男（51歳）家族は車で1時間程の場所に住んでいるが、日頃の行き来は少ない。

生活歴

隣県の農業を営む家に、兄、姉、弟の4人きょうだいの次女として育つ。

高校卒業後、洋裁の専門学校に通い、卒業後は実家で家業を手伝っていた。

25歳のときに結婚し、1男をもうける。夫の仕事の都合で全国を転々としたが、30年程前から現在地周辺で暮らしている。専業主婦であったが、時々紹介を受けて洋裁の仕事をしていた。

長男の大学進学後、30年以上夫と二人暮らしをしている。

主な病名と経過

6年前　もの忘れが多くなったことに夫が気づき、病院を受診する。軽度認知障害（MCI）と診断される。

3年前　海馬の萎縮が認められ、アルツハイマー型認知症の診断を受け、アリセプトを服用することとなる。その頃には家事などを一人で行うことは難しくなってきた。本人はできないと思っていないため、夫に口を出されることに対して暴力的な言動が目立つようになる。

2年前　夫の入院をきっかけに認知症の症状が進行し、家事などできないことが増える。好きだった入浴や食事を楽しむこともなくなり、夫への暴言、暴力が日常的になる。短期入所生活介護を利用し夫の介護負担の軽減を図るが、本人の認知症の進行に伴い、夫婦で生活することが困難になり、令和○年6月からグループホームに入居する。

2 介護支援専門員からみた事例の特徴

夫と二人暮らしであったが、認知症の進行に伴い、暴力的な言動が目立つようになった80歳の女性の事例である。夫の介護負担が大きく、在宅での生活が困難となり、グループホームに入居した。

不安やいら立ちからくる暴力的な言動に対し、本人の世話好きな性格や家事全般が好きであること等に焦点をあて、本人のやりたいこと、得意なことを活かしながら役割を担い、やりがいを感じて生活できるような支援が必要となる。

3 アセスメント

基本情報に関する項目　　令和〇年 5 月 25 日（施設）

標準項目名	項目の主な内容	
① 基本情報	初回受付日	令和〇年５月20日
	受付者	介護支援専門員　M
	氏名（性別） 生年月日（年齢）	岡田　冴子（女性） 昭和〇〇年〇〇月〇〇日（80歳）
	住所	〇〇県〇〇市〇〇
	その他	自宅（夫）：〇〇〇－〇〇〇－〇〇〇〇 長男携帯：〇〇〇－〇〇〇〇－〇〇〇〇
② 生活状況	生活歴	農家に生まれ、兄、姉、弟の４人きょうだいの次女として育つ。高校卒業後、洋裁の専門学校に通い、卒業後は実家で家業を手伝っていた。 25歳のときに結婚し、１男をもうける。夫の仕事の都合で全国を転々としたが、30年程前から現在地周辺で暮らしている。専業主婦であったが、時々紹介を受けて洋裁の仕事をしていた。
	家族状況	心臓病治療中の夫（82歳）と二人暮らし。 長男（51歳）家族は車で１時間程の場所に住んでいるが、仕事が忙しく、半年に一度実家へ戻る程度。 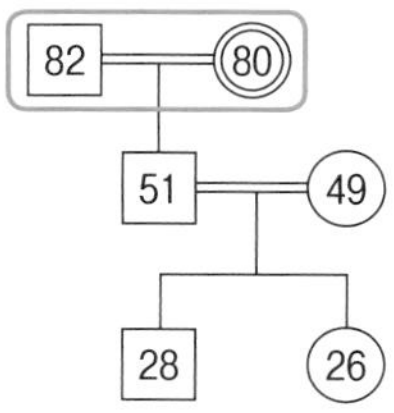
③ 利用者の被保険者情報	介護保険（要介護３） 後期高齢者医療制度	
④ 現在利用しているサービスの状況	短期入所生活介護	
⑤ 障害高齢者の日常生活自立度	A２	
⑥ 認知症である高齢者の日常生活自立度	Ⅲa	
⑦ 主訴	初回相談者等	令和〇年５月20日　早めに入居できるところを探していると長男より電話連絡。 令和〇年５月25日　グループホーム見学（本人と長男）。
	相談内容	認知症の進行とともに暴力的な言動が増え、夫婦二人で生活していくことが困難になり、入居できるグループホームを探している。
	本人・家族の要望	本人：時々こちらに来てお手伝いをするのは構いませんよ。よろしくお願いします。 夫：自分が介護をするのは限界。グループホームで穏やかに皆と仲良く生活してほしい（長男より聴取）。 長男：まだ家で暮らしていくことができるかもしれないが、感情のコントロールができない母の機嫌を損ねないように、一生懸命頑張っている父の心身の状態も心配。母にはできるだけ早くグループホームに入居してほしい。

⑧ **認定情報**	要介護３ 認定の有効期間：令和○－３年９月１日～令和○年８月31日	
⑨ **課題分析** **（アセスメント）理由**	初回 （令和○年５月25日）	入居を目的としたグループホームの見学のために来所した際、本人と長男と面接。 本人の認知症の進行による夫への暴力的な言動や、夫の持病の悪化により在宅生活が困難となった。円滑な入居のための情報収集と調整を行う。

課題分析（アセスメント）に関する項目　　令和○年５月25日（施設）

標準項目名	項目の主な内容	
⑩ **健康状態**	病名	令和○－３年４月　アルツハイマー型認知症
	既往・病歴等	６年前　もの忘れが多くなったことに夫が気づき、病院を受診する。軽度認知障害（MCI）と診断される。 ３年前　海馬の萎縮が認められ、アルツハイマー型認知症の診断を受け、アリセプトを服用することとなる。その頃には家事などを一人で行うことは難しくなってきた。本人はできないと思っていないため、夫に口を出されることに対して暴力的な言動が目立つようになる。 ２年前　夫の入院をきっかけに認知症の症状が進行し、家事などできないことが増える。好きだった入浴や食事を楽しむこともなくなり、夫への暴言、暴力が日常的になる。短期入所生活介護を利用し夫の介護負担の軽減を図るが、本人の認知症の進行に伴い、夫婦で生活することが困難になった。 5a1
	主治医	○○病院○○医師（精神科）
⑪ **ADL**	寝返り：自宅では、布団に寝ている。体重移動により自分で身体の向きを変えることができる。 起き上がり：這った姿勢からタンスにつかまり起き上がる。 座位：支えがなくても長時間保つことができる。 移乗：何かにつかまれば行える。 歩行：室内の歩行は何もつかまらないで行える。屋外や慣れない場所では転倒したことがあり、見守りが必要。 3a1 着衣：自分で着替えることができるが、１日に何度も着替える。 入浴：認知症の発症前は入浴が好きだったが、現在は５日に１回、夫が強引に促して入る。ショートステイでも拒否があるため、予定日には入れない。洗身、洗髪は自立。 4a1 食事：箸を使い自立。 排泄：自分でトイレに行き排泄できる。	
⑫ **IADL**	調理：調理はできないが、電子レンジは使用できる。温める必要のないものまで温めてしまう。 1a1 2a1 掃除：掃除用具の選別が難しいが、汚い部分をきれいにすることはできる。 3a1 洗濯：洗濯機の使い方がわからず、風呂場のシャワーで水をためようとすることがある。 買い物：同じものをいくつもかごに入れてしまうことや、いつの間にかどこかへ行ってしまい自宅へ帰れなくなることが度々あるため、夫が一人で行っている。 金銭管理：夫が管理。本人に少額は持たせているが、金種の区別がついていない様子。必要なもののみ購入することが困難。 服薬管理：夫が管理。手渡せば自分で服用する。病識はないが、拒薬はない。 5a1	

⑬ **認知**	認知機能が低下している自覚はない。夜中に夫を起こして食事に誘うなど、時間の感覚がない。物をどこにしまったか忘れてしまい、探し物をすることが多くある。 5a1
⑭ **コミュニケーション能力**	人にあわせるのが上手であり、誰とでも親しく会話ができる。面倒見がよい部分もあり、人の世話を好む。 1a1
⑮ **社会との関わり**	近所の人と定期的に付き合いはあったが、認知症の症状が出てきてからはほとんどなくなっている。 1a1
⑯ **排尿・排便**	尿意、便意あり。失禁はない。
⑰ **じょく瘡・皮膚の問題**	現在問題なし。
⑱ **口腔衛生**	すべて自分の歯。日に何度も歯みがきを行っている。
⑲ **食事摂取**	1日3食としているが、摂取量が少なく、夫の声かけにより半分程度しか食べられない。 2a1 身長146cm、体重36.4kg（BMI：17.1）。若い頃からやせ気味。認知症の進行とともにやせが進んだ印象を家族は受けていたが、何年も体重を計測していない。
⑳ **問題行動**	家事について夫が助言をすると興奮し、自分を「殺せ」と包丁を持ち出すことや、暴力を振う、物を投げる、家具などを壊すなど、怒りに伴う激しい行動がある。 納豆や豆腐のパック、ラップなど、何でも洗えるものは洗い収納するが、使用することなく忘れている。洗濯機の使い方がわからず、風呂場のシャワーで水をためようとし、周囲を水浸しにしてしまうこともある。 1a1 5a1
㉑ **介護力**	主介護者の夫は、高齢で持病（心臓病）があり、入院治療も必要になることがある。 長男家族は車で1時間程の場所に住んでいる。半年に一度実家へ戻る程度。
㉒ **居住環境**	平屋の一戸建て住宅。 段差は少なく、室内の移動に問題はない。トイレや浴室にも手すりがついている。 【自宅の見取り図】 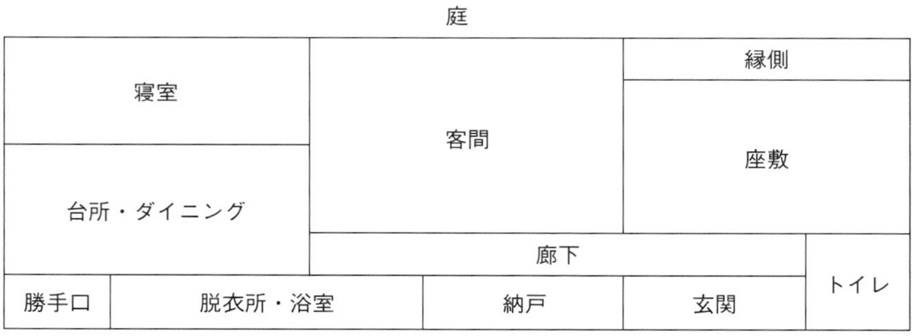
㉓ **特別な状況**	本人の暴言、暴力などに対する夫の介護負担が大きく、自宅での生活が困難になったため、グループホームへの入居を、夫、長男ともに希望している。

4 アセスメントのまとめ（情報収集と分析）

総括

・アルツハイマー型認知症である、80歳の女性の事例である。

・ADLはほとんど自立しているが、生活全般に支援が必要な状態である。

・軽いもの忘れなどがあり、軽度認知障害（MCI）と診断されてからも、夫婦で支え合って生活してきたが、2年前の夫の入院をきっかけに認知症の症状が進行し、それまで行うことができていた家事などができなくなった。

・現在は、夫の助言に対し、暴言、暴力、家具を壊すなど、夫の手に負えないほど感情のコントロールができない状態となっており、在宅での生活が困難なため、グループホームへの入居を決めた。

・認知症の経過と入居前の生活のこだわり等については、居宅介護支援事業所の介護支援専門員と、短期入所生活介護の生活相談員から内容を聴取した。入居後も生活の継続性を意識した支援を心がける必要がある。

・本人が得意であった家事などの役割を奪わないよう、見守りながら可能な限り自由に家事を行ってもらえるよう支援する。

身体面

・特に大きな病気もなく、これまで風邪などもほとんどひかずに過ごしてきている。

・室内での歩行は問題ないが、屋外では転倒したことがあるため、見守りが必要。認知症の進行と夫の持病等による介護力不足のため、屋外へ出ることがほとんどなく、下肢筋力の低下を家族は心配している。

精神面・社会面

・本人に認知症である自覚は全くない。

・人にあわせるのが上手であり、面倒見もよいため、誰とでも親しくしていたが、認知症の症状の悪化により、他者との交流が途絶えている。

・夫との関係も悪くなり、暴力を振うことが多くなった。

・好きだった入浴や食事を楽しむこともできなくなっている。

環境面

・長男家族は車で1時間程の場所に住んでいるが、仕事が忙しく、実家へ帰るのは半年に一度程度。

・夫は高齢で持病（心臓病）があり、入院治療が必要になる場合もあるため、本人をつきっきりで介護することは困難である。

利用者名　岡田　冴子　殿

課題整理総括表

作成日　令和○年５月27日

自立した日常生活の阻害要因（心身の状態、環境等）	①認知症の進行	②感情のコントロールができない	③意欲低下
	④グループホームへ新規入居	⑤	⑥

利用者及び家族の生活に対する意向	本人：こちらでお手伝いをさせていただきます。 長男：これまで主婦としてやってきたことを周りの手を借りて続けていってほしい。穏やかに生活してもらいたい。

（太字は○で囲まれた項目）

状況の事実※1		現在※2	要因※3	改善/維持の可能性※4	備考（状況・支援内容等）
移動	室内移動	**自立**　見守り　一部介助　全介助		改善　維持　悪化	・屋外や慣れない場所で転倒したことがあるため、見守りが必要。
	屋外移動	自立　**見守り**　一部介助　全介助	①③④	改善　**維持**　悪化	
食事	食事内容	**支障なし**　支障あり		改善　維持　悪化	
	食事摂取	自立　見守り　**一部介助**　全介助	①③	改善　**維持**　悪化	・食事摂取量が少なく、BMIが17.1でやせすぎのため、声かけにより食事摂取量を増やす。 ・声かけを行えば、盛りつけや電子レンジで温めることはできる。
	調理	自立　見守り　**一部介助**　全介助	①②④	改善　**維持**　悪化	
排泄	排尿・排便	**支障なし**　支障あり		改善　維持　悪化	
	排泄動作	**自立**　見守り　一部介助　全介助		改善　維持　悪化	
口腔	口腔衛生	**支障なし**　支障あり		改善　維持　悪化	
	口腔ケア	**自立**　見守り　一部介助　全介助		改善　維持　悪化	
服薬		自立　見守り　**一部介助**　全介助	①	改善　**維持**　悪化	・声かけ、手渡し、確認が必要。
入浴		自立　見守り　**一部介助**　全介助	①③④	改善　**維持**　悪化	・行為は自立だが、入浴をしたがらない（認知症の発症前は入浴が好きだった）。
更衣		自立　**見守り**　一部介助　全介助	①	改善　**維持**　悪化	・行為は自立だが、１日に何度も着替える。
掃除		自立　**見守り**　一部介助　全介助	①③④	改善　**維持**　悪化	・きれい好きだが、掃除が行き届かない。
洗濯		自立　**見守り**　一部介助　全介助	①③④	改善　**維持**　悪化	・洗濯機の使い方がわからず、風呂場のシャワーで水をためようとすることがある。
整理・物品の管理		自立　見守り　**一部介助**　全介助	①③④	改善　**維持**　悪化	・物をどこにしまったか忘れる。
金銭管理		自立　見守り　一部介助　**全介助**	①	改善　**維持**　悪化	・少額は持っているが、金種の区別はついていない様子。必要なもののみ購入することが困難。
買物		自立　見守り　一部介助　**全介助**	①④	改善　**維持**　悪化	・夫が一人で行っている。
コミュニケーション能力		**支障なし**　支障あり		改善　維持　悪化	
認知		支障なし　**支障あり**	①	改善　**維持**　悪化	・夜中に夫を起こして食事に誘うなど、時間の感覚がない。 ・認知症の症状が出てからは、ほとんど近所付き合いもなくなっている。
社会との関わり		支障なし　**支障あり**	①②③	改善　**維持**　悪化	
褥瘡・皮膚の問題		**支障なし**　支障あり		改善　維持　悪化	
行動・心理症状（BPSD）		支障なし　**支障あり**	①②	改善　**維持**　悪化	・感情のコントロールができず、暴言、暴力、家具を壊すなどの行動が日常的にある。
介護力（家族関係含む）		支障なし　**支障あり**	①④	**改善**　維持　悪化	・夫に持病があり、介護負担が大きい。
居住環境		**支障なし**　支障あり		改善　維持　悪化	
				改善　維持　悪化	

見通し※5	生活全般の解決すべき課題（ニーズ）【案】	※6
・歩行や身体を動かす機会をつくり、下肢筋力を向上させることで活気が戻り、生活の張りにつながる。 ・掃除道具の使い方を伝えながら毎日居室の掃除を行うことで、下肢筋力の向上にもつながる。	転倒することなく、いつまでも自分の足で歩きたい。	3
・食欲を低下させている原因を特定し、元気な頃のように料理をつくることができれば、食欲が出る可能性がある。 ・栄養状態をこれ以上悪くしないことにより、体力を維持できる。	おいしく食事を楽しみたい。	2
・定期的に入浴できるよう環境を整えることで、清潔を保ち、気持ちよく生活できる。 ・適切な支援を受けることにより、入浴などの好きだったことを思い出し、生活を楽しむことができる。	張りのある生活を取り戻したい。	4
・定期的な診療を受けることで、体調を安定させ、認知症の進行を防げる。	健康管理を受けて、現在の体調を維持したい。	5
・家事について助言される場合に感情的になってしまうことが多かったため、見守りながら可能な限り自由に家事を行ってもらうことで、グループホームになじみ、穏やかに過ごすことができる。	得意な家事を自分のペースで続けたい。	1

※１～※６の詳細については、p.11～p.13を参照のこと。

第1表

施設サービス計画書(1)

作成年月日　令和○年５月27日

初回・(紹介)・継続　　(認定済)・申請中

利用者名　岡田　冴子　殿　　生年月日　昭和○○年○○月○○日(80歳)　　住所　○○県○○市○○

新規入居者ですが、入居前に居宅介護支援を受けていたため、通知の規定どおり「紹介」に○を付します

施設サービス計画作成者氏名及び職種　介護支援専門員　M

施設サービス計画作成介護保険施設名及び所在地　グループホーム○○　○○県○○市○○

施設サービス計画作成(変更)日　令和○ 年　5 月　27 日　　初回施設サービス計画作成日　令和○ 年　5 月　27 日

認定日　令和○－3 年　8 月　16 日　　認定の有効期間　令和○－3 年　9 月　1 日　～　令和○ 年　8 月　31 日

要介護状態区分	要介護1　・　要介護2　・　(要介護3)　・　要介護4　・　要介護5
利用者及び家族の生活に対する意向	本人：こちらでお手伝いをさせていただきます。よろしくお願いします。 夫：私ができなくなった分まで、皆さんに大切にしてもらって、楽しい毎日を過ごしてほしい。 長男：これまで主婦としてやってきたことを周りの手を借りて続けていってほしい。感情のコントロールができないため、いろいろとご迷惑をおかけしますが、できるだけ穏やかに生活してもらいたい。
介護認定審査会の意見及びサービスの種類の指定	なし。
総合的な援助の方針	主婦としてのプライドを傷つけないよう配慮し、ご本人の役割をしっかりもっていただき、張りのある生活を送ることができるよう支援いたします。 ご本人の気持ちを常に考慮しながら、食事、入浴を楽しんでいただけるよう、環境を整えていきます。 緊急連絡先：長男携帯(○○○－○○○○－○○○○)

施設サービス計画の説明を受け、同意し、受領しました。　年　月　日　(利用者氏名)　印

第2表

施設サービス計画書（２）

作成年月日　令和○年５月27日

利用者名　岡田　冴子　殿

長期目標の期間は６か月を想定しましたが、認定の有効期間を超えるため、終了時期を記載していません

本人も位置づけ、今できていること、していることを奪わない支援を提供します

生活全般の解決すべき課題（ニーズ）	目標				援助内容			
	長期目標	（期間）	短期目標	（期間）	サービス内容	担当者	頻度	期間
1 得意な家事を自分のペースで続けたい	1a やりたい家事を行う	６か月 R○. 6. 15～	1a1 スタッフとともに食事づくりができる	R○. 6. 15 ～ R○. 8. 31	・家事をしやすいよう環境を整え、行ってもらう ・味見をしながら食事の支度を一緒に行う ・家事についてのエピソードなどを聞きながら、何が好きなのか、得意なのかを探り、スタッフ間で情報を共有する	介護職員 本人	毎日	R○. 6. 15 ～ R○. 8. 31
2 おいしく食事を楽しみたい	2a 気のあう人と食事を楽しむことができる	６か月 R○. 6. 15～	2a1 スタッフに食べ物の好みを伝えることができる	R○. 6. 15 ～ R○. 8. 31	・気のあう人と同じ席で食事をする ・食べ物の好き嫌いを把握する ・体重を量り記録する	介護職員 本人	毎日 週１回	R○. 6. 15 ～ R○. 8. 31
3 いつまでも自分の足で歩きたい	3a 毎日の日課を続けることができる	６か月 R○. 6. 15～	3a1 スタッフとともに毎日の日課を続ける	R○. 6. 15 ～ R○. 8. 31	・スタッフの付き添いで施設の周りを毎日散歩する ・ラジオ体操を行う ・居室の掃除を行う	介護職員 本人	毎日	R○. 6. 15 ～ R○. 8. 31
4 張りのある生活を取り戻したい	4a 気持ちよく入浴できる	６か月 R○. 6. 15～	4a1 スタッフの支援を受け、気持ちよく入浴できる	R○. 6. 15 ～ R○. 8. 31	・入浴前に担当者とコミュニケーションの時間を多くもつ ・入浴したくない場合は理由を尋ね、共感しながら誘う ・入浴に誘い、２、３分で納得してもらえない場合は、時間または日を変更する ・洗身、洗髪を自分で行う	介護職員 （入浴担当者） 本人	週２回（火・金） 週２回（火・金）	R○. 6. 15 ～ R○. 8. 31
5 健康管理を受けて、現在の体調を維持したい	5a 健康管理を受け、現在の体調を維持できる	６か月 R○. 6. 15～	5a1 適切な健康管理を受けることができる	R○. 6. 15 ～ R○. 8. 31	・服薬の管理と介助 ・ふだんの様子を把握し、体調と認知症の症状に変化があった際には、医療機関、家族へ状況報告を行う	介護職員	毎日	R○. 6. 15 ～ R○. 8. 31
					・診察（訪問診療）	○○クリニック	月２回 （第１、第３木）	
					・訪問看護師による健康管理指導	○○訪問看護ステーション	月４回（水）	

まずは、グループホームの生活に慣れ穏やかに過ごすことができるよう、本人視点で目標を位置づけました

スタッフが共通したかかわりができるよう、サービス内容は丁寧に記載します

本人の自尊心を傷つけないよう、ニーズは端的に記載します（「転倒することなく」などは課題整理総括表には残し、第２表には書きません）

認知症の人を支えるうえで医療面の支援は重要ですが、本事例の場合、アセスメントの結果から優先順位が低くなりました

第4表

日課計画表

作成年月日	令和○年５月27日
作成者	M

利用者名　岡田　冴子　殿　　要介護３

		共通サービス	担当者	個別サービス	担当者	主な日常生活上の活動
深夜	4：00					
	5：00	巡回	介護職員			
早朝	6：00			更衣・洗面声かけ	介護職員	起床・洗面・着替え
	7：00	起床・朝食・口腔ケア	介護職員			朝食・服薬・歯みがき
午前	8：00	バイタルチェック	介護職員			
	9：00	居室清掃	介護職員			清掃
	10：00	お茶・レクリエーション	介護職員			
	11：00			入浴(火・金)、昼食づくり	介護職員	入浴(火・金)、昼食づくりの手伝い
午後	12：00	昼食・口腔ケア	介護職員			昼食・歯みがき
	13：00					
	14：00	レクリエーションタイム	介護職員			
	15：00	おやつ	介護職員			おやつ
	16：00					
	17：00			夕食づくり	介護職員	夕食づくりの手伝い
夜間	18：00	夕食・口腔ケア	介護職員			夕食・歯みがき
	19：00					
	20：00	就寝準備	介護職員			
	21：00			更衣声かけ・見守り	介護職員	就寝準備・着替え
深夜	22：00					
	23：00	巡回	介護職員			
	0：00					
	1：00	巡回	介護職員			
	2：00					
	3：00	巡回	介護職員			
随時実施するサービス		散歩付き添い・清掃	介護職員			

その他のサービス	訪問診療(月２回：第１、第３木曜)、訪問看護師による健康管理指導(月４回：水曜)、歌レクボランティア(月１回)、訪問美容(２か月に１回)、訪問歯科(必要時)

(注)「週間サービス計画表」との選定による使用可。

第6表

施設介護支援経過（抜粋）

作成年月日　令和○年６月15日

利用者名　岡田　冴子　殿

施設サービス計画作成者氏名　M

年月日	内容
R○. 6. 15（土） 生活状況	長男の付き添いで入居。特に帰りたいという願望もなく、ほかの入居者と談話している。 手拍子を頻回にしている人に対して「こんなところにいられない」といった訴えも聞かれたが、コミュニケーションのとれる人と談話すると落ち着く。体重36.5kg。（M）
R○. 6. 16（日） 生活状況	何もしていないと帰りたい願望が強くあるが、家族が迎えに来ると伝えたり、お手伝いを行ってもらったりすることで落ち着く。（M）
R○. 6. 18（火） 生活状況	入浴日であることを伝え、一緒に準備を行うが、入浴前には表情が変わり「人前で裸になるなんて」と脱衣所から出ていく。 時間をおき、ほかのスタッフが対応し脱衣所まで連れて行くが、「お風呂は入らないわよ」と話す。 午後から１時間程一緒に家事を行った後、お風呂が沸いたことを伝えるとすんなりと入浴する。 体重36.5kg。（M）
R○. 6. 21（金） 生活状況	入浴の声かけにスムーズに入浴していたが、洗髪時に突然大声を出し、浴室から出て下着を首に巻き「首を絞めて殺せ」と興奮する。男性スタッフになだめられ落ち着く。（M）
	中略
R○. 6. 27（木） 生活状況	訪問カット（訪問美容）のため声かけを行うが、「頭をいじられるのは嫌なのよ」と泣き出す。男性スタッフの声かけにより散髪を行う。（M）
R○. 6. 28（金） 生活状況	入浴の声かけに嫌がっていたが、掃除を手伝ってほしいとお願いすると、脱衣所まで来て、服が濡れてしまうからと自分から服を脱ぎ、入浴する。体重37.0kg。（M）
R○. 7. 2（火） 生活状況	午前中より血圧が160mmHgと高め。体調不良の訴えはなかったが、19時過ぎに胸がむかむかすると訴え、21時過ぎに嘔吐。血圧が200mmHgを超え、不快感も継続しているため、23時に救急搬送。胃腸炎の診断を受け点滴を行う。血圧が安定し２時に帰所。長男へ連絡後、職員で対応する。（M）
R○. 7. 3（水） ○○訪問看護ステーション健康管理指導	昨日の状況を伝え、相談する。 血圧、状態とも安定しているため、明日の訪問診療まで様子をみるよう助言を受ける。（M）
R○. 7. 4（木） ○○クリニック訪問診療	一昨日からの様子を医師に伝える。胃に負担がかかるため、アリセプトは食事が摂れるようになるまで中止することとなる。 胃薬、制吐剤、頓服用の降圧剤が処方される。制吐剤にはふらつきの副作用があるため、転倒に注意するように指示を受ける。状況を長男へメールで伝える。（M）

※モニタリングシート、再アセスメントシートなどは本書では割愛しています。

第6表

施設介護支援経過（抜粋）

作成年月日　令和○年7月5日

利用者名　岡田　冴子　殿

施設サービス計画作成者氏名　M

年月日	内容
R○. 7. 5（金） 生活状況	朝、トイレに起きた際に「気持ち悪い、吐き気がする」と話す。ふらつきがあるため、居室まで一緒に行き、ベッドへ倒れ込むように横になる。 夕方、床に倒れている。布団がたたんであり靴を片方履いていた。頭をぶつけたと話す。 １日食事を摂らず水分のみ摂取する。 状況を長男にメールで連絡する。（M）
R○. 7. 6（土） 生活状況	朝、居室で転倒する。「みんなの声がするから起きなくちゃ」と話していたが、傾眠傾向が強く、朝食は食べられない。 昼食と夕食は半分程度を摂取。 明日、面会予定の長男に、本人が好きな口当たりのよい食べ物の持参を依頼する。（M）
R○. 7. 7（日） 長男が面会	朝食から食事が全量摂れるようになり、昼食後には、長男のお土産のゼリーを長男と完食する。体調も気分もよいと、長男と近所を散歩する。足取りはしっかりとしている。 体重測定も長男と実施。体重37.0kg。（M）
R○. 7. 8（月） ○○クリニックに電話発信	昨日から食事が摂れるようになったことを伝え、本日よりアリセプト再開の指示を受ける。（M）
	中略
R○. 7. 19（金） 生活状況	入浴。「息子さんが喜びますよ」と伝えると、嫌がることなく入浴する。体重37.0kg。（M）
R○. 7. 25（木） 生活状況	自分で下膳できる人の食器を片づけようとして、手を振り払われる。「勝手にしなさいよ」と表情が険しくなる。（M）
R○. 7. 31（水） 生活状況	熱心に本を読んでいる間に、ほかの入居者とスタッフが台所仕事をしていると、「私は役立たずなんだから帰るわよ」と玄関まで行く。スタッフが付き添って近所を散歩し、落ち着く。体重37.0kg。（M）
R○. 8. 2（金） 生活状況	おしぼり巻きを手伝い、隣の人にも丁寧に教えている。終えると「それではこれで失礼します」と自宅へ帰ろうとする。昼食の支度をお願いすると「お昼が出るの？」と笑顔になる。（M）
R○. 8. 8（木） 生活状況	自分の朝食の片づけを終えると、まだ食事中の人の箸を取り、「いつまでもかかっていると片づかないのよ」と食事介助をしようとする。 洗濯物たたみをお願いするが、終えると「それではこれで失礼します」と自宅へ帰ろうとしたため、床のワイパーがけをお願いする。（M）
R○. 8. 20（火） 生活状況	入浴の声かけに「今日はいいわ」と話すが、何度か声かけをすると怒り出し、「帰ります」と玄関へ向かう。スタッフが付き添って近所を散歩し、落ち着く。入浴は明日以降とする。（M）
R○. 8. 21（水） 生活状況	入浴。スタッフの声かけですぐに入浴する。体重37.5kg。（M）
	以下略

※モニタリングシート、再アセスメントシートなどは本書では割愛しています。

評価表

利用者名　岡田　冴子　殿　　　　作成日　令和○年８月23日

短期目標	（期間）	援助内容			結果 ※2	コメント（効果が認められたもの/見直しを要するもの）
		サービス内容	サービス種別	※1		
1a1 スタッフとともに食事づくりができる	R○. 6. 15 〜 R○. 8. 31	・家事をしやすいよう環境を整え、行ってもらう	認知症対応型共同生活介護 本人	グループホーム○○	△	ほかの人が台所に入っていると自分の仕事を取られた気分になってしまい、不機嫌になることがある。周りとの関係も考慮しながら、家事の分担を行う必要がある。
		・味見をしながら食事の支度を一緒に行う			△	楽しみながら食事の支度を行っている。
		・家事についてのエピソードなどを聞きながら、何が好きなのか、得意なのかを探り、スタッフ間で情報を共有する			○	家事全般を何でもこなし、きっちりと行わないと気が済まない様子がある。
2a1 スタッフに食べ物の好みを伝えることができる	R○. 6. 15 〜 R○. 8. 31	・気のあう人と同じ席で食事をする	認知症対応型共同生活介護 本人	グループホーム○○	△	食べ終えるのが早い。まだ食べている人のことが気になってしまい、必要のない介助をしてしまう。お手伝いなどで気をそらすなどの工夫が必要。
		・食べ物の好き嫌いを把握する			○	特に食べ物の好き嫌いはなく、入居後は体調不良のとき以外は食事を残すこともない。
		・体重を量り記録する			○	気分のよいときを見計らい、体重を測定している。入居後1.0kg増加した。
3a1 スタッフとともに毎日の日課を続ける	R○. 6. 15 〜 R○. 8. 31	・スタッフの付き添いで施設の周りを毎日散歩する	認知症対応型共同生活介護 本人	グループホーム○○	△	日課として理解している。
		・ラジオ体操を行う			△	日課として理解し、音楽にあわせた体操を覚えて行っている。
		・居室の掃除を行う			○	居室のみでなく、フロア全体のワイパーがけを行っている。

※１「当該サービスを行う事業所」について記入する。※２ 短期目標の実現度合いを５段階で記入する（◎：短期目標は予想を上回って達せられた、○：短期目標は達せられた（再度アセスメントして新たに短期目標を設定する）、△：短期目標は達成可能だが期間延長を要する、×１：短期目標の達成は困難であり見直しを要する、×２：短期目標だけでなく長期目標の達成も困難であり見直しを要する）

評価表

利用者名　岡田　冴子　殿

作成日　令和○年８月23日

短期目標	（期間）	援助内容			結果 ※２	コメント（効果が認められたもの/見直しを要するもの）
		サービス内容	サービス種別	※１		
4a1 スタッフの支援を受け、気持ちよく入浴できる	R○. 6. 15 ～ R○. 8. 31	・入浴前に担当者とコミュニケーションの時間を多くもつ ・入浴したくない場合は理由を尋ね、共感しながら誘う ・入浴に誘い、２、３分で納得してもらえない場合は、時間または日を変更する	認知症対応型共同生活介護	グループホーム○○	×	誘い方によってスムーズに入浴できることもあったが、興奮状態になってしまうこともあり、その後は入浴できない日が続いた。羞恥心など細かい配慮が必要。
		・洗身、洗髪を自分で行う	本人		△	自分で丁寧に洗身、洗髪を行う。洗い残した部分をスタッフが介助している。
5a1 適切な健康管理を受けることができる	R○. 6. 15 ～ R○. 8. 31	・服薬の管理と介助 ・ふだんの様子を把握し、体調と認知症の症状に変化があった際には、医療機関、家族へ状況報告を行う	認知症対応型共同生活介護	グループホーム○○	△	環境の変化によるものか、血圧が上昇する日が続いたり、胃腸炎から食欲の低下がみられる日もあったりしたため、ADLの低下を心配したが、数日でよくなっていった。 内服薬に変更はなく、認知症の症状は安定している。
		・診察（訪問診療）	訪問診療	○○クリニック	△	
		・訪問看護師による健康管理指導	訪問看護	○○訪問看護ステーション	△	

※１「当該サービスを行う事業所」について記入する。※２　短期目標の実現度合いを５段階で記入する（◎：短期目標は予想を上回って達せられた、○：短期目標は達せられた（再度アセスメントして新たに短期目標を設定する）、△：短期目標は達成可能だが期間延長を要する、×１：短期目標の達成は困難であり見直しを要する、×２：短期目標だけでなく長期目標の達成も困難であり見直しを要する）

5 まとめ

家族から「暴力」という内容で相談があったときには、グループホームでの受け入れに不安や葛藤があったが、今では在宅生活をしていた頃のような暴力的な言動はほとんどなく、グループホームで過ごすことができている。

本人が本人らしく穏やかに生活できるためには、本人を理解する必要があると考えた。このため、かかわりの基本である、傾聴・共感の大切さに立ち返り、グループホーム全体で本人の行動や言動の原因に注目した。本人の世話好きな性格や残存機能などの強みに焦点をあてた対応により、徐々に本人と信頼関係を築くことができたと考える。

落ち着いた生活のなかで表情も豊かになり、得意な家事を行うことで意欲的になった結果、入居後の更新認定では要介護１に改善された。一方、健康状態や生活機能の安定に伴い、これまでの仕事量では物足りなさを感じていらいらする様子がみられるようになっているため、支援内容の見直しや、在宅復帰の可能性の見極めが必要になってきている。

まだまだ課題はあるが、本人の思いを大切に、その時々にあったかかわりを続けていき、可能な限り自分のペースで、自由な気持ちで豊かに過ごすことができるよう、支援していきたいと考える。

2 入所(入居)系 4 本人のセルフイメージと現状のギャップを埋め、穏やかな精神状態を保つための支援～入居後3年を迎え、認知症が進行する人をグループホームで支える～

1 事例の概要

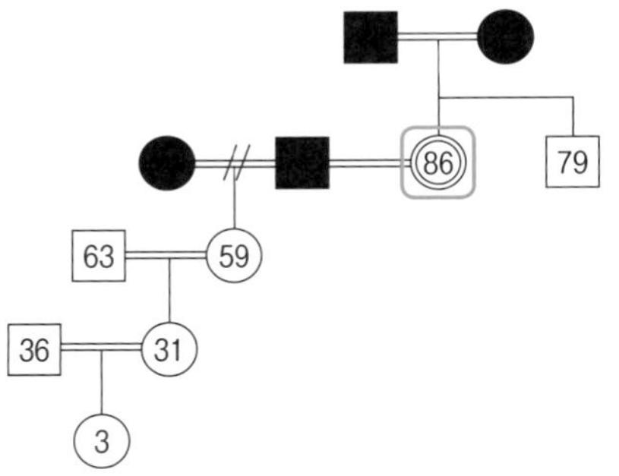

氏　　名：下山　歌子（女性）
年　　齢：86歳
要介護度：要介護3
家族構成：グループホーム入居中。73歳のときに夫が亡くなった後、84歳でグループホームに入居するまで一人暮らし。本人は初婚で夫は再婚。
本人と夫との間に子どもはいない。
夫の前妻との間の長女（以下、「長女」）との関係は良好。長女は、入居までの本人の在宅生活を支え、入居後も定期的に本人に会いに来ている。

生活歴

長年、保育士として勤務し、定年退職後は学童保育で働く。

50歳のときに夫と結婚し、血縁関係のない夫の長女や孫とも良好な関係を築いた。

73歳のときに夫が亡くなった後は一人暮らし。長女や孫、本人の弟が訪ねて来るのを楽しみにしながら生活をしていた。

77歳のとき、銀行でお金を引き出すことができなくなっていることに長女が気づき、受診。認知症の診断を受け、長女の支援と在宅サービスを利用して生活する。

82歳より小規模多機能型居宅介護に変更。火の不始末や異食、遠方で警察に保護されることなどが増えるが、小規模多機能型居宅介護の職員と長女の支援により、在宅生活を継続する。

孫の出産のため、長女からの支援を受けることが難しくなり、84歳のときにグループホームに入居する。入居後は、BPSDが落ち着き、家事やレクリエーション等を積極的に行っていた。

主な病名と経過

77歳　認知症、高血圧症
不詳　甲状腺機能低下症

2 介護支援専門員からみた事例の特徴

グループホームへの入居により、BPSDが落ち着き、職員の支援を受けながら本人らしい生活を送ることができていた。

疾患の影響と在宅時との運動量の差から筋力が落ち、自分の気持ちと行動が伴わなくなった。家事やレクリエーション等にうまく対応できず、落ち込む様子もみられる。今まで十分過ぎる活動ができていたので、周囲は少しでも本人らしい生活を継続できればよいと考えている。

加齢や疾患、認知症の進行により、セルフイメージとの差（ギャップ）や本人らしい生活が少しずつ失われていくことに対する悲しみに寄り添い、今できていることへの支援が適切なのか、これまでの支援のあり方を再検討する必要がある事例である。

3 アセスメント

基本情報に関する項目

令和○年１月22日（施設）

標準項目名	項目の主な内容	
1 **基本情報**	初回受付日	82歳のとき、長女と本人が来所。 小規模多機能型居宅介護を利用し、一人暮らしが難しくなったら、グループホームへ入りたい。
	受付者	介護支援専門員　S
	氏名（性別） 生年月日（年齢）	下山　歌子（女性） 昭和○○年○○月○○日（86歳）
	住所	○○県○○市○○
	その他	長女携帯：○○○－○○○○－○○○○
2 **生活状況**	生活歴	長年、保育士として勤務し、定年前には主任をしていた。 50歳のときに夫と結婚。夫の長女や孫とも良好な関係を築いた。定年退職後は学童保育で働き、その後は夫とともに全国各地へ旅行に出かけていた。 73歳のときに夫が亡くなった後は一人暮らし。長女や孫、本人の弟が訪ねて来るのを楽しみにしていた。 77歳のとき、銀行でお金を引き出すことができなくなっていることに長女が気づき、受診。認知症の診断を受ける。長女と在宅サービスで支援していたが、BPSDが目立つようになり、82歳より小規模多機能型居宅介護を利用する。その後も、火の不始末や異食、バスに乗り、遠方で警察に保護されることなどが増加する。 孫の出産のため、長女からの支援が難しくなり、84歳のときにグループホームに入居した。
	家族状況	長女（59歳）がキーパーソン。関係は非常に良好。週１回程度面会に訪れる。 孫も月１回程度、ひ孫を連れて会いに来る。 弟は他県在住のため、年に１～２回ほど面会に訪れる。 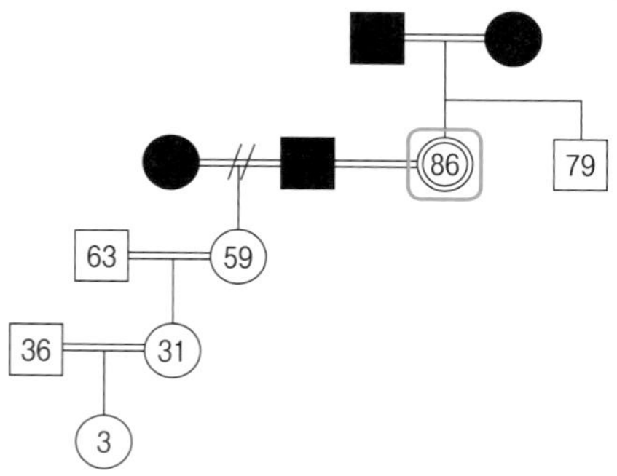
3 **利用者の被保険者情報**	介護保険（要介護３） 後期高齢者医療制度 厚生年金	
4 **現在利用しているサービスの状況**	認知症対応型共同生活介護（グループホーム）入居中	
5 **障害高齢者の日常生活自立度**	A１	
6 **認知症である高齢者の日常生活自立度**	Ⅳ	

⑦主訴	初回相談者等	本人
	相談内容	ここで皆さんによくしていただいて。自分にできることをしたいが、何だか身体が疲れちゃって。
	本人・家族の要望	本人：難しいことはできないのですが、ちょっとここがあれに(頭を指さして、微笑む)なっちゃって、身体も何だかね～。でも、何でもやりますよ。皆さんがいるので楽しく過ごさせてもらっています。 長女：けがをせずに、元気でいてくれたらありがたいと思います。「身体が重いわ～」と言うようになりましたが、本人はもともと、気働きのできる人で、共同生活でほかの人にこうしてあげたいという思いがあるかもしれません。ご迷惑でなければ、本人がお手伝いできることをやらせてもらえると元気がでるかなと思います。
⑧認定情報	要介護 3 認定の有効期間：令和○年 2 月 1 日～令和○＋ 2 年 1 月31日	
⑨課題分析(アセスメント)理由	更新認定 (令和○年 1 月22日)	更新認定時の再アセスメント。 本人の自室にて、本人と長女と面談。 今までできていた家事活動やレクリエーションが本人の思うようにできなくなり、支援のあり方を見直したケアプランを作成する。

課題分析（アセスメント）に関する項目　　令和○年 1 月 22 日（施設）

標準項目名	項目の主な内容	
⑩健康状態	病名	認知症、高血圧症、甲状腺機能低下症 内服薬にて治療中　2a1
	既往・病歴等	77歳　認知症、高血圧症 不詳　甲状腺機能低下症
	主治医	○○病院在宅医療部○○医師
⑪ADL	寝返り・起き上がり・立ち上がり・移乗：自分で支えて行える。 歩行：体重増加と円背が進み、10m程の距離であれば、手を腰の後ろに回して、バランスをとりながらゆっくりと歩ける。屋外は、シルバーカー(歩行器)を使用し15分程の散歩を実施しているが、途中で疲労の訴えがあることが多く、シルバーカーの座面に腰かけて休憩をとっている。　1a4 座位保持：背もたれのあるいすであれば、問題なく座ることができる。ベッドサイドでの端座位はバランスがとりにくく、長い時間は座っていることができない。 立位保持：体操などで、5～10分立っていると疲労の訴えがある。テーブルやいすの手すりなどが手近にあると安心できる様子。　2a1 着衣：上衣は介助せず着ることができる。下衣は不安定な姿勢になるが立って穿こうとするため、職員の見守りが必要。　2a2　1a2 入浴・整容：入浴は職員の介助で実施。身体が大きくなり、背中や殿部、下肢へ手が回せず、また洗う場所を忘れてしまうので、職員が都度手を添えて介助している。洗髪は難しいため、職員が介助している。　2a2 整容は朝、セッティングすれば髪をとかすことができる。洗顔等もセッティングして促しが必要。　1a2 食事：箸を使用して、自分で食べることができる。 排泄：一部介助。職員の声かけ、誘導が必要。また、体重増加により、衣服の着脱に時間がかかる。　3a1	

⑫ **IADL**	調理：下ごしらえはセッティングすればできる。複雑な手順があるものは、途中で混乱するため、同一の動作を繰り返す作業(もやしのひげ根取りや大根おろしなど)をお願いしている。 1a2 掃除：自室の掃除機がけは職員の見守りにより実施できる。 1a2 洗濯：たたむ作業はほとんど毎回できているが、干す作業はできなくなってきた。干し方がわからなくなり、混乱する様子がみられる。お誘いしても、「今日はいいです」と言う。 1a2 整理整頓：もともと整頓好きだが、引き出しのどこに何を入れるか把握できなくなり、適切な場所にしまうことができなくなっている。所定の場所にはしまうことができないが、物を出しっぱなしにはしていない。職員が見守りや声かけを行い、適切な場所にしまっている。 1a2 食器洗いは、職員が見守りや声かけを行い、丁寧に洗っているが、手順が抜けてすすぎを忘れることが増えてきた。 その他：下膳は歩行が不安定になってきたので、職員が実施している。職員が下膳すると、目の前に食器がなくなり、食器を洗いに行くことを忘れてしまうため、職員が声かけを行い台所へ来てもらう。 1a2 おやつの配膳は続けることができている。複数のお菓子があると等分に分けることができなくなる。 1a1 買い物・金銭管理：実施していない。在宅生活の頃から、金銭を自分では扱えなくなっていた。必要なときは、本人がほしいものを選び職員が支払いを行う。 服薬管理：訪問服薬指導により、薬局が一包化したものを届けてくれる。施設で管理しているが、錠剤を手のひらに載せると落とすことが多くなったので、おちょこのような容器に入れて手渡し、飲み込むまで見届けている。 ※腰や肩の痛みがあると、意欲や実行力が低下する。本人は職員につらいと訴えない傾向がある。 2a1
⑬ **認知**	数分前に話していたことも忘れ、エピソード記憶はかなり低下している。 家へ帰りたいという訴えが時々あるが、自宅ではなく、実家のあった場所の描写と思われる説明をする。 月に2～3回程度、夕方から夜にかけて訴えがある。自宅にいた際はバスを使用した長距離の徘徊もあったため、職員は不穏状態になったときは注意を払っている。 2a1 今まで、家事活動やレクリエーションに積極的に参加できていたが、手順を忘れることや実行力が低下することがあり、自信をなくしたときは一時的に強い落ち込みをみせるようになってきた。 場面転換後は忘れて、普通に戻る。 1a1 1a2 1a3 1a4
⑭ **コミュニケーション能力**	社交的で温和な性格のため、誰とでも仲良くなることができ、施設ではムードメーカーになっている。他者(認知症のため話のつじつまが合わない人)の話も一生懸命に聞き取ろうとして、混乱しているときがあるので見守りを行っている。 職員からの声かけに対しては素直に応じることがほとんどで、拒否があるときも、穏やかな口調で理由を話している。 聞き取りも問題なく、相手の表情等を理解している様子がある。日中はフロアで過ごしているが、周りで怒声があがると「いけませんよ」と周囲を落ち着かせることもあり、高度に周囲の状況を把握し、自分のとるべき立場を表現できている。 自分の身体の不調は、職員やほかの入居者に訴えない傾向があり、意欲が低下していることにより職員が気づくことが多い。意欲や実行力が低下しても、無理に行おうとして強い落ち込みにつながるため、徴候をつかんで傾聴する。 1a1 1a2 1a3 1a4 2a1

⑮社会との関わり	レクリエーションや散歩など、ほかの入居者と一緒に楽しむことができていたが、手順がわからなくなり失敗すると、表情が曇り集中力が落ちている。始める前から、「私はちょっと」と拒否することが増えてきた。 1a1 1a2 1a3 1a4 ほかの入居者のために、お菓子を準備する仕事は実施しているが、２種類のお菓子を均等に分けることが難しくなってきた。本人が準備したお菓子がほかの入居者に配膳される様子をみて、うれしそうにしている。「昔ね～保育所でおやつを子どもたちに配ると、皆とっても喜んでね……」と昔話につながることがよくあり、本人の満足度が高い作業になっている。 1a1 ボランティアや職員の話にも耳を傾け、忘れてしまうなりに、しっかりとした受け答えをしている。 夫の仏壇に毎朝お水を供えていたが、最近は忘れてしまうことが増えてきた。下げてはいないので、器が乾いた時に本人が気づいて落ち込むことが時々ある。 1a2
⑯排尿・排便	紙パンツとパッドを着用。夜間はポータブルトイレを使用している。職員の誘導があれば使用できるが、本人は自室にポータブルトイレがあることを忘れていることがほとんどである。本人からは夜間のトイレが心配だという訴えが多く、「自宅でも使用していたポータブルトイレは、ここにありますよ」と伝えると、安心できる様子がある。 日中はトイレに行くことができるが、パッドを自室に隠すことなどがあり、失禁量も多いため、職員が午前・午後の２回はトイレの中に入り、パッド交換を介助している。 3a1
⑰じょく瘡・皮膚の問題	下肢の浮腫が強くなり、弾性包帯を使用しているが、本人は浮腫があることを忘れて、はずしてしまうことが多い。 2a1
⑱口腔衛生	歯みがきすることを忘れているため、職員がセッティングして誘導する。拒否はないが、手順がわからなくなるため、職員が介助し、義歯の洗浄や歯みがきを行う。 日中でも、食事後に本人が義歯をはずして義歯入れに戻してそのままにしてしまい、次の食事の際に装着していないことを発見されることもある。 うがいは促せばできる。 1a2
⑲食事摂取	１日３食。形態は常食。皿の上の物を残さないように食べ、残すときもきれいに集めている。洗い物のしやすさを考えての行為だと思われる。 飲み込みは、めったにむせることはないが、温かいお茶のときに、温度がわからずタイミングを誤り、むせることがある。 水分摂取量は1000ml程度だが、飲みすぎると浮腫が強くなるため、医師の指示で1000ml以上にならないように調整している。本人の訴えは特にない。 2a1 身長142cm、体重53kg（BMI：26.3）。 体重が１年間で４kg増加している。洋服のサイズが入居当初より２サイズアップしている。 2a2
⑳問題行動	身体に痛みがあるときやできないことがあると、落ち込み、集中力が落ち、余計にできなくなるという悪循環が起きている。職員の適切な関与（場面転換等）があると忘れて、穏やかな状態で過ごすことができている。 1a1 1a2 1a3 1a4 2a1
㉑介護力	キーパーソンは長女が担っている。週１回程度面会に訪れている。

㉒ **居住環境**	グループホームの居室。クローゼットとタンスがあり、テレビを置くスペースに仏壇を置いている。家族写真や家にあった絵画等を長女がレイアウトしている。 1a2 ポータブルトイレは自宅から持ち込んでいる。 【居室内の配置図】 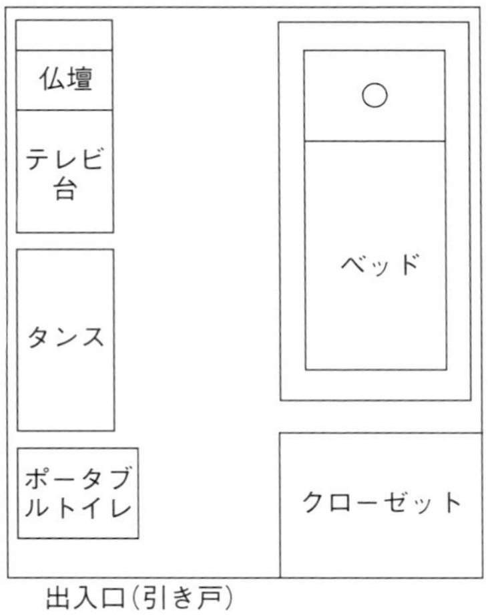
㉓ **特別な状況**	作業能力は高いが、今までできていたことができないとひどく落ち込む頻度が増えてきた。 1a1 1a2 1a3 折り紙や書道等のレクリエーションは本人が得意だったが、字がわからなくなり、失敗したときの落ち込みが激しい。 1a3

4 アセスメントのまとめ（情報収集と分析）

総括

・入居後 3 年を迎えようとしている。BPSD が落ち着き、家事活動やレクリエーションなど、職員の支援を受けながら楽しんで行っていた。

・しだいに体重が増加し、下肢の浮腫が目立つようになった。本人は思うように身体が動かなくなったことで、自分の気持ちと行動が伴わなくなったことに適応できていない。

・今までできていたことが、できないと認識することも必要ではあるが、落ち込みを誘発せずに、できるだけセルフイメージや自己肯定感を保持した状態でいられるように支援する方法を検討する必要がある。

・今まで十分過ぎる活動やコミュニケーションができていたので、周囲は少しでもけがをせず元気に過ごしてくれればよいと考えている。

身体面

・昨年から体重が 4 kg 増加している。入浴時、洗身の仕方を忘れてしまうことも一因ではあるが、身体が大きくなり、背中や殿部、下肢へ手が回せなくなってきたため、自分でできる方法を検討する。

・円背が進み、バランスが悪くなっているので、動作時に注意が必要である。

精神面・社会面

・調理はもともと下ごしらえ等を行っていたが、複雑な手順は混乱があるので、同一の動作を繰り返す作業（もやしのひげ根取りや大根おろしなど）をお願いしている。
・生活機能面はできることが多くあるので、円背でバランスが悪くなっていることに留意しながら、作業を単純化して継続できるように支援する。
・他者とのコミュニケーションは今のところ大きな問題はなく、ほかの入居者の手伝いや状況に応じた対応ができている。
・レクリエーション等について、楽しく参加できるように、声かけを工夫する必要がある。
・夫の仏壇にお水を供えることを忘れがちで、気づいたときのショックを減らすことと、習慣を忘れないように、毎朝職員から声かけを行う。

環境面

・ポータブルトイレは職員の誘導で使用できているため、継続とする。
・本人はできると職員が考えているため、職員の介助が足りず、また、本人も当然できると思って行動しているため、できなかったときのショックが大きくなっている可能性がある。手助けがいるかもしれないという視点をもって支援する。
・体重増加と下肢の浮腫により、着衣のサイズがあわなくなっているため、排泄時に職員の介助を受けることがある。

その他

・ショックを受けて、集中力が落ちてきたときは、場面を転換し、失敗したことから気をそらし、再度行ってみるように誘導をすることで、継続できる可能性がある。

【ケアプラン作成のポイント】

・身体的な老化や認知症の進行を本人が穏やかに受け入れられる体制づくりを行う。
・医療と連携し、体重増加の原因を見極めることや、できる範囲で疾患の治療を行うこと等により、少しでも本人の身体状況が楽になる。
・今までできていた運動や活動をある程度維持するとともに、本人らしい生活が少しずつ失われていくことに対する悲しみに寄り添う。

利用者名　下山　歌子　殿

課題整理総括表

作成日　令和○年１月24日

自立した日常生活の阻害要因（心身の状態、環境等）	①体重の増加	②認知症の進行	③下肢の浮腫
	④セルフイメージとのギャップ	⑤グループホーム入居中	⑥身体のつらさ（だるさ）

利用者及び家族の生活に対する意向	難しいことはできないのですが、頭も身体も何だかね～。でも、何でもやりますよ。皆さんがいるので楽しく過ごさせてもらっています。

状況の事実※1		現在※2	要因※3	改善/維持の可能性※4	備考（状況・支援内容等）
移動	室内移動	自立　**見守り**　一部介助　全介助	①③	改善　**維持**　悪化	・円背があり、手を腰で組みゆっくり歩く。
	屋外移動	自立　**見守り**　一部介助　全介助	①②③	改善　**維持**　悪化	・シルバーカーを使用し、５分程で１回休憩をとる。
食事	食事内容	**支障なし**　支障あり		改善　**維持**　悪化	
	食事摂取	**自立**　見守り　一部介助　全介助		改善　**維持**　悪化	
	調理	自立　見守り　一部介助　**全介助**	②④⑤	改善　維持　**悪化**	・もやしのひげ根取りや大根おろしなど、同一の動作を繰り返す作業はできる。
排泄	排尿・排便	支障なし　**支障あり**	②	改善　**維持**　悪化	・紙パンツとパッドを着用。職員がトイレ誘導を行う。
	排泄動作	自立　見守り　**一部介助**　全介助	②③⑤	改善　**維持**　悪化	・パッドの装着ができず、職員が介助する。
口腔	口腔衛生	**支障なし**　支障あり		改善　維持　悪化	・義歯を途中ではずすことがある。
	口腔ケア	自立　見守り　**一部介助**　全介助	②⑤	改善　**維持**　悪化	・口腔ケアは職員がセットするが、手順がわからなくなるため、介助が必要。
服薬		自立　見守り　**一部介助**　全介助	②⑤	改善　**維持**　悪化	・おちょこのような容器に入れて手渡し、飲み込むまで見守る。
入浴		自立　見守り　**一部介助**　全介助	①②③⑤⑥	**改善**　維持　悪化	・体重が増加し、手が届かない部分がある。
更衣		自立　**見守り**　一部介助　全介助	①②③⑤	**改善**　維持　悪化	・下衣はバランスを崩すので、座って穿くよう見守りが必要。
掃除		自立　**見守り**　一部介助　全介助	①②③⑤	改善　**維持**　悪化	・毎朝の掃除機がけは自分でできるが、職員のセットと見守りが必要。
洗濯		自立　見守り　一部介助　**全介助**	②⑤	改善　**維持**　悪化	・干すことはできなくなった。たたむことは見守りで行える。
整理・物品の管理		自立　見守り　**一部介助**　全介助	②⑤	改善　**維持**　悪化	・物を出したままにはしないが、適切な場所にしまうことができず、介助が必要。
金銭管理		自立　見守り　一部介助　**全介助**	②⑤	改善　**維持**　悪化	・入居中のため、機会があまりない。在宅生活の頃から、お金が扱えなくなっていた。
買物		自立　見守り　**一部介助**　全介助	②⑤	改善　**維持**　悪化	・２～３種類のなかから選ぶことはできる。
コミュニケーション能力		支障なし　**支障あり**	②④	改善　**維持**　悪化	・ふだんは問題ないが、落ち込んでしまうと、頑なになる。
認知		支障なし　**支障あり**	②④	改善　**維持**　悪化	・折り紙や書道等、本人が得意だったことができなくなってきた。
社会との関わり		支障なし　**支障あり**	①②④⑤⑥	改善　**維持**　悪化	・仏壇のお供え（水）を忘れることが増えた。
褥瘡・皮膚の問題		支障なし　**支障あり**	①②③	改善　**維持**　悪化	・下肢の浮腫に対して弾性包帯を使用しているが、必要性を忘れてはずしてしまう。
行動・心理症状（BPSD）		支障なし　**支障あり**	①②③④⑤	改善　**維持**　悪化	・レクリエーション時にうまくできないと、「私はちょっと」と拒否することが増えた。 ・落ち込みから立ち直れず、レクリエーション等を拒否する。
介護力（家族関係含む）		**支障なし**　支障あり		改善　維持　悪化	・グループホーム入居中のため、支障なし。
居住環境		**支障なし**　支障あり		改善　維持　悪化	
				改善　維持　悪化	

見通し※5	生活全般の解決すべき課題（ニーズ）【案】	※6
・医療と連携し、下肢の浮腫の推移を見守ることで、浮腫の悪化と下肢筋力の低下を防ぐことができる。 ・着衣のサイズがあわなくなっているので、適したサイズの衣服をそろえることで、安楽に生活することができる。	元気で暮らしたい。	2
・複雑な作業が難しくなっているため、本人が落ち込む場面が増えることが想定されるが、本人ができたという実感を伴う作業を介護者が提供することで、生活の意欲につなげることができる。	自分で何でもやりますよ。皆さんと一緒に楽しく過ごしたいです。	1
・生活全般に見守りが必要であり、作業手順を間違えることが多くなってきているが、職員の適切なかかわりにより、心理面への配慮と事故予防の両立ができる。 ・夜間の巡視時に、ポータブルトイレへ誘導することで、ポータブルトイレの使用を継続することができ、夜間の不安を減らすことができる。	夜、トイレが心配。	3
・仏壇のお供え（水）を忘れることや、職員の説明を理解できないことが増えているが、声かけを行うことで、今できていることを少しでも長く続けることができる。		
・本人の満足度が高いお菓子を配る役割を続けることで、楽しみにつなげることができる。		

※１～※６の詳細については、p.11～p.13を参照のこと。

第1表

施設サービス計画書（1）

作成年月日　令和○年1月24日

初回・紹介・継続（○）　認定済（○）・申請中

利用者名　下山　歌子　殿　　生年月日　昭和○○年○○月○○日(86歳)　　住所　○○県○○市○○

施設サービス計画作成者氏名及び職種　介護支援専門員　S

施設サービス計画作成介護保険施設名及び所在地　Aグループホーム　○○県○○市○○

施設サービス計画作成(変更)日　令和○年　1月　24日　　初回施設サービス計画作成日　令和○－3年　3月　10日

認定日　令和○年　1月　20日　　認定の有効期間　令和○年　2月　1日　～　令和○＋2年　1月　31日

要介護状態区分	要介護1　・　要介護2　・　要介護3（○）　・　要介護4　・　要介護5
利用者及び家族の生活に対する意向	本人：難しいことはできないのですが、ちょっとここがあれに(頭を指さして、微笑む)なっちゃって、身体も何だかね～。 でも、何でもやりますよ。皆さんがいるので楽しく過ごさせてもらっています。 長女：けがをせずに、元気でいてくれたらありがたいと思います。「身体が重いわ～」と言うようになりましたが、本人はもともと、気働きのできる人で、共同生活でほかの人にこうしてあげたいという思いがあるかもしれません。ご迷惑でなければ、本人がお手伝いできることをやらせてもらえると元気がでるかなと思います。
介護認定審査会の意見及びサービスの種類の指定	
総合的な援助の方針	ほかの入居者の皆さんと楽しく過ごし、また自分ができることは自分で行えるよう、必要な部分をお手伝いいたします。 お散歩はシルバーカーを使用して、皆さんと一緒に出かけられるように支援いたします。 医療と連携し、下肢の浮腫やだるさが軽減できるように支援いたします。 緊急連絡先：長女(○○○－○○○○－○○○○)

施設サービス計画の説明を受け、同意し、受領しました。　年　月　日（利用者氏名）　印

第2表

施設サービス計画書（2）

作成年月日　令和○年１月24日

利用者名　　下山　歌子　　殿

生活全般の解決すべき課題（ニーズ）	目標				援助内容			
	長期目標	（期間）	短期目標	（期間）	サービス内容	担当者	頻度	期間
1 自分で何でもやりますよ。皆さんと一緒に楽しく過ごしたいです	1a 自分の仕事があり、他者のためにできることがある	R○.2.1 ～ R○+1.1.31	1a1 みんなのためにおやつを配ることができる	R○.2.1 ～ R○.7.31	・おやつの前にみんなに均等におやつを分けてもらうよう、声かけを行う ・複数の種類があるときは、一種類ずつ渡す ・間違えていても感謝の言葉をかけ、仕事に自信をもってもらう ・迷っているときは無理をせず、お手伝いする ・おやつを均等に分ける	介護職員 本人 本人	毎日 毎日	R○.2.1 ～ R○.7.31
			1a2 手伝ってもらえば、自分の身の回りのことが自分でできる	R○.2.1 ～ R○.7.31	・気温や季節にあわせた衣服を職員が選び、更衣の見守りや声かけを行う ・自分やほかの人の洗濯物たたみをお願いする ・自分の部屋の掃除機がけ（職員がセッティングして渡す） ・部屋の片づけを自分で行い、職員が整える ・整容、口腔ケアの声かけ。義歯の入れ忘れ等の確認 ・仏壇のお供え（水）を声かけし、見守る ・入浴の準備は職員が行う ・調理の下ごしらえなど、同一の動作を繰り返す作業を行う ・食事後、声かけを行い、食器洗いを実施し、見守る ・できないときや落ち込みがみられるときは、場面転換し、様子をみて再度声かけを行う ・介護職員に手伝ってもらいながら、着脱、洗濯、掃除、調理、食器洗い等を行う	介護職員 本人 本人	毎日 毎日 毎日 毎日 毎日 毎朝 週２～３回 毎日 毎日 随時 毎日	R○.2.1 ～ R○.7.31
			1a3 みんなと楽しい時間を過ごすことができる	R○.2.1 ～ R○.7.31	・楽しくおしゃべりできるように、座席等を配慮する ・レクリエーション中の本人の様子に着目し、意欲の低下や落ち込みがみられるときは、場面転換や気分転換ができるように声をかけ、促す ・みんなで楽しめるレクリエーションや行事活動への参加 ・地域のお祭りや行事への参加	介護職員 介護職員 本人	随時 随時 ８月・10月	R○.2.1 ～ R○.7.31
			1a4 みんなと散歩して気分転換できる	R○.2.1 ～ R○.7.31	・ほかの入居者と一緒に散歩に誘う ・シルバーカーを使用する ・途中で休憩の声かけを行う ・散歩の身じたくを自分でできる	介護職員 本人	週２～３回 週２～３回	R○.2.1 ～ R○.7.31

本人にとって自己肯定感や満足感をもてる目標を一番にしました

第2表　　　　施設サービス計画書（2）　　　　作成年月日　令和○年１月24日

利用者名　下山　歌子　殿

生活全般の解決すべき課題（ニーズ）	目標 長期目標	（期間）	短期目標	（期間）	援助内容 サービス内容	担当者	頻度	期間
② 元気で暮らしたい	2a 体調の変化に気づき、対処を受けて楽に過ごすことができる	R○.2.1 〜 R○+1.1.31	2a1 だるさや痛みがあるときに相談できる	R○.2.1 〜 R○.7.31	・定期的な体調管理（訪問診療）	○○病院在宅医療部	月２回	R○.2.1 〜 R○.7.31
					・服薬の管理（訪問服薬指導）	○○薬局	必要時	
					・歯の治療、健診（訪問歯科）	○○歯科	必要時	
					・受診の同行、結果の把握	施設長、介護支援専門員	必要時	
					・毎日の健康チェック、配薬、室内環境（温度など）の調節、服薬介助	介護職員	毎日	
					・身体の痛みやだるさがあるときは傾聴する。医療と連携し、痛み止めを服用する	介護職員	必要時	
					・散歩や体操など、身体を動かす機会がある（本人に体調を確認し、参加を促す）	介護職員 本人	毎日	
					・夜間、部屋の中まで巡視を行う。常夜灯を確認する。巡視の際、鍵がかかっていたら、その都度開けて入室する	夜勤者	毎日	
					・下肢の浮腫と皮膚を観察する（弾性包帯は朝、職員が装着し、午後はずす。入浴日は入浴後は装着しない。塗薬等は医師の指示による） ・水分摂取は、１日1000ml以下に調整する	介護職員	毎日	
			2a2 自分で身体を拭くことができる	R○.2.1 〜 R○.7.31	・入浴前の体調確認。洗身・洗髪の手の届かない部分の介助。入浴後、水分補給を促す	介護職員	週２〜３回	R○.2.1 〜 R○.7.31
					・届かない部分を小さいバスタオルを使用して自分で拭く	本人	週２〜３回	
					・適切なサイズの衣類等の準備	長女	適宜	
③ 夜、トイレが心配	3a トイレでの排泄が継続できる	R○.2.1 〜 R○+1.1.31	3a1 日中はトイレ、夜間はポータブルトイレを使用できる	R○.2.1 〜 R○.7.31	・ポータブルトイレの準備と後始末 ・尿臭が強いときは、汚染した下着やパッド等を捜す	介護職員	毎日	R○.2.1 〜 R○.7.31
					・就寝前は厚めのパッド、朝は紙パンツとパッドの交換を行う	本人	毎日	
					・午前・午後、本人がトイレに立った際、パッドのずれや漏れを確認し、リハビリテーションパンツの装着が適切に行えるように見守りや声かけを行う	介護職員	午前１回 午後１回	
					・夜間は２〜３時頃、パッドの確認を行う ・夜間巡視の際、覚醒しているときはポータブルトイレへ声かけを行い、介助し誘導する。歩行が不安定なため、転倒に気をつける	夜勤者	毎日	

昼と夜の排泄スタイルの違いを明記しました

第4表

日課計画表

作成年月日	令和○年１月24日
作成者	S

利用者名　下山　歌子　殿　要介護３

		共通サービス	担当者	個別サービス	担当者	主な日常生活上の活動
深夜	4：00					
	5：00			モーニングケア・排泄介助	夜勤者	更衣、洗顔
早朝	6：00	起床	夜勤者			紙パンツとパッド交換
	7：00	朝食		朝食・下膳・食器洗い	介護職員	
午前	8：00			服薬・掃除・洗濯物たたみ・仏壇お供え(水)	介護職員	服薬、家事活動
	9：00	バイタルサイン測定	介護職員	バイタルチェック・ポータブルトイレ後片づけ・弾性包帯着用	介護職員	休憩、体調確認
	10：00	午前のお茶の時間	介護職員	午前のお茶の時間・トイレ介入	介護職員	
	11：00	体操・散歩	介護職員	体操・散歩・昼食準備	介護職員	体操、散歩
午後	12：00	口腔体操・昼食	介護職員	口腔体操・昼食・下膳・食器洗い	介護職員	昼食
	13：00	口腔ケア・休憩・レク	介護職員	口腔ケア・休憩・レク	介護職員	入浴準備
	14：00	入浴(３日に１回)	介護職員	入浴・おやつ準備	介護職員	入浴またはレク
	15：00	おやつ	介護職員	おやつ・トイレ介入	介護職員	おやつ準備、おやつ
	16：00	夕食準備・口腔体操	介護職員	夕食準備・口腔体操	介護職員	夕食準備
	17：00	夕食	介護職員	夕食・下膳・食器洗い	介護職員	夕食
夜間	18：00					
	19：00	団らん	介護職員	リビングでみんなとTV等を見る	介護職員	就寝準備
	20：00	口腔ケア	介護職員	口腔ケア	介護職員	歯みがき
	21：00	就寝	介護職員	パッド交換・ナイトケア	介護職員	パッド交換
深夜	22：00			就寝		就寝
	23：00	巡視		巡視		
	0：00					
	1：00	巡視		パッド交換・ポータブルトイレ誘導	夜勤者	
	2：00					
	3：00	巡視		巡視		
随時実施するサービス		買い物・清拭・訪問美容 頓用薬の内服(痛みの訴え時)				

その他のサービス	居宅療養管理指導(訪問診療：月２回、訪問服薬指導：必要時、訪問歯科：必要時)・散髪、髪染め(２か月に１回) シルバーカー・ポータブルトイレ(本人購入)

(注)「週間サービス計画表」との選定による使用可。

第6表

施設介護支援経過(抜粋)

作成年月日　令和◯年２月26日

利用者名　下山　歌子　殿

施設サービス計画作成者氏名　S

年月日	内容
R◯. 2. 26(水) 訪問診療	◯◯病院在宅医療部◯◯医師の診察。 本人自室にて実施。特に変化なし。 血圧：134/80mmHg　脈拍：66回／分　酸素飽和度(SpO_2)：97%　(S)
R◯. 3. 11(水) 訪問診療	◯◯病院在宅医療部◯◯医師の診察。 本人自室にて実施。特に変化なし。 血圧：110/58mmHg　脈拍：77回／分　(S)
R◯. 3. 12(木) モニタリング	ケアカンファレンス実施。 ２月のモニタリング結果を確認。 詳細はモニタリングシート参照。　(S)
R◯. 3. 25(水) 訪問診療	◯◯病院在宅医療部◯◯医師の診察。 本人自室にて実施。特に変化なし。 血圧：142/62mmHg　(S)
R◯. 4. 8(水) 訪問診療	◯◯病院在宅医療部◯◯医師の診察。 本人自室にて実施。マスク着用。特に変化なし。 血圧：122/85mmHg　脈拍：64回／分　体温：35.9℃　(S)
R◯. 4. 15(水) モニタリング	ケアカンファレンス実施。 ３月のモニタリング結果を確認。 詳細はモニタリングシート参照。　(S)
R◯. 4. 22(水) 訪問診療	◯◯病院在宅医療部◯◯医師の診察。 本人自室にて実施。マスク着用。特に変化なし。 バイタルは当日の測定内容を伝えた。 酸素飽和度(SpO_2)：98%　(S)
R◯. 4. 23(木) モニタリング	本人自室にて実施。マスク着用。 モニタリング票参照。 ３月の気温差があるときは、腰の痛みの訴えがあったが、その後は落ち着いて過ごしている。我慢せずに、職員に訴えることができた。 レクリエーション時、職員が注意して様子をみるようになり、書道等得意なレクリエーションも、職員が手伝うことで本人のプライドが保てるようになった。集中力がそがれる前に、職員が手伝うことで本人の様子が変わることを職員も実感し、場面に応じて実践されている。　(S)
R◯. 5. 13(水) 訪問診療	◯◯病院在宅医療部◯◯医師の診察。 本人自室にて実施。マスク着用。特に変化なし。 血圧：114/60mmHg　脈拍：68回／分　体温：36.7℃　(S)
R◯. 5. 20(水) モニタリング	ケアカンファレンス実施。 ４月のモニタリング結果を確認。 詳細はモニタリングシート参照。　(S)
R◯. 5. 27(水) 訪問診療	◯◯病院在宅医療部◯◯医師の診察。 本人自室にて実施。マスク着用。特に変化なし。 血圧：120/75mmHg　脈拍：65回／分　(S)

※モニタリングシート、再アセスメントシートなどは本書では割愛しています。

第6表

施設介護支援経過（抜粋）

作成年月日　令和○年６月２日

利用者名　下山　歌子　殿

施設サービス計画作成者氏名　S

年月日	内容	年月日	内容
R○. 6. 2（火） 14:30～14:40 長女へ電話発信	短期目標終了前のため、状況報告し意向の確認を行う。 医療面では、特に問題がなく、浮腫も少し引いてきている様子がある。認知症の症状については、職員の介助にプライドを傷つけられる様子はほとんどなく、場面転換や手助けの材料を工夫し、特に書道は下にお手本を入れ、職員が少し手を添えることで書き上げることができる。しかし、文字に対する認識は低下しており、自分の名前もお手本を見ないと、書くことが難しい。 仏壇のお供えは、職員の声かけで続けることができているが、一度の声かけでは忘れてしまい、よくトイレに入って出てくると、すっかり忘れている。 排泄は、夜間のポータブルトイレは問題なく使用でき、ラバーシーツまでの汚染はほとんどないが、日中トイレの場所がわからなくなることが増えている。 気分の落ち込みは、以前よりは回避できているが、職員が気づかない場面では混乱していることもある。職員が介助することに今のところ否定的ではないので、介助の量を増やす予定でいる。８月からのケアプランは、短期目標を継続し、内容は職員のカンファレンスで見直す予定だが、長女のご意見をうかがう。 長女より、「職員の皆さん、お忙しいなか、よくみてもらえてありがたい。今しばらく孫の世話でうかがうことができないので、ケアプランはそのようにお願いしたい。夏物の衣服は宅配で送る」とのこと。		職員とのカンファレンス後にケアプランを作成し、送付する旨を伝える。　（S）
		R○. 6. 10（水） 訪問診療	○○病院在宅医療部○○医師の診察。 本人自室にて実施。マスク着用。 血圧：116/63mmHg　脈拍：56回／分　体温：36.1℃ 酸素飽和度（SpO_2）：97% 食事時に集中できず、ご飯とおかずを残し、寄せ集めている量が増えてきたと職員から医師へ相談。様子をみることになった。　（S）
		R○. 6. 11（木） モニタリング	ケアカンファレンス実施。 ５月のモニタリング結果を確認。 詳細はモニタリングシート参照。 ８月からのケアプランについて、意見を聞く。 食事の問題が発生し、状況をみている。ふだんから、残すときはまとめていたが、残す量が多くなり、箸でつまんでは口に運ばない時間が長くなっている。そのときの献立によってはスムーズに進むときもあるが、発生状況等、今後も観察を続ける必要がある。新たな課題があり、再アセスメントの必要あり。 詳細はモニタリングシート参照。　（S）
		R○. 7. 21（火） 再アセスメント	本人自室にてアセスメント票をもとに実施。 詳細は再アセスメントシート参照。 別紙評価表参照。　（S）
			以下略

※モニタリングシート、再アセスメントシートなどは本書では割愛しています。

評価表

利用者名　下山　歌子　殿　　　　作成日　令和○年７月21日

短期目標	（期間）	援助内容			結果※２	コメント（効果が認められたもの/見直しを要するもの）
		サービス内容	サービス種別	※１		
1a1 みんなのためにおやつを配ることができる	R○. 2. 1 ～ R○. 7. 31	・おやつの前にみんなに均等におやつを分けてもらうよう、声かけを行う ・複数の種類があるときは、一種類ずつ渡す ・間違えていても感謝の言葉をかけ、仕事に自信をもってもらう ・迷っているときは無理をせず、お手伝いする	認知症対応型共同生活介護 本人	Aグループホーム	△	職員の声かけにより、月平均22日間実施できている。複数のお菓子があるときは、１種類ずつ渡すことで達成しているが、２種類目を渡すと、戸惑う様子がある。拒否はほとんどない。以前と変わらず、配膳時はほかの入居者の様子をみて、とてもうれしそうにしている。ほかのことが少しずつできなくなったとしても、できる限り本人の役割として残せるように検討したい。
		・おやつを均等に分ける	本人		△	
1a2 手伝ってもらえば、自分の身の回りのことが自分でできる	R○. 2. 1 ～ R○. 7. 31	・気温や季節にあわせた衣服を職員が選び、更衣の見守りや声かけを行う ・自分やほかの人の洗濯物たたみをお願いする ・自分の部屋の掃除機がけ(職員がセッティングして渡す) ・部屋の片づけを自分で行い、職員が整える ・整容、口腔ケアの声かけ。義歯の入れ忘れ等の確認 ・仏壇のお供え(水)を声かけし、見守る ・入浴の準備は職員が行う ・調理の下ごしらえなど、同一の動作を繰り返す作業を行う ・食事後、声かけを行い、食器洗いを実施し、見守る ・できないときや落ち込みがみられるときは、場面転換し、様子をみて再度声かけを行う	認知症対応型共同生活介護 本人	Aグループホーム	△	月平均　洗濯物干し：２日間、洗濯物たたみ：17日間、掃除機がけ：22日間、仏壇のお供え：19日間、義歯の入れ忘れ：２回 カンファレンス時に職員と現在の認知症の進行度等を重点的に話し合った。入居時から、比較的手助けが必要ではなかったが、少しずつ認知症が進行し、手助けが必要な場面が多くなっていることへの理解が進み、本人への見守りや対応が強化された。 更衣は職員の介助により問題なし。片づけは職員の介助が必要。
		・介護職員に手伝ってもらいながら、着脱、洗濯、掃除、調理、食器洗い等を行う	本人		△	
1a3 みんなと楽しい時間を過ごすことができる	R○. 2. 1 ～ R○. 7. 31	・楽しくおしゃべりできるように、座席等を配慮する ・レクリエーション中の本人の様子に着目し、意欲の低下や落ち込みがみられるときは、場面転換や気分転換ができるように声をかけ、促す	認知症対応型共同生活介護	Aグループホーム	△	行事には毎回参加できている。レクリエーションの書道は、職員の手助けが必要になり、下にお手本を置き、職員が本人の手をもってなぞるように書いている。職員の理解により、介助の量が増えたことで、一人で困る場面は減った様子。 自分ができないことを直視する場面が減ったことで、極端な落ち込みは減っている。「私こんなこともできなくなって」という言葉は聞かれるが、周囲や職員が「大丈夫ですよ」と声をかけることで、ショックが軽減できている様子。
		・みんなで楽しめるレクリエーションや行事活動への参加 ・地域のお祭りや行事への参加	認知症対応型共同生活介護 本人	Aグループホーム	△	

※１「当該サービスを行う事業所」について記入する。※２ 短期目標の実現度合いを５段階で記入する(◎：短期目標は予想を上回って達せられた、○：短期目標は達せられた(再度アセスメントして新たに短期目標を設定する)、△：短期目標は達成可能だが期間延長を要する、×１：短期目標の達成は困難であり見直しを要する、×２：短期目標だけでなく長期目標の達成も困難であり見直しを要する)

評価表

利用者名　下山　歌子　殿　　　　作成日　令和○年７月21日

短期目標	（期間）	援助内容			結果 ※２	コメント （効果が認められたもの/見直しを要するもの）
		サービス内容	サービス種別	※１		
1a4 みんなと散歩して気分転換できる	R○. 2. 1 ～ R○. 7. 31	・ほかの入居者と一緒に散歩に誘う ・シルバーカーを使用する ・途中で休憩の声かけを行う	認知症対応型共同生活介護	Aグループホーム	△	散歩は月平均12日間実施できている。尻込みする様子もあるが、職員の声かけにより出かけることができている。上着を着ることや、帽子をかぶることは自分でできる。 靴の履き替えは、職員が声かけを行い、座った状態で実施するよう促す。
		・散歩の身じたくを自分でできる	本人		△	
2a1 だるさや痛みがあるときに相談できる	R○. 2. 1 ～ R○. 7. 31	・定期的な体調管理（訪問診療）	訪問診療	○○病院在宅医療部	△	腰の痛みの訴えがあったが、医師に相談できた。弾性包帯ははずすことが減り、浮腫自体も軽減しているように見える。 体重増加の原因は、体力と筋力の低下による可能性と、甲状腺機能低下症による可能性があるが、はっきりとはわからない。 腰の痛みがあったときは、「家に帰りたい」と実家に帰る話をしていたが、不穏状態に陥ることはなく、５分程度の傾聴と場面転換で落ち着いた。訪問歯科は、特に問題がなく、義歯の不具合等も発生していない。
		・服薬の管理（訪問服薬指導）	訪問服薬指導	○○薬局	△	
		・歯の治療、健診（訪問歯科）	訪問歯科	○○歯科	△	
		・受診の同行、結果の把握 ・毎日の健康チェック、配薬、室内環境（温度など）の調節、服薬介助 ・身体の痛みやだるさがあるときは傾聴する。医療と連携し、痛み止めを服用する	認知症対応型共同生活介護	Aグループホーム	△	
		・散歩や体操など、身体を動かす機会がある（本人に体調を確認し、参加を促す）	認知症対応型共同生活介護 本人	Aグループホーム	△	
		・夜間、部屋の中まで巡視を行う。常夜灯を確認する。巡視の際、鍵がかかっていたら、その都度開けて入室する ・下肢の浮腫と皮膚を観察する（弾性包帯は朝、職員が装着し、午後はずす。入浴日は入浴後は装着しない。塗薬等は医師の指示による） ・水分摂取は、１日1000ml以下に調整する	認知症対応型共同生活介護	Aグループホーム	△	

※１「当該サービスを行う事業所」について記入する。※２　短期目標の実現度合いを５段階で記入する（◎：短期目標は予想を上回って達せられた、○：短期目標は達せられた（再度アセスメントして新たに短期目標を設定する）、△：短期目標は達成可能だが期間延長を要する、×１：短期目標の達成は困難であり見直しを要する、×２：短期目標だけでなく長期目標の達成も困難であり見直しを要する）

評価表

利用者名　下山　歌子　殿　　　　作成日　令和○年７月21日

短期目標	（期間）	援助内容			結果 ※２	コメント（効果が認められたもの/見直しを要するもの）
		サービス内容	サービス種別	※１		
2a2 自分で身体を拭くことができる	R○. 2. 1 〜 R○. 7. 31	・入浴前の体調確認。洗身・洗髪の手の届かない部分の介助。入浴後、水分補給を促す	認知症対応型共同生活介護	Aグループホーム	△	洗身・洗髪はこれまでと同様、手の届かない部分があり、体動がつらそうだが、ストレッチ効果も期待して、職員が都度説明し手を伸ばしている。小さいバスタオルで拭くことに慣れた。
		・届かない部分を小さいバスタオルを使用して自分で拭く	本人		△	
		・適切なサイズの衣類等の準備	長女		△	
3a1 日中はトイレ、夜間はポータブルトイレを使用できる	R○. 2. 1 〜 R○. 7. 31	・ポータブルトイレの準備と後始末 ・尿臭が強いときは、汚染した下着やパッド等を捜す	認知症対応型共同生活介護	Aグループホーム	△	ポータブルトイレの使用は継続できている。日中の介助も実施している。 パッドを隠してしまうことが１週間に１回程ある。隠すときはハンカチに包んでタンスの引き出しに入れる。また、パッドをはずして紙パンツのポリマー部分を破いていることもある。 日中、トイレの場所がわからなくなることが直近で月３回あった。
		・就寝前は厚めのパッド、朝は紙パンツとパッドの交換を行う	本人		△	
		・午前・午後、本人がトイレに立った際、パッドのずれや漏れを確認し、リハビリテーションパンツの装着が適切に行えるように見守りや声かけを行う ・夜間は２～３時頃、パッドの確認を行う ・夜間巡視の際、覚醒しているときはポータブルトイレへ声かけを行い、介助し誘導する。歩行が不安定なため、転倒に気をつける	認知症対応型共同生活介護	Aグループホーム	△	

※１「当該サービスを行う事業所」について記入する。※２ 短期目標の実現度合いを５段階で記入する（◎：短期目標は予想を上回って達せられた、○：短期目標は達せられた（再度アセスメントして新たに短期目標を設定する）、△：短期目標は達成可能だが期間延長を要する、×１：短期目標の達成は困難であり見直しを要する、×２：短期目標だけでなく長期目標の達成も困難であり見直しを要する）

5 まとめ

グループホームは、それぞれの入居者の認知症の進行度合いが異なり、生活のための作業もそれぞれの入居者の能力に応じた内容で実施されている。入居後数年経つと、多くの場合その能力は、身体的な老化や認知症の進行により変化していく。

本事例では、本人が過去の職業や経験から、人の役に立ってきたというセルフイメージをもっているが、できなくなっていく自分に直面し、落ち込む回数が増えてきていた。

カンファレンスでの検討から、本人にお願いする仕事やレクリエーションの内容を単純化し、本人の現状の能力にあっているかを再度職員が考えるようにしたところ、本人が「できないこと」に直面する場面が減った。具体的には、レクリエーションでは折り紙を用意する段階で、折り目をつけておいたり、薄焼き卵を型抜きで抜くときには、抜型を大きいものにしたりするなど準備し、その後も介助を厚くした。一つひとつは小さなことだが、そこには職員たちの努力と愛がこもっている。

身体的な老化や認知症の進行を止めることはできないが、本人のセルフイメージを大きく損なわないように支援することで、強い落ち込みを回避し、安定した精神状態を保つことができた。

「忘れること」「できなくなること」に対するつらさや悲しみを、本人は長期間繰り返し感じつづけていることを忘れてはならない。

本事例の今後のポイントは、以下のとおりと考える。

・身体的な老化や認知症の進行を本人が穏やかに受け入れられる体制の継続
　→職員のモニタリングにより、本人が行う作業内容の見直し（レベルの高低の設定）を定期的に実施し、本人の自己肯定感を維持する。
・医療と連携し、体重増加の原因を見極めることや、できる範囲で疾患の治療を行うこと等により、少しでも本人の身体状況が楽になる。
　→鎮痛薬の適切な使用や、認知症以外の疾患の影響を考慮する。
・今までできていた運動や活動をある程度維持するとともに、本人らしい生活が少しずつ失われていくことに対する悲しみに寄り添う。
　→すでに、次の段階として食事への不適応が出てきたが、まだ詳細はつかめていない。食器の問題、集中力をそぐ要因等、多角的に観察し、本人の行動を阻害しているものを見つける必要がある。

グループホームでは、介護職員・看護職員の細やかなモニタリングが、「今」の本人像をとらえるために非常に有効である。介護支援専門員のアセスメントから時間が経過すると、「今」の本人との差異が広がってしまう。本事例では、前回のケアプラン作成時には着目していなかった作業能力と意欲の低下が、職員のモニタリングにより顕著になり、今回のケアプランにつながった。

介護支援専門員一人でのアセスメントには限界があり、チームでアセスメント・モニタリングの視点をもち、それができる職員を育成することが認知症ケアの実践に必要不可欠だと考える。介護支援専門員はそこからさらにさまざまな可能性を探り、見通しをもって、本人や家族の生活史も考慮しながら考察することで、本人や家族、ケアにかかわるメンバーにとって生きたケアプランが作成できるのではないかと考える。

編集者氏名・所属

後藤　佳苗（ごとう　かなえ）　一般社団法人あたご研究所

執筆者氏名・所属一覧

石井久美子（いしい　くみこ）　株式会社 AKKORD（アコルト）　わおん居宅介護支援

黒澤　春治（くろさわ　はるじ）　一般社団法人あたご研究所

後藤　佳苗（ごとう　かなえ）　一般社団法人あたご研究所

榊原　宏昌（さかきばら　ひろまさ）　天晴れ介護サービス総合教育研究所株式会社

櫻井真奈美（さくらい　まなみ）　有限会社オーケーサービス　グループホームこころ

佐藤　寛子（さとう　ひろこ）　株式会社ひろびろ　支援センターふなばし
（前 株式会社介護屋宮崎　介護屋みらい）

津金澤　寛（つがねざわ　ひろし）　株式会社オールプロジェクト

萩原　直美（はぎわら　なおみ）　つなぐサポート

羽柴　由紀（はしば　ゆき）

林　　房吉（はやし　ふさきち）　特別養護老人ホーム淑徳共生苑

堀内亜希子（ほりうち　あきこ）　特定非営利活動法人千葉県介護支援専門員協議会

（五十音順）

令和２年10月１日現在

五訂 介護支援専門員のためのケアプラン作成事例集

2020年11月11日　初 版 発 行
2021年 6 月 1 日　第 2 版発行

編　著…………… 後藤佳苗

発行者…………… 荘村明彦

発行所…………… 中央法規出版株式会社
〒110-0016 東京都台東区台東 3-29-1　中央法規ビル
営　　業　　　　TEL 03-3834-5817　FAX 03-3837-8037
取次・書店担当　TEL 03-3834-5815　FAX 03-3837-8035
https://www.chuohoki.co.jp/

本文・装幀デザイン ………… 株式会社ジャパンマテリアル

印刷・製本 ……………………… 株式会社太洋社

ISBN 978-4-8058-8212-2